古典文獻研究輯刊

二三編

潘美月・杜潔祥 主編

第 20 冊

唐前語文教育文獻研究

韓建立 著

國家圖書館出版品預行編目資料

唐前語文教育文獻研究／韓建立 著 -- 初版 -- 新北市：花木
蘭文化出版社，2016〔民 105〕
目 4+244 面；19×26 公分
（古典文獻研究輯刊 二三編；第 20 冊）
ISBN 978-986-404-859-5（精裝）
1. 語文教學 2. 文獻 3. 唐代
011.08   105015208

古典文獻研究輯刊
二三編　第二十冊　　　　　　　ISBN：978-986-404-859-5

唐前語文教育文獻研究

作　　　者	韓建立
主　　　編	潘美月　杜潔祥
總 編 輯	杜潔祥
副總編輯	楊嘉樂
編　　　輯	許郁翎、王筑　美術編輯　陳逸婷
企劃出版	北京大學文化資源研究中心
出　　　版	花木蘭文化出版社
社　　　長	高小娟
聯絡地址	235 新北市中和區中安街七二號十三樓
	電話：02-2923-1455／傳眞：02-2923-1452
網　　　址	http://www.huamulan.tw 信箱 hml810518@gmail.com
印　　　刷	普羅文化出版廣告事業
初　　　版	2016 年 9 月
全書字數	207524 字
定　　　價	二三編 21 冊（精裝）新台幣 40,000 元

唐前語文教育文獻研究

韓建立 著

作者簡介

韓建立，吉林省吉林市人，吉林大學古籍所博士。目前執教於吉林大學文學院，語文課程與教學論專業碩士生導師。講授中國語文教育史、唐宋詩詞欣賞等課程。主要研究方向為中國古代文學與文獻、語文課程與教學。

提　　要

本書是關於唐代以前語文教育文獻綜合研究的專著。這一時段語文教育具有文史哲交叉、融合的特點，語文教育文獻因而也較為寬泛，既包括識字課本、文選讀本，也涉及筆記、家訓、文論著作。主要論及存世的唐代以前語文教育文獻七種，即《學記》《急就篇》《開蒙要訓》《文心雕龍》《千字文》《昭明文選》《顏氏家訓》，詳細闡述了每部語文教育文獻的編纂情況、教學功用、教學原則與方法、價值與影響等。還對唐代以前編纂、現在已經散佚的六種識字課本《史籀篇》《蒼頡篇》《八體六技》《凡將篇》《訓纂篇》《勸學》，進行了鉤沉、考辨。

目次

第一章　《學記》的教學論思想

　　《學記》是《禮記》的第十八章，雖然只有一千二百二十九字，但內容十分豐富而深刻。它主要闡述學與教的意義、作用和任務，學校教育制度，教育、教學的內容、原則和方法，教學中應當糾正是弊病，教育取得成功的經驗，教育和教學過程中的師生關係等，故名《學記》。

　　《學記》是我國古代教育史上最早的教學論著作，內容全面且完備。由於我國古代教育主要是語文教育，因此，也可以說它是一部最早的語文教學專論。

　　《學記》篇名曰「記」，「記」是一種文章體材。吳納說：「記之名，始於《戴記・學記》等篇。」〔註1〕這裏的「記」與後世以敘事為主的「記」不同，它是以議論為主。名之為「記」，大概與《禮記》相同，是記述或解釋典章制度的文字，如《漢書・儒林傳・孟卿》載：「倉說《禮》數萬言，號曰《后氏曲臺記》。」〔註2〕「記」這種體裁，可能有一個演變過程，從對本經的補充、解釋到解釋某一個特定重要的論題。《學記》的「記」的含義傾向於後者，是要解釋一個重要的問題，即建國君民的頭等大事——教學，亦或學校如何辦的問題，也就是相當於「論」的意思。鄭玄在《禮記》目錄中說：「名曰『學記』者，以其記人學教之義，此與《別錄》屬通論。」就是說《學記》是有關教學的通論。朱熹也說：「（此篇）言古者學校教人傳道授業之次序，與其

　　〔註1〕（明）吳納：《文章辨體序說》，人民文學出版社，1962年8月第1版，第41頁。
　　〔註2〕（漢）班固撰，（唐）顏師古注：《漢書・儒林傳・孟卿》，中華書局，1962年6月第1版，第3615頁。

得失與興廢之所由，蓋兼大小學而言之。」既然是通論，就是論述教育的所有重大問題，而不單單是學一方面的問題，也包含教的問題。《說文解字》：「學，篆文，斅省。」《集韻·效韻》：「斆，教也。」《廣雅·釋詁三》：「學，效也。」《玉篇·子部》：「學，受教也。」《說文解字》：「教，上所施下所效也。」「學」的意思基本離不開「教」與「學」的關係，所以《學記》也可以說是「教記」或「教學記」。

《學記》的作者，已經不可確知。馮友蘭認爲是出自荀派之作，郭沫若則認爲是孟派之作。

第一節　關於教育制度與學校管理

教育必須遵循學生心理發展的規律，適應學生認識水平的實際，循序漸進，用規章制度規範其行爲，組織教學活動，嚴格管理，養成習慣，才能形成井然有序的教學氛圍。《學記》中有關教育體制的理論，對今天的教育體制改革和素質教育，都具有很大的借鑒意義。

一、教育制度

關於學校教育制度，《學記》首先以託古改制的方式，規劃了教育體系：「古之教者，家有塾，黨有庠，術有序，國有學。」《學記》中的這句話，歷來注家解釋得頗爲紛紜，莫衷一是，所以有必要再加梳理。

「教者」：指教育制度或學校設置辦法。

「家有塾」：家：二十五戶人家的合稱，即「閭」或「里」，非指封建社會的生產單位一家一戶而言。清劉光蕡：「家，一里二十五家也。」塾：本義指古時門內東西兩側的堂屋，此指舊時私家設立的學校。家有塾，指二十五戶人家共有的學校。鄭玄注：「古者仕焉而已者（指年老退休），歸教於閭里，朝夕坐於門，門側之堂謂之塾。」孔穎達疏：「『家有塾』者，此明學之所在。《周禮》：百里之內，二十五家爲閭，同共一巷，巷首有門，門邊有塾，謂民在家之時，朝夕出入，恒受教於塾，故云『家有塾』。」〔註3〕《白虎通》引《禮五帝紀》：「古之教民者，里皆有師，里中之老有道德者，爲里右師，其

〔註3〕李學勤主編：《十三經注疏·禮記正義》，北京大學出版社，1999年12月第1版，第1052～1053頁。

次爲左師，教里中之子弟以道藝、孝悌、仁義也。」北宋二程云：「古者家有塾，黨有庠，三老坐於里門，察其長幼出入揖遜之事，詠歌諷誦，無非禮義之言。」

「黨有庠」：黨：鄭玄注：「《周禮》：五百家爲黨。」「黨屬於鄉。」〔註4〕庠：本義爲養老的地方。《孟子・滕公上》曰：「庠者養也。」〔註5〕《漢書・禮樂志》顏師古注：「庠序，行禮養老之處也。」〔註6〕《禮記・王制》云：「有虞氏養國老於上庠，養庶老於下庠。」「周人養國老於東膠，養庶老於虞庠。」鄭玄注：「上庠，右學，大學也，在西郊。下庠，左學，小學也，在國中王宮之東。」〔註7〕庠，這裏指在黨中開辦的學校，即古代的鄉學。教育應當是庠附帶的任務。《禮記・鄉飲酒義》云：「主人拜迎賓於庠門之外。」鄭玄注：「庠，鄉學也。」〔註8〕則鄉學曰庠。孔穎達疏：「『黨有庠』者，黨，謂《周禮》五百家也。庠，學名也。於黨中立學，教閭中所升者也。」〔註9〕

「術有序」：術：鄭玄注：「術，當爲『遂』，聲之誤也。」「萬二千五百家爲遂。」〔註10〕按，《禮記・月令》云：「審端徑術。」鄭玄注：「術，《周禮》作『遂』。」〔註11〕「術」「遂」古字通，非聲之誤。《春秋》文公十二年：「秦伯使術來聘。」《公羊傳》《漢書・五行志》並作「遂」。顧炎武、俞樾均謂「術」「遂」二字通用。序：在遂中開辦的學校。《孟子・滕公上》云：「序者射也。」〔註12〕《白虎通》云：「序者，序長幼也。」清王念孫《廣雅疏證》云：「序訓爲射。」在儒家「六藝」中，射是軍事訓練，更主要是政治教育。此均以教育內容借指古代學校，是古代學校的別名。孔穎達疏：「『術有序』者，術，遂也。《周禮》：萬二千五百家爲遂。遂有序，亦學名。於遂中立學，教黨學所升者也。」〔註13〕

〔註4〕同〔註3〕，第1052頁。

〔註5〕金良年：《孟子譯注》，上海古籍出版社，1995年12月第1版，第106頁。

〔註6〕（漢）班固撰，（唐）顏師古注：《漢書・禮樂志》，中華書局，1962年6月第1版，第1032頁。

〔註7〕同〔註3〕，第425～426頁。

〔註8〕同〔註3〕，第1627頁。

〔註9〕同〔註3〕，第1053頁。

〔註10〕同〔註3〕，第1052頁。

〔註11〕同〔註3〕，第464頁。

〔註12〕同〔註5〕。

〔註13〕同〔註3〕，第1053頁。

「國有學」：孔穎達疏：「國，謂天子所都及諸侯國中也。」〔註14〕即指天子的王城和諸侯的國都。清段玉裁說：「周禮之制，王城方九里，謂之國，城中謂之國中，城外五十里爲近郊，五百里爲遠郊……郊之內爲六鄉，至二百里爲野，野之內爲六遂。」〔註15〕學：在國（天子的王城和諸侯的國都）開辦的學校，分小學、大學。小學主要教書、數；大學主要教詩、禮、樂。《禮記・王制》云：「大學在郊。天子曰辟廱，諸侯曰泮宮。」〔註16〕天子設立的叫辟廱，諸侯設立的叫泮宮。《學記》所說的「學」，當指大學。王夫之云：「學，國中學，大學也。」

「古之教者，家有塾，黨有庠，術有序，國有學。」這句話的意思是，古代學校設置的辦法是，每二十五家爲「閭」，設置的學校叫「塾」；每五百家爲「黨」，設置的學校叫「庠」；每一萬二千五百家爲「遂」，設置的學校叫「序」；天子的王城和諸侯國的國都設置的學校叫大學。

《學記》提出在地方和中央分別建立學校，塾、庠、序、學就是設在家、黨、術、國的不同等級的學校，從而形成從中央到地方縱橫交錯的教育網絡。這對中國封建社會教育體制的形成，產生了極大的影響，漢代以後，逐漸形成了中央官學和地方官學並立的教育體制。但是我們必須知道，《學記》這一章記述的，並不是歷史上的眞實存在。它似乎是在講西周的學制，細究起來，並非如此，虛虛實實，眞眞假假，描繪的是一幅十分美妙又虛幻的儒家的烏托邦理想。通過對三代，尤其是西周學制的美化，作者是在政治上搞託古改制，西周未必有這種教育制度。

不論是眞實存在也好，還是政治上的託古改制也罷，至少作者在理論上闡述了古代的教育制度或學校的設置辦法；這種按行政區劃層層設置學校的措施，是當時政、教關係十分密切的反映。

孔穎達疏：「『古之』至『謂乎』。正義曰：此一節明國家立庠、序上下之殊，並明入學年歲之差。」〔註17〕即講的是與封建等級制度相配合的學校層級制度問題。學校制度一般包括學校的層級制度、學習的年紀制度、考覈制度三個方面。

〔註14〕同〔註3〕，第1053頁。
〔註15〕（清）段玉裁：《經韻樓集・再與顧千里書論學制備之記》，轉引自：高時良：《學記研究》，人民教育出版社，2006年1月第1版，第68頁。
〔註16〕同〔註3〕，第371頁。
〔註17〕同〔註3〕，第1053頁。

關於學校層級制度的設置，《學記》從下到上分爲四級：塾、庠、序、學。這四個層級的制度主要是官學體系。

最基層一級的學校叫「塾」。塾是在家設置的。「家有塾」有兩說：一是清代李式穀的說法：「卿大夫即家之門室爲塾，而禮聘賢者以教之。」二是指老百姓合二十五家設一塾；其根據是《禮記正義》孔穎達疏引《周禮》所云：「百里之內，二十五家爲閭，同共一巷，巷首有門，門邊有塾，謂民在家之時，朝夕出入，恒受教於塾，故云『家有塾』。」〔註18〕「家有塾」的「家」，應該是卿大夫的家，或是一個大的家族。這個「塾」，是卿大夫的家塾。戰國以前的家，不是後來的作爲生產單位的男耕女織的家，而是或多或少同封邑相聯繫。《周禮・大司馬》云：「家以爲號」。鄭注：「家謂食埰地者之臣也。」〔註19〕埰邑即卿大夫的封地。家是食邑、埰邑中的臣子。「家有塾」的「塾」，是屬於底層家族的「塾」。這個「塾」，可以是私有性質的，由有學問的先生或退休官員設立，叫私學或私塾；也可以是公有性質的，由同一家族組織，共同出資聘請先生來教學。並不是所有的適齡兒童都要上塾學去學習，一般只有經濟條件許可、且富有遠見的家庭，才會送孩子去學習。中國古代沒有普遍實行義務教育的法律，所以即使是「家有塾」，也不會人人都能接受教育。

第二個層次是庠。「黨有庠」，一個黨設一個庠。《周禮》說五百家爲黨。五百家大約是以一個大的家族爲主體而形成的區域概念，是古代的鄉學。《禮記・鄉飲酒義》云：「主人拜迎賓於庠門之外」。鄭玄注：「庠，鄉學也。」孔穎達疏：「『主人拜迎賓於庠門之外』者，謂鄉大夫故迎賓於庠門外」。〔註20〕主人，指鄉大夫，賓是鄉中選出將獻給天子或諸侯的賢者。《禮記・王制》云：「命鄉簡不帥教者以告，耆老皆朝於庠」。〔註21〕《周禮》：「二十五家爲閭，四閭爲族，五族爲黨，五黨爲州，五州爲鄉。」〔註22〕鄉是古代天子、諸侯國都郊外的基層行政組織，鄉之長是卿大夫。庠爲鄉學，學生是從塾學升上來的，具有一定的文化基礎知識。

第三個層次是序。術有序，序是一術（或一遂）的學校。《周禮》云：「萬

〔註18〕 同〔註3〕，第1053頁。

〔註19〕 （漢）鄭玄注，（唐）賈公彥疏：《周禮注疏》，載（清）阮元校刻：《十三經注疏》，中華書局，1980年9月第1版，第2546頁。

〔註20〕 同〔註3〕，第1627～1628頁。

〔註21〕 同〔註3〕，第403頁。

〔註22〕 同〔註3〕，第25頁。

二千五百家爲遂。」古代人口少，一萬二千五百家，已算得上大的居住區，序是地方上或諸侯國最大的學校。學生是從黨學升上來的。

第四個層次是學。國有學，是在天子的王城和諸侯的國都開辦的學校，總稱之爲國學。國學又分爲小學、大學。《學記》所說的「學」，當指大學。僅從西周來看，古籍文獻上記載的西周大學有「東膠」「東序」「辟廱」「泮宮」「成均」「瞽宗」「上庠」「太學」等；金文材料上記載的西周大學有「辟廱」「學宮」「大池」「射廬」等。

辟廱和泮宮一般設在郊區。《禮記・王制》云：「大學在郊。天子曰辟廱，諸侯曰泮宮。」〔註23〕辟廱和泮宮的布置，有高地，有水池，有屋舍，附近可能還有園林。孫希旦云：「大學在郊，即頖宮也。廱，澤也。《詩》毛傳云：『水旋丘如璧曰辟廱。』」「頖，《詩・魯頌》作『泮』。鄭云：『泮之言半也。半水者，蓋東西門以南通水。北無也。』辟廱、頖宮，天子諸侯大學之異名也。」「《水經注》曰：『泮宮，在高門直北道西，宮中有臺，高八十尺。臺南水東西一百步，南北六十步，臺西水南北四百步，東西六十步。臺池咸結石爲之。』」「其臺東亦當有水，蓋久而湮塞耳。」其受教育的對象是京城達官顯貴的子弟。孫希旦云：「胄子之入小學者，皆於國之小學，其入大學，則在辟廱、頖宮。」至於「士庶之子」，「其俊異者」也可以「升於國學而教之」。〔註24〕

古代的大學，不止辟廱和泮宮，還有其它的大學。如《禮記・王制》載：「有虞氏養國老於上庠，養庶老於下庠；夏后氏養國老於東序，養庶老於西序；殷人養國老於右學，養庶老於左學；周人養國老於東膠，養庶老於虞庠，虞庠在國之西郊。」孫希旦曰：「上庠、下庠、東序、西序、右學、左學，皆在國之大學也。此歷言四代之學，而獨曰『虞庠在國之西郊』，則其餘皆在國矣。《孟子》夏之鄉學名校，殷之鄉學名序，則夏之東序、西序，殷之右學、左學，皆大學而非鄉學矣。」「周之東膠，大學也；虞庠，鄉學也。」〔註25〕

天子所設的大學，有四學、五學之稱。東學、西學、南學、北學，稱四學。五學，即中「辟廱」、南「成均」、北「上庠」、東「東序」、西「瞽宗」。《大戴禮記・保傅》記載：「帝入東學，上親而貴仁」；「帝入南學，上齒而貴信」；「帝入西學，上賢而貴德」；「帝入北學，上貴而尊爵」；「帝入太學，承

〔註23〕同〔註3〕，第370頁。

〔註24〕（清）孫希旦：《禮記集解》，中華書局，1989年2月第1版，第332頁。

〔註25〕同〔註24〕，第385頁。

師問道」。〔註26〕東學東序，爲習武、學干戈羽龠之所，由樂師主持；南學成均，爲學樂之所，由大司馬主持；西學瞽宗，爲演習禮儀之所，由禮官主持；北學上庠，爲學書之所，由詔書者主持，太學爲承師問道、舉行盛典之所，由太師、太保、太傅主持。太學是中央之學，就是辟雍或名堂。王聘珍曰：「太學，謂成周當代之學，曰辟雍，亦曰成均者也。」〔註27〕五學之中，又以辟雍爲最尊，所以西周天子的大學，又統稱爲辟雍。

國家的教育政策，先要在太學中得到落實，著名的教師也會被聘請到太學任教。其學生有許多是從序學中升上來的。

塾、庠、序、學四個層級制度，從基層到高層，從鄉村到城市，並不一定完全是西周或西周前的學制系統。《學記》所講的四級官學體系，應該或多或少帶有復興後的官學體系理論在裏面。《春秋公羊傳》宣公十五年何休解詁談到這四個層級的學校之間的關係：「一里八十戶，八家共一巷，中里爲校室。選其耆老有高德者，名曰父老。」「十月事訖，父老教於校室，八歲者學小學，十五者學大學，其有秀者，移於鄉學，鄉學之秀者，移於庠，庠之秀者，移於國學，學於小學。諸侯歲貢小學之秀者於天子，學於大學。其有秀者，命曰造士。」〔註28〕這裏展開的應該是一個實際存在的學制層級系統，與《學記》所記有吻合之處，卻又並不完全一致。《春秋公羊傳》裏的「鄉學」，不完全涵蓋《學記》裏的「塾」「庠」「序」，而是在塾學與庠學之間的又一個層級。《學記》裏的塾學，應該是《春秋公羊傳》所說的「校室」。

其次，提出了學年編制的設想，主要是修業年限和時間安排。學校教育劃分爲「小成」和「大成」兩個階段。「小成」階段學習年限爲七年，「大成」階段爲兩年。這是古代學校教育中確立年級制的萌芽。詳見下文。

二、學校管理

學校管理是學校管理者通過一定的機構和制度，採用一定的手段和措施，整體優化學校教育工作，有效實現學校工作目標的組織活動。

關於學校管理的具體措施，《學記》首先特別重視大學的入學教育和對學生日常行爲的管理。《學記》說：「大學始教，皮弁祭菜，示敬道也。《宵雅》

〔註26〕（清）王聘珍：《大戴禮記解詁》，1983年3月第1版，第51～52頁。

〔註27〕同〔註26〕，第52頁。

〔註28〕（漢）何休解詁，（唐）徐彥疏：《春秋公羊傳注疏》，載（清）阮元校刻：《十三經注疏》，中華書局，1980年9月第1版，第2287頁。

肄三，官其始也。入學鼓篋，孫其業也。夏楚二物，收其威也。未卜禘不視學，遊其志也。時觀而弗語，存其心也。幼者聽而弗問，學不躐等也。此七者，教之大倫也。」

《學記》把入學教育作爲大學教育的開始。開學的時候，天子率領群臣親臨學宮，和全體師生一起，戴著鹿皮帽子，捧著果蔬，致祭先聖先師，以表示尊師重道之意。開學典禮結束後，學生們開始學習《詩經‧小雅》中的三篇詩，即《鹿鳴》《四牡》《皇皇者華》。《鹿鳴》主於和樂，《四牡》主於君臣，《皇皇者華》主于忠信，可以看出它們同國家政治生活的關係。上層社會的子弟只要於「和樂、君臣、忠信之道不闕」，便可以爲官從政。學習這三首詩，是告訴學生們，大學教育是培養政府官員的，因此入學伊始，就要學習如何做官，如何做一名忠於君王、勤政愛民的好官。日常的教學，也是非常嚴格。上課的時候，學生聽到鼓聲，才可以打開書箱，取出書來，這樣做的目的，是爲了使學生重視課業，端正學習態度，虛心向學，不致於驕傲自滿。教師上課前，應準備好體罰學生的戒尺、教鞭，目的是嚴肅課堂紀律，使學生不敢懈怠，必要時處分那些不服管教的學生。天子或其委派的官員，不到夏季大祭完畢，不來學校視察，以免干擾正常的教學秩序，使學生有更充裕的時間，從容地按自己的志趣安排學習內容。教師在教學過程中，應時常留意學生的學習情況，及時發現存在的問題，進行正確的引導，但不要立刻就指導學生這樣或那樣，要默默地觀察，看看學生能不能自思、自省、自察，教師這樣做，目的是給學生獨立思考的餘地，使其體會學習的樂趣。年紀小的學生，只聽年長的學生向老師請教問題，而自己不必發問，這是因爲學習應當循序漸進，要考慮學生的接受能力，而不能逾越等級。這七點是大學教育的常規和綱領。其中規定的天子視學制度被繼承下來，成爲中國封建教育制度的傳統。

這一節論述了古代大學的入學儀式、目的教育、上課規則、學校管理等內容。這種從入學之日起，就重視目的教育的做法，從某種意義上說，有其現實意義。「時觀而弗語，存其心也」的教學方法，是孔子「不憤不啓，不悱不發」的啓發式教學的具體運用；它有利於培養學生的獨立思考能力和自學能力。但以夏楚收其威的棍棒式教育，則非常不可取。這一節所講的大學之禮，是學校的政治教育，是伴隨著宗法制度而來的禮，它不僅對奴隸制社會，而且對封建社會的階級統治，都一直起著作用。「祭菜」「卜禘」，形式上是爲

尊師敬祖，實際上是忠君孝親。孝親只是手段、過程，忠君才是目的；它是同政權直接聯繫著的。

其次，《學記》提倡大學必須建立嚴格的成績考覈制度，平時的小考要經常進行，大考每隔一年一次，每次考覈都必須有明確的標準。《學記》說：「比年入學，中年考校。一年視離經辨志，三年視敬業樂群，五年視博習親師，七年視論學取友，謂之小成。九年知類通達，強立而不返，謂之大成。夫然後足以化民易俗，近者說服而遠者懷之，此大學之道也。」

比年入學：鄭玄注：「學者每歲來入也。」〔註29〕比年：每年。孔穎達疏：「『比年入學』者，比年，謂每年也，謂年年恒入學也。」〔註30〕入學：入大學。本章末云：「此大學之道也。」中年：間隔一年。鄭玄注：「中，猶間也。鄉遂大夫間歲則考學者之德行道藝。」孔穎達疏：「注『中猶間也。鄉遂大夫，間歲則考學者之德行道藝。』」「正義曰：間年，謂下一年、三年、五年、七年之類是也。」〔註31〕視：考察、考查、考試。離經：分析經文義理，讀斷文句。辨志：辨別學習的意向。鄭玄注：「離經，斷句絕也。辨志，謂別其心意所趣鄉也。」孔穎達疏：「『一年視離經辨志』者，謂學者初入學一年，鄉遂大夫於年終之時，考視其業。離經，謂離析經理，使章句斷絕也。辨志，謂辨其志意趣鄉，習學何經矣。」〔註32〕敬業：專心致志於學業。樂群：樂於和朋友互相切磋。孔穎達疏：「『三年視敬業樂群』者，謂學者入學三年，考校之時，視此學者。敬業，謂藝業長者，敬而親之。樂群，謂群居，朋友善者，原而樂之。」〔註33〕孫希旦《禮記集解》引朱熹曰：「敬業者，專心致志，以事其業也。樂群者，樂於取益，以輔其仁也。」〔註34〕博習：廣博地學習。親師：尊敬老師。孔穎達疏：「『五年視博習親師』者，言五年考校之時，視此學者。博習，謂廣博學習也。親師，謂親愛其師。」〔註35〕論學：談論學問，提出自己的見解。取友：選取朋友，交友。孫希旦《禮記集解》引朱熹曰：「論學者，知言而能論學之是非。取友者，知人而能識人之賢否也。」

〔註29〕同〔註3〕，第 1052 頁。
〔註30〕同〔註3〕，第 1053 頁。
〔註31〕同〔註3〕，第 1052 頁，第 1055 頁。
〔註32〕同〔註3〕，第 1053 頁。
〔註33〕同〔註3〕，第 1053 頁。
〔註34〕同〔註24〕，第 959 頁。
〔註35〕同〔註3〕，第 1053 頁。

〔註 36〕小成：取得小的成績。孔穎達疏：「『謂之小成』者，比六年已前，其業稍成，比九年之學，其業小，故曰『小成』。」〔註 37〕知類：懂得類推事例，觸類旁通。通達：通曉，洞達。王夫之《禮記章句》云：「知類，推廣其知以辨事類也。通達者，通所知以達於行也。」強立而不反：堅定志向往前走，不倒退，不走回頭路。鄭玄注：「強立，臨事不惑也。不反，不違失師道。」孔穎達疏：「強立，謂專強獨立，不有疑滯。」〔註 38〕大成：取得大的學業成就。陳澔曰：「至於九年則理明義精，觸類而長，無所不通，有卓然自立之行，而外物不得以奪之矣，是大成也。」近者說服，而遠者懷之：說，同「悅」。懷，鄭玄注：「懷，來也，安也。」

這段話的意思是，學生每年進入學校學習，隔一年考覈一次：第一年考查學生分析經文章句的能力和學習的志向。第三年考查學生是否專心學業和是否樂與同學切磋探討學問。第五年考查學生學識是否廣博，是否尊敬師長。第七年考查學生在學術上的見解和識賢擇友的能力。符合標準的叫做「小成」。第九年考查學生是否懂得類推事理、觸類旁通，是否通曉洞達，是否遇事不迷惑，志向堅定往前走，不倒退，不走回頭路，而且不違反師教。符合標準的叫做「大成」。只有這樣，然後才能夠有本領教化民眾，改變風俗，使附近的人心悅誠服，遠方的人前來歸附。這就是大學教育的宗旨。

這一節論述我國古代大學一至九年的學習程序和內容以及考校制度。入學第一年，就對學生進行「離經、辨志」的考校，旨在強調打好基礎的重要性，旨在明確學習目的。知識是不斷累積，層遞發展的，沒有牢固的基礎，就無法建立知識體系，就不能追求高層次的學問。「志」是學習自覺性的心理基礎，也就是學習的動力。志不立，則學必無成。著重「博習」和由「博習」而「論學」，是學習取得成效的重要一環。各門學科知識，具有一定的相互聯繫。若不博覽群書，知識面很狹窄，就不能把所學的某一專業學好。要「專」，也要「博」，專精與博覽應有機結合。《學記》所說的由「博習」而「論學」的教學制度，符合孔子主張的以學為基礎的「學、思並用」的啟發式教學原則。我國古代大學的第二階段，即第八、九兩年，放手讓學生獨立地、不受「考校」規範約束地進行知識的「再生產」，做到「知類通達」的教學方法，至今仍是可

〔註 36〕同〔註 24〕，第 959 頁。
〔註 37〕同〔註 3〕，第 1054 頁。
〔註 38〕同〔註 3〕，第 1054 頁。

取的。把「離經」與「辨志」、「敬業」與「樂群」、「博習」與「親師」、「論學」與「取友」結合起來考校，是我國古代大學德才智慧並重的表現。

第二節　教學原則論

《學記》總結了先秦以來教育成功的經驗與失敗的教訓，以具體問題爲切入點，提出了教育、教學過程中必須遵循的基本原則。

一、教學相長

關於「教學相長」的教學原則，《學記》是這樣表述的：「雖有嘉肴，弗食，不知其旨也；雖有至道，弗學，不知其善也。是故學然後知不足，教然後知困。知不足，然後能自反也；知困，然後能自強也。故曰：教學相長也。」

作者以佳肴、至道作比，展開比喻論證，將美味佳肴比作爲人處世的道理，又以食之用之來比喻師生之間的教與學，深入淺出地論證教育、教學的重要性。正如不斷地品味美味佳肴，從而增長了人們品嚐的能力一樣，在學習中，人的接受能力和理解能力逐步提高，求知心理得到滿足，同時，學習的結果也促進了更強的求知欲望。「學然後知不足，教然後知困」，並不是指「學生知不足，教師知困惑」，這裏的「學」，是指學習；「教」，是指教學。這是互文的句式，意思是通過教與學的活動，使人們認識到了自己的不足，增加了對知識的困惑，教學活動會更進一步激發人們求學求教的動機。「學然後知不足，教然後知困」，是一個至關重要的教學理念，也是教育、教學的理想目標。學習的目的，並不僅僅是單純積累知識，而是通過不斷的積累，促使學生知不足、知困。學生學會自我反省和自強不息，才是自我實現的理想境界，才是教育、教學的眞正目的和意義。「知不足，然後能自反也；知困，然後能自強也」，「自反」與「自強」，也是互文。學生在教與學的過程中，通過知不足和知困，進一步努力學習，從而達到自反自強的境界。教師雖然受過專門教育，知識可以滿足學生的需要，但仍然會在具體的教學中，在與學生的教學互動中，感到知識不足和困頓。只有在這時，教師才會感到學習的重要性，學習也才會成爲教師終生的行爲。既指出了人類求知需求會在求知過程中不斷提高的心理特點，也說明了教學活動的本身就是求知心理的重要來源。教學相長，揭示了教育、教學的基本規律，學與教互爲前提，相互促進。

　　「教學相長」的教育原則，源於孔子的教育思想。《論語・學而》載：「子貢曰：『貧而無諂，富而無驕，何如？』子曰：『可也；未若貧而樂，富而好禮者也。』」「子貢曰：『《詩》云：『如切如磋，如琢如磨』，其斯之謂與？』子曰：『賜也，始可與言《詩》已矣，告諸往而知來者。』」〔註39〕這是孔子和子貢的對話。子貢說：「貧窮卻不巴結奉承，富裕卻不驕傲自大，這種人怎麼樣呢？」孔子說：「也算可以了；但是還不如雖貧窮卻快快樂樂，富裕卻愛好禮儀的人。」子貢說：「《詩經》上說：『像加工骨器一樣，切了還要磋；像加工玉器一樣，琢了還得磨，才能成為精美的器物。』就是講的這個道理吧？」孔子道：「賜呀，現在可以同你討論《詩經》了，告訴你已經發生的事，你就可以知道未來的事。」《論語・八佾》又載：「子夏問曰：『巧笑倩兮，美目盼兮，素以為絢兮。』何謂也？』子曰：『繪事後素。』曰：『禮後乎？』子曰：『起予者商也！始可與言《詩》已矣。』」〔註40〕這是孔子與子夏的對話。子夏問道：「『有酒窩的臉笑得很美呀，黑白分明的眼睛轉動得嫵媚呀，潔白的底子上畫著花卉呀。』這幾句詩是什麼意思呢？」孔子回答：「先有白色的底子，然後畫花。」子夏問：「那麼，是不是禮樂產生在仁義之後呢？」孔子回答：「卜商呀，你真是能啟發我的人。現在可以和你討論《詩經》了。」從這些對答中，可以看出孔子和他的學生經常是處於平等的地位切磋學問，啟發思維。孔子認為，學生可以超過老師，老師也應向自己的教育對象學習。《學記》的作者把它概括為「教學相長」的教學原則，這個原則淵源於孔子的教學思想是毫無疑義的。

　　「教學相長」中的「教學」並非現代意義的「教（去聲）學」，而是「教（平聲）」和「學」，即「教人」和「自學」兩種活動；「相」即「互相」，表示兩相對待關係，說明兩者之間相互影響；「長」即「促進」，表示兩種活動的積極效果。可見，「教學相長」意思是「教人」與「自學」兩種行為相互作用，共同促進其自身發展。

　　教學相長是把教學中「教」和「學」完美結合在一起，反映了教師和學生之間的相互促進與滲透，以及平等、和諧、合作、發展的關係。只有認識到這種關係，「教」與「學」才能不斷深入發展。「學」才會因「教」而進步，「教」會因「學」而提高。教與學的雙邊活動，才能夠發揮最佳的狀態。

〔註39〕楊伯峻譯注：《論語譯注》，中華書局，1980年12月第2版，第9頁。
〔註40〕同〔註39〕，第25頁。

「教」與「學」是一脈相承，不可分割的，它是師生之間的雙邊實踐活動，學生應做親自躬行者，而不是消極的受教育者，這樣才能體會到學習的樂趣，激發起獲得成功的強烈願望。教學中會有新的問題和隨機事件發生，教師就需要不斷去思考和解決，教學中教師要邊教邊學，去不斷完善自己，提高自己，這樣教與學才能形成一個完整的過程。

二、長善救失

關於「長善救失」的教學原則，《學記》是這樣表述的：「學者有四失，教者必知之。人之學也，或失則多，或失則寡，或失則易，或失則止。此四者，心之莫同也。知其心，然後能救其失也。教也者，長善而救其失者也。」「長善救失」中的「失」即：「多、寡、易、止」，是很多學生在學習中表現出來的四種偏頗。

「失則多」，鄭玄認為：「失於多，謂才少者。」孔穎達認為：「假若有人才識淺小，而所學貪多，則終無所成，是失於多也。」〔註41〕「才識淺小」者，所學又四面出擊，涉獵較為泛濫，以至於貪多嚼不爛，故而一事無成。孫希旦說：「失則多，謂多學而識而未能貫通，若子貢。」〔註42〕貪大求多，又不能融會貫通，也是造成學習上「失」的原因。王夫之說：「多，泛論而不深也。」泛泛涉獵，不能深入，也可能造成學習上的「失」。由此可見，「失則多」，蓋由於貪多務得，涉獵面廣，四面開花，又不求甚解，不能深入鑽研，不能融會貫通所導致。

「失則寡」，鄭玄以為是針對「才多者」而言的。孔穎達也認為：「或有人才識深大，而所學務少，徒有器調，而終成狹局，是失於寡少也。」〔註43〕孫希旦也說：「失則寡，志意高遠而略於事為，若曾皙。」〔註44〕王夫之說：「寡，專持而不廣也。」失之寡者，把自己的學業局限於一隅，終至知識面狹窄。

「失則易」，有兩種解釋，一是鄭玄所說的「謂好問不識者」。孔穎達認為：「至道深遠，非凡淺所能，而人不知思求，唯好泛濫外問，是失在輕易於妙道，故云『或失則易』，此是『學而不思則罔』。」〔註45〕鄭玄和孔穎達將

〔註41〕同〔註3〕，第1064頁。
〔註42〕同〔註24〕，第967頁。
〔註43〕同〔註3〕，第1064頁。
〔註44〕同〔註24〕，第967頁。
〔註45〕同〔註3〕，第1064頁。

「易」解釋為在學習上不肯動腦筋。二是孫希旦認為：「失則易，謂無所取裁，若子路。」〔註46〕王夫之也說：「易，果為而不知難也。」俞樾以「易」字為變易之易，「謂見異思遷，此事未竟，又為彼事也」。但參之下文，此處「易」字當為容易之易，即把學習看成不經過努力就可以輕而易舉完成的事，淺嘗則止，不肯刻苦鑽研，學得不深不透。

「失則止」，鄭玄解釋說：「謂好思不問者。」孔穎達說：「人心未曉知，而不肯諮問，惟但止住而自思之，終不能達其實理，此失在於自止也，此是『思而不學則殆』。」〔註47〕孫希旦說：「失則止，謂畏難自畫，若冉有。」〔註48〕王夫之說：「止循分而不能進也。」失之止者，畏難中止，小有所成，就不願繼續奮進。

終上所述，「多、寡、易、止」四種缺點，可以這樣理解：其一，「或失則多」，指的是片面追求學習的數量，所學內容過於繁雜，一味貪多，囫圇吞棗，不能很好地消化理解，難有所成。其二，「或失則寡」，指的是讀書範圍太小，知識面過於狹窄，智力不能得到充分發展。其三，「或失則易」，指的是對學習的艱巨性認識不足，淺嘗輒止，僅得其皮毛，未能深入領會。其四，「或失則止」，指的是對待學習容易滿足，稍有所學，便因畏難、缺乏刻苦精神而停滯不前。這四種缺點均是由學生的學習心理狀態各不相同所引起的。針對「失」，《學記》提出要「救」，即「補救」。正如孔穎達所說：「師既前識其四心之不同，故後乃能隨失而救之也。『教也者，長善而救其失者也』者，使學者『和易以思』，是長善，使學者無此四者之失，是救失，唯善教者能知之。」〔註49〕「長善救失」的教學原則，最能體現師生之間辯證的互動關係。「長」是「發揮、發揚」的意思，「善」是「優點、長處」，「救」是「挽救、補救、彌補」，「失」是「缺點、缺陷、不足」。「長善救失」反映的是一種辯證關係，即發揚優點，克服缺點。通過一定的努力，找尋有效的方法，發展其優勢，彌補其不足，從而成為完善的有用之才。

「長善救失」的教學原則，雖然是《學記》首次提出來的，但是自有其思想淵源。《論語·先進》記載：「子路問：『聞斯行諸？』子曰：『有父兄在，

〔註46〕同〔註24〕，第 967 頁。
〔註47〕同〔註3〕，第 1064 頁。
〔註48〕同〔註24〕，第 967 頁。
〔註49〕同〔註3〕，第 1064～1065 頁。

如之何其聞斯行之？』冉有問：『聞斯行諸？』子曰：『聞斯行之。』公西華曰：『由也問聞斯行諸，子曰，『有父兄在』；求也問聞斯行諸，子曰，『聞斯行之』。赤也惑，敢問。』子曰：『求也退，故進之；由也兼人，故退之。』」〔註50〕對子路、冉有提出的「聞斯行諸」這一同樣問題，孔子的回答卻不同。其原因就在於兩個弟子的性格不同，因而回答也就不同。鄭玄將孔子的做法概括為「各因其人之失而正之」。孟子提出的「教亦多術」的教學原則，也具有「長善救失」的辯證法思想。《孟子‧告子下》載：「孟子曰：『教亦多術矣，予不屑於教誨也者，是亦教誨之已矣！」〔註51〕孟子不屑去教誨，是指讓學生自己去感悟，迎頭趕上，這難道不是也起到了教誨的作用嗎？教育有多種方式方法，孟子所運用的是一種獨特的方法，不屑於教，是亦教之。所以朱熹說：「尹氏曰：『言或抑或揚，或與或不與，各因其材而篤之，無非教也。』」〔註52〕孟子還提出：「君子之所以教者五：有如時雨化之者，有成德者，有達財者，有答問者，有私淑艾者。此五者君子之所以教也。」〔註53〕君子教誨他人，是根據不同的情況，因材施教，有像及時雨那樣教育的，有成全德性的，有通達才能的，有解答疑問的，有以自身的善行來讓他人學習的。朱熹《四書章句集注》曰：「此各因其所長而教之者也。」「聖賢施教，各因其材，小以成小，大以成大，無棄人也。」〔註54〕

　　《學記》是一部繼承孔孟教育思想的著作。「長善救失」思想就是一個很好的體現。從「長善救失」的思想淵源看，孔子、孟子都是從人的性格的角度考察，從而提出相應的教育觀點，《學記》則是主要從學習心理的角度，歸納概括了學習中存在的四種不足，指出教師要有針對性地加以補救。「長善救失」的教學原則，體現了對學生的關懷，為後世教育工作者所繼承與發展，並在教學實踐中進行創造性的嘗試。

　　「長善救失」蘊含著辯證法思想，即教師要善於正面教育與引導，利用積極因素，克服消極因素，努力挖掘學生的優點，儘量克服其缺點。「善」與「失」的矛盾關係，是可以互相轉化的；促成「失」向「善」的轉化，教師的點化與指導，至關重要。對其「失」，不能做片面、僵死的理解，正如王夫之所說：「多、

〔註50〕同〔註39〕，第117頁。
〔註51〕同〔註5〕，第270頁。
〔註52〕（宋）朱熹：《四書章句集注》，中華書局，2011年4月第1版，第326頁。
〔註53〕同〔註5〕，第290頁。
〔註54〕同〔註52〕，第338頁，第339頁。

寡、易、止，雖各有失，而多者便於博，寡者易於專，易者勇於行，止者安其序，亦各有善焉。」這無疑是對「長善救失」辯證科學的認識。

我們要釐清「長善救失」的教學論意義，將其更好地融入到具體的教學實踐中。長善，也要救失，不可重善輕失。在整個教育過程中，優點與缺點，即「善」與「失」是始終並存的，教育的目的就是要克服學生的「失」，發揚學生的「善」。要克服「失」，就要及時識別「失」；同樣，要發揚「善」，也要及時發現「善」。在具體教學中，有時並不一定能夠將「長善救失」合理地付諸實踐，往往會出現「重善輕失」或者「重失輕善」的偏差，特別是「重善輕失」的偏差，表現得尤為明顯：對學生只是一味盲目表揚。強調鼓勵學生，關愛學生，不能簡單理解為只關注學生的「善」，甚至對學生只誇獎，不批評，到了只「唯善」的地步。特別是在低年級的教育中，教師更容易放寬要求，只看到學生的優點，對其缺點則視而不見，聽之任之。這樣長期下去，勢必導致學生以「不是」當「是」，畸形發展。對「善」，當然要讚美，要提倡，使之發揚光大，而不是有了某些優點，便沾沾自喜，用「善」來掩蓋「失」，一俊遮百醜。對於「失」，更要及時指出，教導其迅速改正，防止發展蔓延，進而影響身心健康發展。只有這樣，才能增一些「善」，少一些「失」；長善，也救失。

三、藏息相輔

關於「藏息相輔」的教學原則，《學記》是這樣表述的：「大學之教也，時教必有正業，退息必有居學。不學操縵，不能安弦；不學博依，不能安《詩》；不學雜服，不能安禮。不興其藝，不能樂學。故君子之於學也，藏焉，脩焉，息焉，遊焉。夫然，故安其學而親其師，樂其友而信其道，是以雖離師輔而不反也。」正業：正式課業，指主課或正課教學。如宋育仁說：「教育者以時講授，必有主課」。姚明輝說：「師授必有正課。」退息：課後休息時，指課外。如吳澄說：「退，謂進受正業既畢而退也；息，謂燕閒之時。」燕閒，即指課外。居學：退居時的課外作業。如陸佃說：「居學，言退息之所學也。」莊有可說：「謂溫習使不忘。」操縵：練習弦樂配合打擊樂演奏。安弦：手指嫻熟、緩急自如地撥弄弦琴。安，順適。博依：鄭玄注曰：「廣譬喻也。」〔註55〕王夫之曰：「依猶譬也，謂依彼以顯此也。博依，謂博通於鳥獸草木天時人事之情狀也。」雜服：即雜事，指灑掃、應對、盥洗等粗雜之事。服，事。興：

〔註55〕同〔註3〕，第1058頁。

喜歡。藝：指操縵、博依、雜服。藏、脩、息、遊：鄭玄注：「藏，謂懷抱之。脩，習也。息，謂作勞休止之爲息。遊，謂閑暇無事之爲遊。」孫希旦說：「藏，謂入學受業也。脩，脩正業也。息，退而私居也。遊，謂遊心於居學也。」又說：「藏焉必有所脩，息焉必有所遊，無在而非義理之養。」〔註56〕安其學：樂於他的學習。離：違。輔：朋友。不反：不會倒退、反覆。孔穎達說：「若假令違離師友，獨在一處而講說，不違反於師友昔日之意旨，此則強立不反也。」〔註57〕

「藏息相輔」即課內與課外、勞與逸相結合的原則。在這裏，「藏」指「正業」，即正課；「息」指課外作業和課外活動。正課學習與課外學習必須兼顧，相互補充和促進，讓學生在自主接受教育的同時，根據興趣發展自己，在各種活動中拓寬視野，培養實踐能力和忍受挫折的能力。課內是在規定的時間內傳授所謂正課，就是「時教必有正業」；課外是在正課以外的休息時間進行課外作業和遊戲活動，即「退息必有居學」。正課學的是「弦」「詩」「禮」；課外修的是「操縵」「博依」「雜服」。課內、課外相輔相成，課外可以幫助課內，課外既是課內的準備，又是課內的延伸。「不興其藝，不能樂學。」如果不在課外雜弄樂器，練習手指，僅靠課內來學習琴瑟，就很難學好；如果不在課外唱歌，練嗓子，課內的「詩」就不容易學好；如果不在課外經常練習灑掃、應對、進退之禮節，課內的「禮」也是空話。

現代教育提倡豐富多彩的課外活動，因而有「第二課堂」的概念。這與《學記》講的「藏息相輔」的教學原則，有異曲同工之妙。事實證明，大量創造性思維、創造性成果，是在閑暇性的活動中獲得的。因爲這樣的活動不受時間和空間的限制，學生可以自主地根據自己的愛好和興趣發展自己，最大限度地發揮自己的潛能。如果將學生從早到晚都局限在學校的課堂之內，學生只能把大量的時間花費在機械的記憶、練習上，使他們沒有時間思考，沒有時間去親自動手，主動參與。傳統的教學內容和方式，擠佔了學生所有的時間和大腦空間，使他們遠離創造性的活動，其創造力被扼殺；久而久之，也只能培養出一批批庸才，只能培養出一批批只會考試的「考生」，而不是富有創造力的「學生」。

由此可見，「藏息相輔」是培養創造性人才的一個重要途徑。因此，學校

〔註56〕同〔註24〕，第964頁。
〔註57〕同〔註3〕，第1059頁。

應為學生創設盡可能大的教育空間，讓學生有足夠的課外活動。這是創造性產生的重要外因。有了空間、環境，學生才會自主學習，才會有創造性意識和創造能力。學生的自由越多，個性就越絢麗多彩，創造性的想法就層出不窮。課外活動是學生根據自己的興趣和愛好，自主組織和參與的教育和學習活動。學生只有從沉重的狹窄的課堂環境中解放出來，才能培養其創造性意識，教育才能真正走上素質教育的軌道。目前已經開展的「優化課內」「強化課外」的教學改革，不失為一種很好的做法。它可以通過「強化課外」來引導學生以研究的姿態投入學習，帶著問題去學習，培養學生的創造精神和實踐能力。

四、啟發誘導

關於啟發誘導的教學原則，《學記》是這樣表述的：「故君子之教，喻也：道而弗牽，強而弗抑，開而弗達。道而弗牽則和，強而弗抑則易，開而弗達則思。和、易、以思，可謂善喻矣。」君子：指教師。喻：啟發誘導。道：同「導」，引導。強：激勵，鼓舞。抑：用壓力去推動。開：開其端。達：盡其說。和：師生之間和悅相親。易：學習安易。思：能自覺地獨立思考。

教師在教學過程中，要想很好地完成教學任務，提高教學質量，開發學生的智力，發展學生的能力，就要採用啟發式教學。教師如何「喻」？《學記》提出三項基本要求：

一是「道而弗牽」，即引導而不牽制。教師在教學過程中，要引導學生，但不要牽著學生走。要遵循學生的認知、心理發展規律，引導和激發學生的學習興趣。如果硬是牽著學生走，學生只能永遠依賴別人，永遠也不可能有獨立的自主意識和獨立自主的能力。教師「導」（引導）的目的，就是激發學生的學習興趣。興趣是教學的基礎，也是教學的目的。喚起學習興趣，就會誘發認知興趣，活躍智力積極性，這對於在教學中發展知識、技能，具有決定性意義。《論語‧雍也》說：「知之者不如好之者，好之者不如樂之者。」〔註58〕由好之到樂之，就是學習興趣由低到高，學習動力由弱到強發揮作用的一個過程。教師只要很好地啟發誘導，認真指導，學生就一定會樂意而且能夠很好地接受。這樣，教與學之間，師與生之間的關係，自然就會和睦友善。這就是「道而弗牽則和」。「和」是師生之間和悅相親，和諧融洽，這是教學的

〔註58〕同〔註39〕，第61頁。

感情因素。「道之使有所向，而弗牽之使從，則人有樂學之心。」〔註59〕教師的教學方法一旦觸及學生的情感領域，觸及學生的精神需要，就能發揮有效的作用。

二是「強而弗抑」，即鼓勵而不強迫。教師要鼓勵和引導學生主動學習，不要進行強迫和灌輸教育。從認知發生論來看，個體的主動學習，是形成認知的前提和基礎。在教學中，能否激發學生的主觀能動性是至關重要的。倘若教師牽著學生走有悖於主體的認知規律，容易造成一知半解或是欲速則不達的結果。一旦學生視學業爲畏途，就會產生困苦和壓抑的情緒，導致厭學或棄學。「強之使有所勉，而弗抑之使退，則人無難能之病。」〔註60〕教師只有眞正做到「強而弗抑」，學生的學習積極性、自覺性、主動性才能很好發揮，學起來才會心情舒暢，興趣盎然，信心十足，勇於克服學習上的困難，甚至把學習看作輕鬆愉快的事，這就是「強而弗抑則易」的本質含義。「易」是使學生學習起來感到安易，從而有助於消除學生的畏難情緒，不視學習爲畏途。

三是「開而弗達」，即啓發而不和盤托出。教學中，教師開導學生的思路，點明問題的關鍵，指出學習的門徑，啓發學生運用各種思維活動去解決問題，自己得出結論，而不包辦代替，匆忙地將現成的結論和盤托出地告訴學生。「開其端，不遽達其意，而人將思而得之矣。」〔註61〕啓發的主要目的在於調動學生學習的積極性，根本一點就是促進學生的積極思維活動，進而「開而弗達則思」。「思」可以使學生獨立思考，有利於學生積極思維。

《學記》的「道而弗牽，強而弗抑，開而弗達」，是上承孔子的「不憤不啓，不悱不發」，卻更接近孟子的「引而不發」「自求自得」。

《學記》指出，只有做到了「道」「強」「開」，學生才會親近老師，與老師處於一種「和諧」關係之中，才會樂學，積極思維，依靠自己的智力勞動得出問題的結論。啓發誘導的教學原則符合現代心理學研究成果，在今天仍具有指導意義：「道而弗牽則和」，引導學生而不牽著學生走，師生關係才會融洽、和諧；「強而弗抑則易」，策勵學生而不是推著學生走，學生便有勇氣克服學習上的困難，使學習成爲易事，樂在其中；「開而弗達則思」，啓發學生而非代替學生作出結論，學生就會習慣於獨立思考，獲得眞才實學。

〔註59〕同〔註24〕，第966頁。
〔註60〕同〔註24〕，第966頁。
〔註61〕同〔註24〕，第967頁。

五、豫時孫摩

關於豫時孫摩的教學原則，《學記》是這樣表述的：「大學之法，禁於未發之謂豫，當其可之謂時，不陵節而施之謂孫，相觀而善之謂摩。此四者，教之所由興也。」法：原則。禁：防範，即防範未然。未發：尚未發生。指學生的不良動機和行為尚未發生之前。發：指生活和道德方面的失足。之：復指代詞，代主語「禁於未發」，可譯為「這」。豫：預防。當其可：意思是不遲不早，適當其機。戴溪所謂「過時非也，不及時亦非也」。時：及時。謂教育、教學及時。陵：「凌」，超越。節：次序。鄭玄注：「不陵節，謂不教長者、才者以小，教幼者、鈍者以大也。」〔註62〕王夫之曰：「陵，越也；節者，教者淺深之次第。」施：教。孫：通「馴」，義同「順」，循序。摩：觀摩，相互學習幫助，指朋友間的切磋琢磨。

這段話的意思是，大學的教育、教學原則是：在學生的不良動機和行為尚未發生之前，就加以防範，這叫做「預防」；在學生可以接受教育時，就抓住時機，因勢利導，這叫做「及時」；不超越學生接受能力的限度而施教，循序漸進，這叫做「順序」；同學間相互學習、幫助，取長補短，這叫做「觀摩」。這四點，都是大學教育取得成功和進展的因素。

「豫」就是預防性原則，即是說教師應隨時察覺和發現學生可能和已經出現的不良的苗頭和傾向，及時採取防範性的措施。《學記》提倡「禁於未發」，即當學生的壞思想、壞毛病還沒有最後形成的時候，就將之消滅在萌芽狀態。如果教師不能做到這一點，沒有敏銳的觀察力和發現力，就不能預防學生各種問題的發生；而不能做到事前預防，等事情發生了再去處理、禁止，其結果必然如《學記》所說：「發然後禁，則扞格而不勝」，如果等到問題發生以後才去禁止，就會遇到牴觸情緒，不願意接受教育。實踐證明，改造舊的，要比塑造新的困難得多，所以無論是文化知識的教學，還是道德品質的養成，都應堅持預防為主、改造為輔的原則。

「時」就是及時性原則，這是對孔子「學貴及時」思想的繼承和發展。它要求教學必須把握住恰當的時機，及時施教。兒童要適時入學，在最佳的學習年齡，汲取知識，莫失良機。教師在教學過程中，要掌握施教的關鍵節點，要有分寸，要看教育的「火候」，要把握學生的心理，要抓住時機；既反對坐失教育的良機，也反對盲目超前跟風。教學應「當其可」，否則，「時過

〔註62〕同〔註3〕，第1061頁。

而後學，則勤苦而難成」。

「孫」就是順應性原則。教學要考慮學生的年歲長幼，要考慮學生的接受能力；教學要循序漸進，因材施教。必須考慮學生認識活動的發展規律，即考慮學生的接受能力，以此來安排教學內容，選擇教學方法，才能取得良好的教學效果。要遵循各學科知識內部的有機聯繫、難易程度、邏輯系統，這樣的教學，才是科學的，否則，「雜施而不孫，則壞亂而不修」。

「摩」就是觀摩性原則，強調師友之間的切磋琢磨，取長補短，在共同的研討、爭鳴中，求得學業的長進。所謂「相觀而善」，就是相互學習，相互切磋，共同進步。孔子說：「三人行，必有我師焉」。只要善於「擇其善者而從之」，在進德修業上就可以得到益處。一個人如果「獨學而無友」，閉門造車，有問題無處探討，久而久之，必然導致「孤陋而寡聞」的窘態。

在教學中，若能將豫時孫摩四者有機地聯繫起來，靈活地加以運用，對避免教學存在的課前預防不足，備課只顧教材，不注重學生，不能抓住學生的心理及時施教，不能根據學生的基礎、循序漸進地進行教學，不能正確地引導同學之間、師友之間的相互研討等現象，都有借鑑和指導作用。

第三節　教學方法論

《學記》中論述的教學方法，根植於當時的教學實際，切當適用。若能對此加以借鑑，靈活地繼承下來，會大大提升當今的語文教學水平。

一、講解

關於講解法，《學記》指出：「記問之學，不足以為人師，必也其聽語乎。力不能問，然後語之，語之而不知，雖舍之可也。」「善歌者，使人繼其聲。善教者，使人繼其志。其言也，約而達，微而臧，罕譬而喻，可謂繼志矣。」記問：謂只憑記誦古書，以待學生之問。徐瑄《禮記體注》云：「全無實學，只憑記誦以待問。」必也其聽語乎：一定要能夠針對學生提出的問題進行講解才好。語：讀 yù，作動詞用，告也。下兩「語之」中的「語」字同此。聽語，謂聽取學生發問而後告之。孫希旦《禮記集解》：「謂聽學者之問，而因而語之，……此唯學有心得，而義理充足者，然後能之」。〔註63〕力不能問，然後語之：力不

〔註63〕同〔註24〕，第970頁。

能問，並非不欲問，而是口欲言而未能。孫希旦《禮記集解》：「然教者之語，雖因乎學者之問，而亦有不待其問而語之者。蓋其心有憤悱，而力不能問，然後語以發之。」〔註64〕語之而不知，雖舍（shè）之可也：孔穎達疏：「語之不能知，且舍住，待後別更語之可也。」〔註65〕且：暫且。舍住：擱置下來。「語之而不知，雖舍之可也」，說的是當學生「語之而不知」之時，即使暫時擱置下來，別再語之，讓其繼續思考，也是可以的。雖：即使。舍：擱置，暫時放在一邊。善歌者，使人繼其聲：孔穎達疏：「善歌，謂音聲和美，感動於人心，能使聽者繼續其聲也。」〔註66〕即言其歌聲感人，聞者自然起而應和。善教者，使人繼其志：鄭玄注：「言爲之善者，則後人樂仿傚也。」孔穎達疏：「言善教者必能使後人繼續其志，如善歌之人能以樂繼其聲」。〔註67〕即善教者能使學生跟著他所指引的路子去努力學習，繼承他的志意。其言：謂教師之言，指教師的講述、講解。約而達：約，簡潔；達，通達。孔穎達疏：「言善爲教者，出言寡約，而義理顯達易解之。」〔註68〕即言簡而義顯。通俗地說，就是用三言兩語便把問題講醒豁，使主要意思充分地表送出來。微而臧：孔穎達疏：「微，謂幽微。臧，善也。謂義理微妙，而說之精善也。」〔註69〕幽：昏暗、深暗；引申爲隱晦、深奧。微妙：深奧玄妙。通俗地說，「微而臧」就是把深奧玄妙的道理，講得引人入勝，發人深省。罕譬而喻：孔穎達疏：「罕，少也。喻，曉也。其譬罕少而聽者皆曉」。〔註70〕即稍稍設譬比方，就能使人明白。

這兩段話中，第一段的意思是，沒有眞才實學，只憑記誦以等待學生發問的教師，是不足以爲人師的。如果要爲人師，一定要能夠針對學生提出的問題進行講解才好。只有當學生經過反覆思考仍提不出什麼問題的時候，才可以對學生講解。經過講解之後還不能領悟，即使把這個問題暫時擱置下來，讓他自己去慢慢思索，也是可以的。

第二段的意思是，優秀歌唱家的歌唱，會使聽眾的心情受到感染，引起共鳴，自發地跟著歌唱起來。優秀教師的教學，會使學生自覺地跟著他的指

〔註64〕同〔註24〕，第970頁。
〔註65〕同〔註3〕，第1065頁。
〔註66〕同〔註3〕，第1065頁。
〔註67〕同〔註3〕，第1065頁。
〔註68〕同〔註3〕，第1065頁。
〔註69〕同〔註3〕，第1065頁。
〔註70〕同〔註3〕，第1065頁。

引去努力學習。教師的講述、講解，既語言簡潔，又義理顯達；既分析精微深刻，又言簡易懂；舉例不多，學生就聽明白了。這樣做，可以說是教師善於引導學生學習，學生也就能夠繼承教師的志趣，而去努力學習了。

第一段話主要講教師，如說：「記問之學，不足以為人師」，「必也其聽語乎」和「雖舍之可也」。至於「語之而不知」，則是講學生。全段貫穿著教師應起主導作用的思想。

第二段話用「善歌」來襯托「善教」，意思是說，只有「善歌」，才能「使人繼其聲」，以引發情感上的共鳴。同樣，只有「善教」，才能「使人繼其志」，以引起思想和行為規範的共識。

關於教師如何運用講解法，《學記》提出了三項準則：「必也其聽語乎。力不能問，然後語之，語之而不知，雖舍之可也。」這三條準則就是：一是「聽語」，二是「語之」，三是「舍之」。「聽語」即語文教師要重視學生的提問，然後根據學生的提問來進行有目的、有針對性的講解，不能隨心所欲，想講什麼就講什麼。「語之」就是在學生想要提出問題而又恐怕說不清楚時，教師要及時予以講解。「舍之」目的在於鼓勵學生獨立思考，老師講解過多，學生一時難以消化，老師就要停下來，給學生一定的時間，學生通過研讀、自學，化解了知識難點，認識提高，思維能力也會提高。這時教師再予以講解，效果一定會很好。

同時，還對講解法提出要求，即「約而達，微而臧，罕譬而喻」。意思是說，教師的講解要語言簡練而透徹，說理微妙而精善，舉例不多而誘導得體。「約」「達」「微」「臧」「罕譬」「喻」，是對教師講解藝術的要求。這體現了少而精的教學原則。教師的課堂用語，要凝練、生動，措辭要精當，條理清晰，語言表達明白流暢。在課堂上，教師不要口若懸河，主次不分，使學生如墜五里霧中，不得要領。這就要求教師吃透教學內容，抓住重點和難點，這樣，才能使講解不會拖泥帶水，繁雜而無序。講解中，舉例是必須的，但例子要典型，有代表性，用儘量少的例子，使學生明白不容易掌握和難以理解的知識。

二、問答

關於問答法，《學記》指出：「善學者，師逸而功倍，又從而庸之。不善學者，師勤而功半，又從而怨之。善問者如攻堅木，先其易者，後其節目，及其久也，相說以解。不善問者反此。善待問者如撞鐘，叩之以小者則小鳴，叩之以大者則大鳴，待其從容，然後盡其聲。不善答問者反此。此皆進學之

道也。」從而：隨著。庸：歸功。庸之：言己之成，歸功於師。善問者：指善於向老師問難的學生。節目：指木材最堅硬而難斫的部分。相說：指問答雙方都心安理得，感到內心喜悅。說，同「悅」。解：即所惑得解。善待問者：指善於應答學生問難的教師。待，應也。待其從容，然後盡其聲：讓學生從容不迫地提問，然後有針對性地盡情無隱地解答。從容，優游不迫之意。盡其聲，謂無隱也。進：益。道：方法。

　　這段話的意思是，對於善於學習的人來說，教師費力少，卻能有很大的收效，又會把學習的成果歸功於教師的教學得法。對於不善學習的人來說，教師費力多，卻收效很少，又會埋怨教師的教學不得法。善於向教師發問的學生，如同砍伐堅硬的木材，先從容易砍伐的地方砍起，隨後才去砍木材最堅硬的關節，這樣先易後難地問難，久而久之，師生雙方都感到心安理得，內心喜悅，所有疑惑的問題，都得到解決。不善發問的學生則與此相反。善於回答學生問題的教師，如同敲鐘一樣，學生提的問題小，就簡單回答；學生提的問題大，就詳細地回答；隨著學生所提問題的大小，予以相應的回答。等待學生從容不迫地提問，然後才盡情無隱地解答。不善回答學生提問的教師，則與此相反。這些都是有益於「學」的方法。

　　通過此節的釋義，我們領會到，教師回答學生的提問，要針對不同的問題，有的放矢地給予回答，同時又要善於讓學生從容不迫地提問，然後對學生所提的問題，做出全面而詳盡的回答。問答式教學包含兩個方面：教師問，學生答；學生問，教師答。問答式教學不是機械地一問一答，而是對所學內容的深入理解與消化。「善問」表明學生對所學內容有自己的思考，否則就不能做到「善問」。

　　在譯文中，將「善問者」解釋為學生，但「善問者」未嘗不可以理解為教師，即善問指教師問學生而言。若是這樣的話，教師的「問」，就要預先精心策劃。從教師的角度說，怎樣做到「善問」呢？第一，掌握「問」的「火候」。《論語·述而》說：「不憤不啟，不悱不發。」憤：心求通而未得之意。悱：口欲言而未能之貌。〔註71〕邢昺疏：「心憤憤，口悱悱，然後啟之，學者則存其心也。」〔註72〕學生處在「憤」與「悱」的狀態，就是教師提問的「火

〔註71〕同〔註39〕，第68頁。
〔註72〕（魏）何晏等注，（宋）邢昺疏：《論語注疏》，載（清）阮元校刻：《十三經注疏》，中華書局，1980年9月第1版，第1487頁。

候」。教師要觀察學生學習知識的情況和求知的心情，用恰當的提問，恰到好處地激發學生的求知欲。第二，要針對教學內容設置問題情境，激發學生的學習興趣，使學生處於一種好奇、求知的心理狀態，為教師的教學活動做好準備。問題情境的設置是培養學生能力的基礎和前提，在問題的設置上，難度要適中。「善問者如攻堅木，先其易者，後其節目，及其久也，相說以解。」問題情境的設置要從易到難、由淺入深、由表及裏，根據所教知識之間的內在邏輯關係，使所提問題具有一定的連續性，形成相互聯繫的整體。

問答法不僅要求「善問」，而且要求教師要「善待問」，及時而靈活地回答學生提出的各種問題。那麼，如何「善待問」呢？首先，應該根據學生提出的問題，富有啟發性地予以解答。這就是《學記》所說的：「善待問者如撞鐘，叩之以小者則小鳴，叩之以大者則大鳴」。焦循曾描述其全過程：「凡撞鐘，其聲悠長不即盡。今待問者小叩小鳴，大叩大鳴，亦不即盡說之，待其意有所進而復問，乃以前未盡之說，極說以盡之。如始撞鐘一聲悠長，未遽盡，待重撞一聲，此聲合前未盡之聲，極成其盛而後盡之。」善於回答學生問難的教師，必定以富有啟發性的解答，開啟學生的智慧，充分發揮學生的潛能，調動學生學習的主動性，真正做到「師逸而功倍，又從而庸之」。其次，教師答問要因人而異，因問題而異。「叩之以小則小鳴，叩之以大則大鳴。」學生問得少，教師則回答少，學生問得多，教師則回答多，根據學生質疑的多寡、難易、深淺，來決定回答的多寡、難易和深淺。

三、比較

關於比較法，《學記》指出：「古之學者，比物醜類。鼓無當於五聲，五聲弗得不和；水無當於五色，五色弗得不章；學無當於五官，五官弗得不治；師無當於五服，五服弗得不親。」學者：指做學問的人。比：比較；比物：對事物進行比較。醜：相同；醜類：對事物進行歸類。當：相當或相等。五聲：指中國古代宮、商、角、徵、羽五種高低不同的音階。五色：青、赤、黃、白、黑。章：明顯。五官：耳、目、鼻、口、心。五服：中國舊時喪服制度，依生者與死者親屬關係的遠近親疏不同，分為五等，依次為斬衰、齊衰、大功、小功、緦麻。此處的「五服」，指五服內的親屬。不親：不知五服內親屬間的親親關係，也就是不知宗法社會的親親關係。

這段話的意思是，古代做學問的人，善於從事物的類比中，概括出事物

間的關係。鼓不屬於「五聲」的範圍，但五聲沒有鼓聲的調節，其音調就不和諧；水不屬於「五色」的範圍，但五色沒有水的調和，其色調就不明顯；學習不屬於「五官」的範圍，但五官不經過學習訓練，其各自應有的官能就不能發揮；教師不屬於「五服」的範圍，但五服之親沒有通過師教，宗法社會的親親關係就難以維繫。

這一段文字通過一連串的類比，通俗形象，說明教師在教學時善於運用類比法，就能取得較好的教學效果。比物醜類的過程，就是學生開動腦筋，進行分析、綜合、比較、抽象、概括的過程，這一過程也是學生思維能力發展的過程。通過比物醜類，從各個事物的類比中，找出其內在聯繫，掌握普通的概念或原則，掌握基本的規律性的東西，從而「知類通達」，觸類旁通。

有比較就有鑒別。日常教學中，語文教師熟練運用比較教學法，可以加深對語文教材從現象到本質的認識，有利於擴展知識，消化知識，吃透課文，從而更有利於指導學生掌握有效的學習方法，指導學生進行自主、合作、探究的學習。

語文教學中採用比較教學法，有利於學生對課文的深入理解。通過對不同文體、不同文章的比較，尋求其中的共性與個性，從中找出文章的規律，在閱讀和寫作上，均能獲得啓發；還可以通過對同類文章的比較，找出其差異，舉一反三。

附錄：《學記》原文及箋注

學記

發慮憲 (1)，求善良 (2)，足以謏聞 (3)，不足以動眾 (4)；就賢體遠 (5)，足以動眾，未足以化民 (6)。君子如欲化民成俗 (7)，其必由學乎 (8)！

玉不琢，不成器；人不學，不知道 (9)。是故古之王者，建國君民 (10)，教學為先 (11)。《兌命》曰 (12)：「念終始典於學 (13)」，其此之謂乎！

雖有嘉肴 (14)，弗食不知其旨也 (15)；雖有至道 (16)，弗學不知其善也。是故學然後知不足，教然後知困 (17)。知不足，然後能自反也 (18)；知困，然後能自強也 (19)。故曰：教學相長也 (20)。《兌命》曰：「學學半 (21)」，其此之謂乎！

古之教者 (22)，家有塾 (23)，黨有庠 (24)，術有序 (25)，國有學 (26)。

比年入學（27），中年考校（28）：一年視離經辨志（29），三年視敬業樂群（30），五年視博習親師（31），七年視論學取友（32），謂之小成。九年知類通達（33），強立而不反（34），謂之大成。夫然後足以化民易俗，近者說服而遠者懷之（35）。此大學之道也。《記》曰（36）：「蛾子時術之（37）」，其此之謂乎！

大學始教（38），皮弁祭菜（39），示敬道也（40）。《宵雅》肄三（41），官其始也（42）。入學鼓篋（43），孫其業也（44）。夏楚二物（45），收其威也（46）。未卜禘不視學（47），游其志也（48）。時觀而弗語（49），存其心也（50）。幼者聽而弗問，學不躐等也（51）。此七者，教之大倫也（52）。《記》曰：「凡學，官先事（53），士先志（54）」，其此之謂乎！

大學之教也，時教必有正業（55），退息必有居學（56）。

不學操縵（57），不能安弦（58）；不學博依（59），不能安《詩》（60）；不學雜服（61），不能安禮。不興其藝（62），不能樂學。

故君子之於學也，藏焉（63），脩焉（64），息焉（65），游焉（66）。夫然，故安其學而親其師（67），樂其友而信其道（68），是以雖離師輔而不反也（69）。《兌命》曰：「敬孫務時敏（70），厥脩乃來（71）」，其此之謂乎！

今之教者，呻其佔畢（72），多其訊言（73），及於數進（74），而不顧其安（75），使人不由其誠（76），教人不盡其材（77），其施之也悖（78），其求之也佛（79）。夫然，故隱其學而疾其師（80），苦其難而不知其益也（81）。雖終其業，其去之必速（82），教之不刑（83），其此之由乎！

大學之法（84），禁於未發之謂豫（85），當其可之謂時（86），不陵節而施之謂孫（87），相觀而善之謂摩（88）。此四者，教之所由興也。

發然後禁，則扞格而不勝（89）；時過然後學，則勤苦而難成；雜施而不孫（90），則壞亂而不脩（91）；獨學而無友，則孤陋而寡聞。燕朋逆其師（92），燕辟廢其學（93）。此六者，教之所由廢也。

君子既知教之所由興，又知教之所由廢，然後可以為人師也（94）。故君子之教，喻也；道而弗牽（95），強而弗抑（96），開而弗達（97）。道而弗牽則和（98），強而弗抑則易（99），開而弗達則思（100）。和、易、以思，可謂善喻矣。

學者有四失（101），教者必知之。人之學也，或失則多（102），或失則寡，或失則易（103），或失則止（104）。此四者，心之莫同也（105）。知其心，然後能救其失也（106）。教也者，長善而救其失者也（107）。

善歌者，使人繼其聲（108）。善教者，使人繼其志（109）。其言也（110），約

而達（111），微而臧（112），罕譬而喻（113），可謂繼志矣。

君子知至學之難易（114），而知其美惡（115），然後能博喻（116）；能博喻，然後能為師（117）；能為師，然後能為長（118）；能為長，然後能為君（119）。故師也者所以學為君也（120），是故擇師不可不慎也。《記》曰：「三王四代唯其師（121）」，此之謂乎！

凡學之道，嚴師為難（122）。師嚴然後道尊（123），道尊然後民知敬學（124）。是故君之所不臣於其臣者二（125）：當其為尸（126），則弗臣也；當其為師（127），則弗臣也。大學之禮，雖詔於天子無北面（128），所以尊師也（129）。

善學者，師逸而功倍，又從而庸之（130）。不善學者，師勤而功半，又從而怨之。善問者如攻堅木（131），先其易者，後其節目（132），及其久也，相說以解（133）。不善問者反此。善待問者如撞鐘（134），叩之以小者則小鳴，叩之以大者則大鳴，待其從容，然後盡其聲（135）。不善答問者反此。此皆進學之道也（136）。

記問之學（137），不足以為人師，必也其聽語乎（138）。力不能問（139），然後語之，語之而不知，雖舍之可也（140）。

良冶之子（141），必學為裘（142）；良弓之子（143），必學為箕（144）；始駕（馬）者反之（145），車在馬前。君子察於此三者（146），可以有志於學矣。

古之學者，比物醜類（147）。鼓無當於五聲（148），五聲弗得不和；水無當於五色（149），五色弗得不章（150）；學無當於五官，五官弗得不治（151）；師無當於五服（152），五服弗得不親（153）。

君子曰：大德不官（154），大道不器（155），大信不約（156），大時不齊（157）。察於此四者（158），可以有志於本矣（159）。三王之祭川也，皆先河而後海，或源也（160），或委也（161），此之謂務本（162）。

【箋注】

（1）發：發佈。慮憲：詔書或教令。
（2）求：招求。善良：善良的人，即賢人。
（3）謏聞：小有聲聞。
（4）動眾：調動百姓的向心力。
（5）就賢：指禮賢下士，親近賢人。體遠：即親近關係疏遠的人。
（6）化民：教化人民。
（7）成俗：形成美好的社會風俗習慣。

（8）其：那就是。學：指教育。

（9）道：主要指封建社會的政治和道德規範。

（10）君民：統治人民。

（11）教學：指教育。

（12）《兌命》：《尚書》篇名。

（13）念終始典於學：意爲念念不忘始終以教育爲主。

（14）嘉：美好的。肴：魚肉之類的熟食品。

（15）旨：味美。

（16）至道：極好的道理。

（17）困：有所不通，有所不盡理解。

（18）自反：反躬自問。

（19）自強：鞭策自己努力於進德修業。

（20）相長：互相助長。

（21）學學半：教與學對提高自己德才智慧的作用各占一半。

（22）教者：指教育制度或學校設置辦法。

（23）家：爲二十五家。塾：與「庠」「序」「學」均爲學校名。

（24）黨：五百家爲黨。

（25）術：當爲「隧」，一萬二千五百家爲隧。

（26）國：天子的王城和諸侯的國都。

（27）比年入學：即每年有入學的人。

（28）中年：隔一年。校：考覈。

（29）一年：第一年；表次序，下同。視：考查。離經：分析經文的章句。辨志：
　　　 明察學生學習的目的是否明確。

（30）敬業樂群：專心致志於學業，樂於和朋友互相論難切磋。

（31）博習：博覽群書。親師：尊敬教師。

（32）論學：知言而能論學之是非。取友：知人而能識人之賢否。

（33）知類：推廣其知以辨事類。通達：通所知以達於行。

（34）強立：臨事不惑。不反：不倒退，不走回頭路。

（35）說：同「悅」。懷：來，安。

（36）記：古書上的記載。

（37）蛾子時術之：螞蟻之子時時銜土（也能造成土堆）。術，爲「銜」之誤。

（38）始教：學生入學之始的教育。

（39）皮弁：古代天子或群臣祭祀時戴的禮帽，用白鹿皮做成。祭菜：祭「先聖先
　　　 師」用的果蔬。

（40）敬道：尊師重道。

（41）宵「即「小」。《宵雅》：即《詩經》中的《小雅》。肄：學習，練習。《宵雅》
　　　肄三：即學唱《小雅》中的《鹿鳴》《四牡》《皇皇者華》等三篇詩歌。

（42）官其始：謂在學生入學之始，便勉以學好做官，克盡其職。

（43）入學鼓篋：就是學生入大學之時，樂官先擊鼓以召之，學生既至，則發其筐
　　　篋以出其書。篋，竹編的書箱。

（44）孫其業：使學生虛心向學，不驕傲自滿。孫：同「遜」。

（45）夏、楚：體罰用的條杖。

（46）收其威：收攝學生威儀而不至於怠慢。

（47）禘：夏祭之名。

（48）游其志：使學生能從容地考慮自己學習的計劃和志趣。

（49）時觀而弗語：經常觀察學生的學習活動，而不立即直接告以應該怎樣。

（50）存其心：使存之於心而自思之，自省之，自察之。

（51）躐：超越。

（52）大倫：大端，大原則，基本綱領。

（53）官先事：對已做官的學生，先教以如何處理政務之事。

（54）士先志：對還未做官的學生要喻以立志為先。

（55）時教：平時的教學。正業：正式課業，指儒家經典。

（56）退息：課後休息時。居學：退居時的課外作業。

（57）操縵：練習弦樂配合打擊樂演奏。

（58）安弦：手指嫻熟地撥弄弦琴。安，順適。

（59）博依：調雜曲可歌詠者。

（60）安《詩》：順適地歌詩。

（61）雜服：灑掃、應對、盥洗等粗雜之事。

（62）興：喜歡。

（63）藏：謂入學就業。

（64）脩：修正業。

（65）息：退而私居。

（66）游：謂游心於居學。

（67）安其學：樂於他的學習。

（68）信其道：相信朋友之間切磋的道理。

（69）師輔：師友。輔，朋友。不反：能堅定自己的意志，不會發生倒退、反覆。

（70）敬：專心致志。孫：同「遜」，恭敬謙遜。務：必須。時敏：及時努力。

（71）厥：其。脩：所修之業。來：學得有成就。

（72）呻其佔畢：即「讀其書冊」之意，也就是照本宣科。佔畢，簡冊。

（73）多其訊言：猶云多其告語；謂不待學生之自悟而強語之。

（74）及於數進：只顧趕進度；數，頻繁、疾速。

（75）不顧其安：不管學生能否接受。安，安心、接受。

（76）使人不由其誠：指教學生不從他們的內心要求出發。

（77）不盡其材：不能充分發揮學生的才能。

（78）其施之也悖：教師施教的方法違反了教學的原理、原則。悖，違背。

（79）其求之也佛：教師所致望於學生的，也適得其反。佛，同「拂」，違逆。

（80）隱其學：厭惡學習。疾其師：怨恨教師。

（81）益：好處。

（82）其去之必速：很快就忘掉了。

（83）刑：成就，成效。

（84）法：原則。

（85）禁：禁止。未發：尚未發生。豫：預防。

（86）可：學生可以接受，教師可以告訴。時：及時；謂教育、教學及時。

（87）陵：通「凌」，超越。節：限度。孫：義同「順」，循序。

（88）摩：觀摩，相互學習幫助。

（89）扞格：牴觸。不勝：不能承受；指不接受教育。

（90）雜施：施教雜亂無次。不孫：指不循序漸進地進行教育。孫，順序。

（91）壞：混亂。脩：同「修」，治理。

（92）燕朋逆其師：對朋友輕慢，違逆師長的教導。

（93）燕辟廢其學：對師長譬喻的輕慢，就會荒廢自己的學業。辟，通「譬」，曉喻。

（94）可以為人師：才可能作人師。

（95）道：同「導」，引導。

（96）強：激勵，鼓舞。抑：用壓力去推動。

（97）開：開其端。達：盡其說。

（98）和：師生之間和悅相親。

（99）易：學習安易。

（100）思：能自覺地獨立思考。

（101）失：缺點，失誤。

（102）或：有的。則：於。

（103）易：容易，輕易。

（104）止：畏難。

（105）心之莫同：學生的學習心理狀態各不相同。

（106）救其失：補救各個學生在學習上的缺點、失誤。

（107）長善救失：發揚優點，克服缺點。

（108）善歌者，使人繼其聲：善歌，謂音聲和美，感動於人心，能使聽者繼續其聲。

（109）善教者，使人繼其志：善教者能使學生跟著他所指引的路子去努力學習，繼承他的志意。

（110）其言：謂教師之言，指教師的講述、講解。

（111）約：簡潔。達：通達。

（112）微而臧：把深奧玄妙的道理，講得引人入勝，發人深省。

（113）罕譬而喻：稍稍設譬比方，就能使人明白。罕，少；喻，曉。

（114）至學之難易：謂學生入道之深淺次第。

（115）美惡：指學生的資質、才性的敏拙、好壞。

（116）博喻：能針對學生的資質、才性的差異，不拘一途地多方啓發誘導。

（117）師：人師。

（118）長：達官之長。

（119）君：指具有儒家君德的國君。

（120）所以學爲君：靠他來教導學生學習爲君之道的。

（121）三王：指夏禹，商湯，周文王、武王。四代：指虞、夏、商、周。唯其師：以擇師爲最重要的措施。

（122）嚴師爲難：天子尊師爲最困難。嚴，尊敬。

（123）師嚴然後道尊：老師得到尊敬，然後道才能得到尊重。

（124）道尊然後民知敬學：（天子）尊重道，然後民才知敬學。敬學，專心於學習。

（125）君之所不臣於其臣者二：君王對於他的臣子不作爲一般臣子來看待的有兩種情況。

（126）尸：裝扮著祖先而受祭的人。

（127）爲師：指「爲君王之師」。

（128）雖詔於天子無北面：即使被天子召見，也不北面行臣禮。

（129）所以：……的緣故。

（130）從而：隨著。庸之：言己之成，歸功於師。庸，歸功。

（131）善問者：指善於向老師問難的學生。

（132）節目：指木材最堅硬而難斫的部分。

（133）相說：指問答雙方都心安理得，感到內心喜悅。說，同「悅」。解：所惑得解。

（134）善待問者：指善於應答學生問難的教師。

（135）待其從容，然後盡其聲：讓學生從容不迫地提問，然後有針對性地盡情無隱地解答。

（136）此皆進學之道：這都是有益於「學」的一些方法。進，益。

（137）記問：只憑記誦古書，以待學生之問。

（138）必也其聽語乎：一定要能針對學生提出的問題進行講解才好。必也……乎，

一定要⋯⋯才好。

（139）力不能問：並非不欲問，而是口欲言而未能。

（140）語之而不知，雖舍之可也：經過講解之後還不領悟，即使把它暫時擱置下來，
讓學生自己去再加思考，也是可以的。

（141）良冶：優秀的冶工。

（142）學爲裘：就是學習補綴碎皮爲裘。

（143）良弓：善爲弓者。

（144）箕：箭袋子。

（145）始駕者：指馬始學駕車。

（146）察：仔細觀察研究。

（147）比物：對事物進行比較。醜類：對事物進行歸類。醜，相同。

（148）當：相當，相等。五聲：中國古代宮、商、角、徵、羽五種高低不同的音階。

（149）五色：青、赤、黃、白、黑。

（150）章：明顯。

（151）學無當於五官，五官弗得不治：學雖不屬於人身上的五官中的任何一官，但
人不通過學習，使管思的「心」起到制馭五官的作用，五官就不會發揮各自
應有的官能。五官，耳、目、鼻、口、心。治，制馭。

（152）五服：中國舊時喪服制度，依生者與死者親屬關係的遠近親疏不同，分爲五
等。此指五服內的親屬。

（153）不親：不知五服內親屬間的親親關係，也就是不知宗法社會的親親關係。

（154）大德不官：指有「大德」的人無所不宜，不限於只能偏治某一官職之事。大
德，崇高的道德修養，此指具有「大德」的人。

（155）大道不器：指有「大道」的人，能「一以貫之」，無往不通，不像一種器具
那樣專限於只供某一特定的使用。大道，萬事萬物的普遍的根本的道理，此
指具有「大道」的人。

（156）大信不約：最守信用的人，唯義之所在，至誠感物，不待有所盟約，而人無
不信之。大信，最守信用，此指「最守信用」的人。

（157）大時不齊：最識時務的人，最善於順應歷史潮流，而不拘泥於一時一事之遇。
大時，最識時務，此指「最識時務」的人。

（158）察：深切理解。

（159）可以：才可能。

（160）源：水的出處曰「源」。

（161）委：水所歸往曰「委」。

（162）務本：求其根本。

第二章 《急就篇》與識字教學

　　《急就篇》又名《急就章》，爲史游所作，成書於西漢，爲我國現存最早的識字課本。秦漢及其以前的識字課本多已亡佚，而《急就篇》卻流傳至今，可以使我們從中窺見當時蒙學教育之一斑。

第一節　關於作者、書名來源及其含義

　　《急就篇》的作者，史書上有明確記載，其書名來源卻有著不同的解說，因而含義也就各異。

一、作者

　　《急就篇》的作者是史游，這在《漢書・藝文志》中有記載：「《急就》一篇。元帝時黃門令史游作。」〔註1〕關於史游，《後漢書・宦者列傳》還有一處記載：「至元帝之世，史游爲黃門令，勤心納忠，有所補益。」〔註2〕除此之外，正史再無其它有關史游的任何記載。王國維說：空海在其《急就篇》抄本中，提到《急就篇》作者，有「漢黃門令河東史游」的說法。〔註3〕

　　《漢書》《後漢書》均言史游爲黃門令。黃門，官署名。漢代設黃門官，給事於黃門之內。《漢書・元帝紀》黃龍二年：「詔罷黃門乘輿狗馬」注云：「黃門，

〔註1〕（漢）班固撰，（唐）顏師古注：《漢書・藝文志》，中華書局，1962年6月第1版，第1702頁。

〔註2〕（南朝宋）范曄撰，（唐）李賢等注：《後漢書・宦者傳》，中華書局，1965年5月第1版，第2506頁。

〔註3〕（清）王國維：《校松江本急就篇》，載（清）王國維：《王國維遺書》（六），上海古籍書店，1983年9月第1版。

近署也，故親幸之物屬焉。」〔註4〕黃門是漢代九卿之一少府的屬官。少府，《漢書·百官公卿表上》云：「少府，秦官，掌山海地澤之稅，以給共養，有六丞。」〔註5〕少府的設置，是漢承秦制。凡皇帝衣食起居，醫藥供奉，園林遊興，器物製作，皆歸少府所領。《後漢書·百官三》亦云：「少府，卿一人，中二千石。本注曰：掌中服御諸物，衣服寶貨珍膳之屬。丞一人，比千石。」〔註6〕

黃門令，爲漢代所設。《後漢書·百官三》云：「黃門令一人，六百石。本注曰：宦者。主省中諸宦者。丞、從丞各一人。本注曰：宦者。從丞主出入從。」〔註7〕又有小黃門：「掌侍左右，受尚書事。上在內宮，關通中外，及中宮已下眾事。諸公主及王太妃等有疾苦，則使問之。」〔註8〕

《後漢書》說「至元帝之世，史游爲黃門令」，這也從反面告訴我們「宣帝之世，史游不是黃門令」。強調《急就篇》的作者是黃門令史游，說明本書作於史游任黃門令之時，而且是元帝之世。漢元帝於前48年至前33年在位，那麼《急就篇》一定作於此時。張志公《傳統語文教育教材論——暨蒙學書目和書影》認爲此書的成書時間約在公元前40年，庶幾近之。

那麼，史游爲什麼要編寫這樣一部書呢？這要從他的工作性質來考察。先說黃門，如前所述，黃門是禁門黃闥內的官署。《漢書·霍光傳》「上乃使黃門畫者畫周公負成王朝諸侯以賜（霍）光」句顏師古注曰：「黃門之署，職任親近，以供天子，百物在焉，故亦有畫工。」〔註9〕黃門是承秦而來的官制，掌管山海地澤之稅以供奉天子及其家族，皆以宦官充任，爲天子私府。到了漢代，黃門的工作與秦代相比並無改變。事物單調，周而復始：記錄宮中服御諸物衣飾寶貨珍膳日用，登記山海地澤貢給之物，兼做奔走內廷傳遞侍候等雜役。史游從小黃門一直做到黃門的主管官員黃門令，在黃門中侍奉日久，對抄寫登載的不便，深有感受。於是，在擔任黃門令後，便著手編寫《急就篇》這樣一部

〔註4〕（漢）班固撰，（唐）顏師古注：《漢書·元帝紀》，中華書局，1962年6月第1版，第282頁。

〔註5〕（漢）班固撰，（唐）顏師古注：《漢書·百官公卿表上》，中華書局，1962年6月第1版，第731頁。

〔註6〕（南朝宋）范曄撰，（唐）李賢等注：《後漢書·百官三》，中華書局，1965年5月第1版，第3592頁。

〔註7〕同〔註6〕，第3594頁。

〔註8〕同〔註6〕，第3594頁。

〔註9〕（漢）班固撰，（唐）顏師古注：《漢書·霍光傳》，中華書局，1962年6月第1版，第2932頁。

識字課本，其目的就是教小黃門認得常用的姓名、物品和事理的名稱，待到具體運用文字抄寫時，便可得心應手。按照孫星衍校集漢官的說法，黃門令手下有十九名黃門。爲十九名學生特意編寫一本課本，使用的範圍並不廣，推想起來，因爲《急就篇》全書有二千餘字，涉及的方面較多，知識比較全面，所以還很可能以此作爲啓蒙之書，用來教授那些「八歲入小學」的王侯子弟。

二、書名來源及其含義

「急就」二字連稱，最早見於《史記・李斯列傳》：「（李斯）說秦王曰：『……夫以秦之彊，大王之賢，由竈上騷除，足以滅諸侯，成帝業，爲天下一統，此萬世之一時也。今怠而不急就，諸侯復彊，相聚約從，雖有黃帝之賢，不能並也。』」〔註10〕這是李斯遊說秦王的一段話，意思是：「憑著秦國的強大，大王的賢明，就像從竈上掃除灰塵一樣，足以消滅諸侯，成就帝業，成爲天下一統，這是萬載難逢的一個機會啊。現在懈怠而不趕快完成，諸侯又強大了，相聚在一起約定合縱的盟約，即使有黃帝那樣的賢明，也不能吞併天下了。」急：急速，趕快。就：完成。《急就篇》書名「急就」，只取其字面文字，詞義與其並不相同。

關於書名「急就」兩個字的意思，歷來有不同的解釋。

唐人顏師古以爲：「言學僮急當就此奇好之觚。」〔註11〕

宋人晁公武解釋說：「雜記姓名諸物五官等字，以教蒙童。『急就』者，謂字之難知者，緩急可就而求焉。」〔註12〕「緩急」之「緩」實無義。

宋人王應麟《急就篇補注》：「急，疾也；就，成也。」〔註13〕

元人戴表元《急就篇注釋補遺自序》：「此書本取急速成就其辭，以便於童習。」〔註14〕

〔註10〕 （漢）司馬遷：《史記・李斯列傳》，中華書局，1982 年 11 月第 2 版，第 2540 頁。

〔註11〕 （漢）史游撰，（唐）顏師古注：《急就篇》，載《景印文淵閣四庫全書》（第 223 冊），（臺北）商務印書館，1983 年版，第 4 頁。

〔註12〕 （宋）晁公武：《郡齋讀書志》（卷四），載《景印文淵閣四庫全書》（第 133 冊），（臺北）商務印書館，1983 年版，第 8 頁。

〔註13〕 （漢）史游撰，（唐）顏師古注，（宋）王應麟補注：《急就篇》，載《景印文淵閣四庫全書》（第 453 冊），（臺北）商務印書館，1983 年版，第 9 頁。

〔註14〕 （元）戴表元：《急就篇注釋補遺自序》，載《剡源戴先生文集》（《四部從刊》初編本）。

清人孫星衍《急就章考異序》說：「《急就章》，漢史游所作，蓋草書之權輿，謂之章草，其文比篆隸爲流速，故名急。」他的意思是說，《急就章》的字體書寫比較急速，所以稱爲「急」。〔註15〕

清人耿文光說：「『急就』者，取其急於成就之意。」〔註16〕

現代研究者認爲：《急就篇》以「急就」命名，大概是取其書開頭的兩字，其實並沒有什麼深刻的含義。《急就篇》開篇說：「急就奇觚與眾異，羅列諸物名姓字」，其以「急就」命名，就像《論語》的「學而」「憲問」等篇名一樣，都是以開頭的兩個字作爲篇名，並沒有深刻的含義在內。

《急就篇》又稱《急就章》。《漢書・藝文志》云：「《急就》一篇。」又云：「史游作《急就篇》。」《舊唐書・經籍志》《新唐書・藝文志》《宋史・藝文志》等則稱「《急就章》一卷」《玉海》卷四十四「急就篇」條注說：「《隋、唐志》始謂之《急就章》。」〔註17〕其實，《舊唐書・經籍志》已稱爲「《急就章》」。《四庫全書總目》考證說：「是書《漢志》但作《急就》一篇，而《小學類》末之《敘錄》則稱史游作《急就篇》，故晉夏侯湛《抵疑》稱『鄉曲之徒，一介之士，曾諷《急就》，通甲子』，《北齊書》稱李鉉『九歲入學，書《急就篇》』。或有『篇』字，或無『篇』字，初無一定。《隋志》作《急就章》一卷，《魏書・崔浩傳》亦稱人多託寫《急就章》。是改『篇』爲『章』在魏以後。」〔註18〕啓功據《魏書・崔浩傳》「浩既工書，人多託寫《急就章》，從少至老，初不憚勞」，及「世寶其跡，多裁割綴連，以爲模楷」之語，認爲「指全篇者稱篇，指裁割者稱章」。〔註19〕此書最初稱爲《急就篇》，或者只稱爲《急就》，改「篇」爲「章」在魏以後，這些當是事實。有關《急就》一書，究竟稱「篇」還是「章」，其實並無定論。大體而言，文字學界多以《急就篇》稱之，書法學界則習慣將之稱爲《急就章》。

〔註15〕（清）孫星衍：《急就章考異序》，載《急就章考異序》（光緒廣雅叢書本）。

〔註16〕（清）耿文光：《萬卷精華樓藏書記》，北京圖書館出版社，1997年版，第729頁。

〔註17〕（宋）王應麟：《玉海》，江蘇古籍出版社、上海書店，1987年12月影印本，第828頁。

〔註18〕（清）永瑢等：《四庫全書總目・急就篇》，中華書局，1965年6月第1版，第344頁。

〔註19〕啓功：《〈急就篇〉傳本考》，載《啓功論稿・論文卷》，中華書局，1997年版，第1頁。

第二節　關於結構和內容

　　《急就篇》的結構嚴謹，全書渾然一體，所體現的自然及社會知識非常豐富。蒙童通過學習，可以獲得當時歷史條件下比較全面的生產及生活所必須的基礎知識和基本技能。

一、結構

　　從句子結構上看，《急就篇》有七言句、四言句、三言句。這幾種句式不是雜亂排列的，而是有規律的。

　　從篇章結構上看，它先以七言自道其例：「急就奇觚與眾異，羅列諸物名姓字。分別部居不雜廁，用日約少誠快意。勉力務之必有喜。」簡要敘說急就的性質與眾書不同；內容是羅列萬物的名稱和人物的姓氏名號；編輯體例是前後次序，按類編排，種類區分，不相混雜；它的內容完備，學童花很少的時間，就能開啓心智，體會學習的快樂；努力學習，就會獲得學業和技藝，取得可喜的收穫。

　　之後，以一句四言「請道其章」作爲過渡，意思是說，敘述事理到此結束，下面敘說各章內容。接著以三言陳說姓名。

　　介紹姓名之後，再轉到用七言陳說諸物百官等。

　　文末以四言歌頌漢德，以七言作結。

　　全篇以七言爲主，三言次之，而以四言爲最少。

　　《急就篇》的體例，是「前後之次，以類相從，種別區分，不相間錯也」。〔註20〕它詳細完備，簡約明瞭，學童若能好學勤習，必然有可喜的收穫。

　　何謂「以類相從」？就是按照類屬來先後介紹各種事物。第一，從篇章結構上說，把同類內容放在一起，集中介紹，比如，把姓氏放在一起介紹，把各種服飾名稱放在一起介紹，等等。第二，每一句或兩句，介紹同類事物，比如「羘羖羯羠羝羒羭」，只用一句來介紹各種羊。羘：母羊。羖：黑色的公羊。羯：閹割過的羊。羠：母野羊。羝：未滿一歲的羔羊。羝：公羊。羭：黑色的母羊。「腸胃腹肝肺心主，脾腎五藏膍臍乳」，兩句合起來敘述人體的各種內臟器官。第三，把同一部首的同類字編排在一起，比如，「襜褕袷複褶袴褌」，均爲服飾，而且都是衣補旁。襜褕：寬大而長的衣服，爲男女通用的

〔註20〕同〔註11〕。

非正式朝服。袷：夾衣。複：中間襯有絲棉的衣服。褶：夾衣，亦指穿在最外面的衣服。袴：同「褲」。褌：有襠的褲子。「癰疽瘛瘲痿痹痕」，都是病名，而且均爲病字旁。癰疽：毒瘡。瘛瘲：泛指小兒驚風、痙攣之病。痿痹：肢體不能動，或指四肢麻木，喪失感覺。痕：四肢僵硬，無法彎曲。

《急就篇》全書有 2144，分爲 34 章。所以要做這樣的劃分，顏師古解釋說：「每標章首以字數爲斷者，蓋取其程課學僮簡牘爲便也，是以前之卒章或與後句相躡。」這也就是說，分章是由於教學的需要，如同我們今天的第幾課一樣。

二、內容

《急就篇》的主體部分包括三方面的內容：一是姓氏名字，二是服器百物，三是文學法理。

第一部分全用三言，以「宋延年，鄭子方。衛益壽，史步昌」開始，而以「姓名訖，請言物」轉入下一部分。

關於這部分內容，顏師古注曰：「篇首廣陳諸姓及名字者，以示學徒，令其識習，擬施用也。自此以下，器用物務，次序皆同。而說者乃云，是當時弟子名姓。又云，是古賢聖之人，本出《易》《緯》，史游重述此說，皆非也。姓者，並是古來所有，非妄造之名字，或是舊人已經稱用，或是新構義理，然非實相配屬，眞有其人。所以章中自云『姓名訖，請言物』，又云『諸物訖，五官出』。以此求之，其意可曉。至如雜寶奇繒，殊俗異物，及疾病刑獄，官曹職務，豈非當時庠校之內，悉自有乎？皆泛說耳！《易》《緯》中頗有姓名與此同者，蓋後人妄取以附著之，非本聖人所說也。先儒通論，舊云《緯書》之作僞起哀、平。應劭撰《風俗通》亦多設人姓而爲章句偶讀，斯效《急就》之爲也。」〔註 21〕

如對「鄧萬歲」含義的解說：「鄧，古國名，本曼姓也，其後稱鄧氏也。楚有鄧廖，鄭有鄧析，並其族也。萬歲，猶千秋也。」〔註 22〕先解釋鄧姓的來歷，接著介紹鄧姓中的顯赫人物，最後說明「鄧萬歲」中「萬歲」的含義。

有的姓來源較爲複雜，如顏姓的來源：「顏氏本出顓頊之後。顓頊生老童，老童生吳回，爲高辛火正，是謂祝融。祝融生陸終。陸終生六子，其五曰安，

〔註 21〕同〔註 11〕。
〔註 22〕同〔註 11〕，第 6 頁。

是為曹姓。周武王封其苗裔於邾，為魯附庸，在魯國鄒縣，其後邾武公名夷父，字曰顏，故《春秋公羊傳》謂之「顏公」，其後遂稱顏氏，齊魯之間皆為盛族。孔子弟子達者七十二人，顏氏有八人焉，四科之首回也，標為德行。韓子稱，儒分為八，而顏氏處其一焉。」〔註23〕顓頊：遠古傳說中的帝王，號高陽氏。老童：傳說中的神名。吳回：即祝融，高陽氏顓頊之後，為高辛氏帝嚳的火正（掌火之官）。顏注勾勒出顏姓來源的大致輪廓。

第二部分則用七言，從「錦繡縵紃離雲爵」到「哭泣祭醊墳墓冢」，依次介紹絲織品、農作物、食品、植物、服飾、鐵器、竹器、玉器、水生物、家居用品、樂器、烹飪、身體、兵器、車輛、居室、飛禽走獸、藥物等。

絲織品，例如，「綈絡縑練素帛蟬」，這句介紹了各種不同厚薄、不同質地的絲織品。綈：平滑厚實有光澤的絲織品。絡：生絲，粗絮。一說指平紋綢，厚實堅牢，表面不光滑。縑：細絹；並絲而織，精緻細密。練：白色細絹。素：純淨潔白的絹。帛：絲綢的總稱。蟬：薄如蟬翼的絲織品。

農作物，例如，「稻黍秫稷粟麻秔」，這句列舉了多種農作物。其中稻、黍、稷等是主要農作物。古代有「五穀」之說。關於五穀，說法不一。《周禮·天官·疾醫》云：「以五味、五穀、五藥養其病。」鄭玄注：「五穀，麻、黍、稷、麥、豆也。」〔註24〕《孟子·滕文公上》云：「樹藝五穀，五穀熟而民人育。」趙岐注：「五穀謂稻、黍、稷、麥、菽也。」〔註25〕《楚辭·大招》云：「五穀六仞。」王逸注：「五穀，稻、稷、麥、豆、麻也。」〔註26〕現在通常把五穀作為糧食的總稱。稻有水稻和旱稻之分；種子去殼後為大米，是主食之一。黍：子實去皮後為黃米，有黏性。秫：黏高粱。稷：古代以稷為百穀之長，相傳是周人的祖先后稷發現並培育，所以后稷被歷代帝王奉祀為谷神。粟：北方通稱「穀子」，去皮後稱「小米」。麻：草本植物，種類很多，有大麻、苧麻、亞麻等；被認為是五穀之一。秔：稻中的一種，黏性比糯米小。

食品，例如，「餅餌麥飯甘豆羹」，這句介紹的是各種主食，分成餅類、

〔註23〕同〔註11〕，第9～10頁。

〔註24〕（魏）王弼、（晉）韓康伯注，（唐）孔穎達等正義：《周易正義》，載（清）阮元校刻：《十三經注疏》，中華書局，1980年9月第1版，第345頁。

〔註25〕（東漢）趙岐注，（宋）孫奭疏：《孟子注疏》，載（清）阮元校刻：《十三經注疏》，中華書局，1980年9月第1版，第565頁。

〔註26〕（宋）洪興祖：《楚辭補注》（重印修訂本），中華書局，1983年3月第1版，第219頁。

飯類和羹類。餅：扁圓形的麵製品；和麵蒸熟就成爲餅。餌：糕餅、米餅；淘過的米蒸熟了，就成爲餌；餌的意思是說黏合，即互相黏合成飯團。麥飯：用磨碎的麥煮成的飯。甘豆羹：用豆煮成的食品。

服飾，例如，「襜褕袷複褶袴褌」，襜褕：寬大的短便衣，又指非正式朝服。袷：有裏子的衣服。複：中間襯有絲棉的衣服。褶：穿在最外面的衣服，形狀像袍，衣身短，衣袖寬大。袴：褲子；古時專指套褲。褌：有襠的褲子。

青銅器，例如，「銅鍾鼎鋞銷鈍銚」，鍾：酒器。鼎：古代用來烹煮、盛放食物的用具，三足兩耳；也作爲禮器。鋞：古代的酒器，長頸盅。銷：平底盆形有環的溫器。鈍：一種盛水或酒的用具。銚：水銚子，煮開水、熬東西用的器具。

水生物，例如，「鯉鮒蟹鱔鮐鮑鰕」，鯉：鯉魚。鮒：鯽魚。蟹：螃蟹，八隻腳，一對象鉗一樣的爪子，橫行。鱔：黃鱔。鮐：鯖魚；又名「青花魚」。鮑：鹹魚，有腥味。鰕：同「蝦」。

身體，例如，「頰頤頸項肩臂肘，拳腕節爪拇指手」，頰：臉的兩側，臉頰。頤：下巴。項：頸的後部、頭的下部。節：手指關節。爪：指甲。拇：大指。指：眾指的總稱。

第三部分，從「諸物盡訖五官出」到篇末，多爲七言，亦有四言。「宦學諷詩孝經論。春秋尙書律令文，治禮掌故砥厲身。智慧通達多見聞，名顯絕殊異等倫。抽擢推舉白黑分，跡行上究爲貴人」，這幾句是所謂「文學」部分，作爲官制部分的開篇。這幾句指出，有志於做官的人，要研讀好《詩經》《孝敬》《論語》《春秋》《尙書》等經典，熟悉各種法律條文，還要有智慧，明事理。

從「丞相御史郎中君」到「遠取財物主平均」，介紹五官及其職守。所謂五官，指的是《周禮》中的司徒、司馬、司空、司士和司寇，這裏借用來泛指百官。例如，「丞相御史郎中君，進近公卿傅僕勳，前後常侍諸將軍。」丞相：戰國時始設，爲百官之長。秦以後，輔佐皇帝綜理國政。西漢初，置相國，後稱丞相。西漢末，稱大司徒；東漢末，復稱丞相。丞，通「承」，輔助。御史：春秋戰國時期，列國皆有御史，掌文書及記事。秦設御史大夫，職副丞相，並有糾察、彈劾之權。漢以後，御史職銜累有變化，職責則專司糾察、彈劾，文書、記事乃歸太史掌管。郎中：即郎中令。始於戰國，漢代沿置。掌管車騎、門戶及皇帝的其它侍從官。公卿：三公九卿的簡稱，亦泛指高官。

三公九卿，歷代所指不一。傅：即太傅。周代始置，輔佐天子治理天下。秦廢，漢復置，次於太師。亦指輔導太子的官，西漢時稱太子太傅。僕：即太僕。周代始置，秦漢沿置，爲天子執御，掌輿馬畜牧之事。勳：即光祿勳。掌管宮殿門戶及侍衛之官。秦稱郎中令。漢武帝時改稱光祿勳。常侍：皇帝的侍從近臣。秦漢有中常侍。將軍：始於戰國，漢代沿置，分爲大將軍、驃騎將軍、車騎將軍、衛將軍等。

從「皋陶造獄法律存」到「依溷污染貪者辱」，皆言法律刑獄及誡惕勉人之語。例如，「犯禍事危置對曹」，犯禍：因犯法而致禍。事危：事態嚴重危險。置對：對問，答辯。曹：此指後曹，即漢代負責法令、刑獄的賊曹、決曹。這句是說犯罪之人被官府審查詢問，在負責法令、刑獄的官員面前對答。又如，「依溷污染貪者辱」，依：接近，依靠。溷：廁所，污物。污：同「污」。這句是說不義之財就如同糞穢一樣，會污染腐蝕人的心靈，貪污的人必將受到懲罰，自取其辱。這是在告誡官員要廉潔奉公。

從「漢地廣大」到「長樂無極老復丁」，主要是四言句式，歌頌漢德，頌揚朝廷、天子，文字淺近可讀：「漢地廣大，無不容盛。萬方來朝，臣妾使令。邊疆無事，中國安寧。百姓承德，陰陽和平。風雨時節，莫不滋榮。災蝗不起，五穀熟成。賢聖並進，博士先生。長樂無極老復丁。」

最後二章，前賢皆認爲是後漢人所續，非史游原有之作。

第三節 作爲蒙學識字教材的特點

《急就篇》是現存最早的蒙學課本，使用時間長達 600 多年。如顧炎武在《日知錄》中所說：「漢魏以下，童子皆讀史游《急就篇》……自唐以下，其學漸微」。這充分說明，它是適應時代需要的，有其作爲蒙學課本的獨特之處。

一、常用字彙，集中學習

正如《漢書·藝文志》所言，《急就篇》中的字，都是《蒼頡篇》中的「正字」。「正」乃「常」之義。所謂「正字」，就是常用字。漢代的《蒼頡篇》有3300 字，史游從中選了近 2000 個比較常用的字，編爲《急就篇》。史游編寫《急就篇》既汲取其它蒙學課本的優長，也儘量避免它們的不足。《漢書·藝文志》說：「《蒼頡篇》多古字，俗師失其讀。」說明《蒼頡篇》中的一些生

僻字在漢代已經不大使用了，造成塾師教學上的困難。《急就篇》接受了這個教訓，選取了大量的姓名器物等方面的常用字彙，正如章太炎在《論篇章》中所說：「《急就篇》之文，泛施日用。」這是《急就篇》的長處，也是它能夠取代《蒼頡篇》，並流傳後世的一個很重要的原因。

《急就篇》所收雖多是常用字，但生字的密度是很大的，去掉重複的字，也有近 2000 字，識認這些字，不是用分散的時間來學習，而是集中一段時間識字。崔寔《四民月令》云：「農事未起，命成童以上入大學，學五經；師法求備，勿讀書傳。研冰釋，命幼童入小學，學篇章。八月，暑小退，命幼童入小學，如正月焉。十一月，研冰凍，命幼童讀《孝敬》《論語》、篇章，入小學。」〔註 27〕幼童：謂十歲以上至十四歲。篇章：謂《六甲》《九九》《急就》《三倉》之屬。其中《急就》《三倉》等字書，應當學會書寫。從這些記載看，學童集中識字的時間是在每年的正月、八月和十一月三個時段。學童在不太長的時間裏，通過讀寫兩個方面的訓練，學完《急就篇》，就可以掌握近 2000 個生字，爲今後的學習打下了基礎。

二、內容豐富，知識面寬

正如顏師古《急就篇注》所說：《急就篇》是「包括品類，錯綜古今」。它內容豐富，知識面寬。全書都是實詞把當時許多知識的有用字彙都收集進來，知識的密度和容量是比較大的。其中，有 132 個姓氏，工具及日用品物的名稱 100 個，武器、車具、馬具的名稱 70 個，衣履和飾物的名稱 125 個，建築物及室內陳設的名稱 52 個，人體生理及疾病醫藥的名稱 140 個，農作物的名稱 36 個，蟲魚鳥獸及六畜的名稱 77 個，等等；另外，還有官名、法律知識、地理知識等。

例如，關於喪葬、祭祀等習俗，是一般史籍中較爲缺乏的，《急就篇》中有「卜問譴祟父母恐。祠祀社稷叢臘奉，謁禓塞禱鬼神寵。棺槨槥櫝遣送踊，喪弔悲哀面目腫。哭泣祭醊墳墓冢」等句。在飲食衛生方面，書中有「侍酒行觴宿昔醒」，按顏師古注爲「經宿飲酒故致醒也」，即通宵飲酒會致病。「廚宰切割給使令。薪炭萑葦炊孰生，膹膾炙胾各有形，酸鹹酢淡辨濁清。」言飲食眾品，製作有形，滋味有別，清濁有異，要講究飲食法度。關於醫藥衛

〔註 27〕石聲漢：《四民月令校注》，中華書局，2013 年 5 月第 2 版，第 9 頁，第 60 頁，第 71 頁。

生保健，《急就篇》有 62 個人體生理部位器官，41 種病名。同時，還教育兒童有病一定要「迎醫匠」，不能諱疾忌醫，迷信巫卜。在兩千多年前的蒙學教材中，能對學生進行科學的醫學教育，極為可貴。藥物名稱共 36 種，大多屬於植物藥，可見當時是以草本藥物治療為主。從藥物功效來看，有清熱解表、化痰止咳、湧吐、驅蟲、溫陽散寒、芳香化濕和補養藥等。《急就篇》保存了西漢以前的動植物、藥物、病名和人體生理解剖的原始資料，對秦漢時期醫藥的研究很有參考價值。

在 2000 多字的課本中，容納這許多門類的知識，這可謂是一本小型百科全書，也可見作者對於知識技能教育的重視。

三、整齊押韻，和諧易誦

《急就篇》句式簡短整齊，講究押韻對仗。運用三字、四字、七字句，句式整齊而又不呆板。三字句、四字句隔句押韻，七字句每句押韻。整齊押韻的形式，使全書和諧易誦。具體押韻情況如下（不包括後二章）：

「急就奇觚與眾異」至「勉力務之必有喜」，韻字為：異、字、廁、意、喜，其中，喜押上聲「止」韻。出韻；其餘押去聲「志」韻。需要說明的是，喜，在松江本、漢代殘簡中作「憙」；憙，為去聲「志」韻，不出韻。

「請道其章」至「橋竇陽」，韻字為：章、方、昌、卿、兵、房、強、明、良、郎、常、橫、傷、當、央、慶、兄、湯、光、陽、章、張、王、皇、倉、唐、楊、桑、談、讓、莊、將、長、妨、梁、羌、忘、臧、黃、衡、箱、芳、羊、剛、鴦、卿、昌、房、陽。其中，章、方、昌、房、強、良、常、傷、央、陽、張、王、桑、莊、將、長、梁、羌、忘、箱、羊、鴦，押平聲「陽」韻；卿、兵、明、兄、湯、衡，押平聲「庚」韻；郎、橫、當、光、皇、倉、唐、楊、妨、臧、黃、芳、剛，押平聲「唐」韻；談，押平聲「談」韻；「陽」韻、「庚」韻、「唐」韻、「談」韻，通押。慶，押去聲「映」韻，出韻；讓，押去聲「漾」韻。

「原輔輻」至「遺失餘」，韻字為：奴、屠、都、胡、渠、餘、徐、蘇、胡、奢、期、于、於、如、疏、吾、朝、餘。其中，奴、都、胡、蘇、吾，押平聲「模」韻；屠、渠、余、徐、於、如、疏，押平聲「魚」韻；奢，押平聲「麻」韻；期，押平聲「之」韻；于，押平聲「虞」韻；朝，押平聲「蕭」韻；「模」韻、「魚」韻、「麻」韻、「之」韻、「虞」韻、「蕭」韻，通押。

「姓名訖，請言物」，韻字爲：訖、物。其中，訖，押入聲「迄」韻；物，押入聲「物」韻；「迄」韻、「物」韻，通押。

「錦繡縵絁離雲爵」至「鬱金半見緗白礿」，韻字爲：爵、樂、鶴、濯、礿。其中，爵、礿，押「藥」韻；樂、鶴，押「鐸」韻；濯，押「覺」韻；「藥」韻、「鐸」韻、「覺」韻，通押。

「縹綟綠紃皁紫碝」至「取受付予相因緣」，韻字爲：碝、絟、鮮、蟬、綿、錢、連、便、全、纏、遷、銓、緣，押平聲「仙」韻。

「稻黍秫稷粟麻秔」至「園菜果蓏助米糧」，韻字爲：秔、羹、薑、醬、香、藏、霜、餳、糧。其中，秔、羹，押平聲「庚」韻；薑、香、霜、餳、糧，押平聲「陽」韻；藏，押平聲「唐」韻；「庚」韻、「陽」韻、「唐」韻，通押。醬，押去聲「漾」韻，出韻。

「甘麮殊美奏諸君」至「稟食縣官帶金銀」，韻字爲：君、帬、褌、縜、緣、紃、巾、人、倫、貧、民、親、臣、鄰、銀。其中，君、帬，押平聲「文」韻；褌、縜，押平聲「魂」韻；紃、倫，押平聲「諄」韻；巾、人、貧、民、親、臣、鄰、銀，押平聲「眞」韻；緣，押平聲「仙」韻；「文」韻、「魂」韻、「諄」韻、「眞」韻、「仙」韻，通押。

「鐵鈇鑽錐釜鍑鍪」至「釭鐧鍵鉗冶銅鐈」，韻字爲：鍪、鐈、鉏、銚、鐈。其中，鍪，押平聲「尤」韻；鐈、鐈，押平聲「宵」韻；鉏，押平聲「魚」韻；銚，押平聲「蕭」韻；「尤」韻、「宵」韻、「魚」韻、「蕭」韻，通押。

「竹器簦笠簟籧篨」至「筵箪箕帚筐篋簍」，韻字爲：篨、箪、簍。其中，篨，押平聲「魚」韻；箪、簍，押平聲「侯」韻；「魚」韻、「侯」韻，通押。

「楄杅槃案梧閜盌」至「槫榼椑榹匕箸籫」，韻字爲：盌、觛、籫。其中，盌、籫，押上聲「緩」韻；觛，押上聲「旱」韻；「緩」韻、「旱」韻，通押。

「甄缶盆盎甕罃壺」至「絫繘繩索絞紡纑」，韻字爲：壺、盧、纑，押平聲「模」韻。

「簡札檢署椠牘家」至「鯉鮒蟹鱔鮐鮑鰕」，韻字爲：家、斜、蟆、鰕，押平聲「麻」韻。

「妻婦聘嫁齎媵僮」至「射魅辟邪除群凶」，韻字爲：僮、槓、幢、縂、工、箭、同、雙、龍、甕、容、凶。其中，僮、工、箭、同，押平聲「東」韻；槓、幢、雙，押平聲「江」韻；龍、甕、容、凶，押平聲「鍾」韻；「東」韻、「江」韻、「鍾」韻，通押。縂，押上聲「董」韻，出韻。

「竽瑟空侯琴筑箏」至「蒹局博戲相易輕」，韻字爲：箏、鳴、聲、庭、醒、令、生、形、清、腥、程、輕。其中，箏，押平聲「耕」韻；鳴、生，押平聲「庚」韻；聲、醒、令、清、程、輕，押平聲「清」韻；庭、形、腥，押平聲「青」韻；「耕」韻、「庚」韻、「清」韻、「青」韻，通押。

「冠幘簪簧結髮紐」至「拳腕節爪拇指手」，韻字爲：紐、耳、齒、肘、手。其中，紐、肘、手，押上聲「有」韻；耳、齒，押上聲「止」韻；「有」韻、「止」韻，通押。

「腫腋胸脅喉咽髃」至「腨踝跟踵相近聚」，韻字爲：髃、主、乳、呂、柱、聚。其中，主、乳、呂、柱、聚，押上聲「麌」韻；髃，押平聲「虞」韻，出韻。

「矛鋋鑲盾刃刀鉤」至「鐵錘檛杖棁秘杸」，韻字爲：鉤、鋘、鉾、杸。其中，鉤、鋘、杸，押平聲「侯」韻；鉾，押平聲「尤」韻；「侯」韻、「尤」韻，通押。

「輜軺轅軸輿輪轅」至「頃町界畝畦埒封」，韻字爲：轅、轅、衡、棠、繮、鍚、煌、蒼、堂、京、梁、牆、方、箱、壤、揚、封。其中，繮、鍚、梁、牆、方、箱、壤、揚，押平聲「陽」韻；轅、轅、棠、煌、蒼、堂、封，押平聲「唐」韻；衡、京，押平聲「庚」韻；「陽」韻、「唐」韻、「庚」韻，通押。

「疆畔畷伯耒犁鋤」至「糟糠汁滓稾莝芻」，韻字爲：鋤、租、杷、樗、扶、驢、超、羭、豬、雛、駒、趨、芻。其中，鋤、樗、驢、豬，押平聲「魚」韻；租，押平聲「模」韻；杷，押平聲「麻」韻；扶、羭、雛、駒、趨、芻，押平聲「虞」韻；超，押平聲「宵」韻；「魚」韻、「模」韻、「麻」韻、「虞」韻、「宵」韻，通押。

「鳳爵鴻鵠雁鶩雉」至「麋塵麔麀皮給履」，韻字爲：雉、尾、死、視、兕、麀、履，押上聲「旨」韻。

「寒氣泄注腹臚脹」至「篤癃癈廢迎醫匠」，韻字爲：脹、盲、痕、響、病、讓、眼、匠。其中，脹、痕、讓、眼、匠，押去聲「漾」韻；病，押去聲「映」韻；「漾」韻、「映」韻，通押。響，押上聲「養」韻，出韻；盲，押平聲「庚」韻，出韻。

「灸刺和藥逐去邪」至「雷矢雚菌蕪兔盧」，韻字爲：邪、胡、蘆、華、吾、樓、牙、瓜、枯、盧。其中，邪、華、牙、瓜，押平聲「麻」韻；胡、

蘆、吾、枯、盧，押平聲「模」韻；樓，押平聲「侯」韻；「麻」韻、「模」韻、「侯」韻，通押。

「卜問讁祟父母恐」至「哭泣祭醊填墓冢」，韻字爲：恐、奉、寵、踊、腫、冢，押上聲「腫」韻。

「諸物盡訖五官出」至「斬伐材木斫株根」，韻字爲：論、文、身、聞、倫、分、人、君、勳、軍、臣、神、民、親、馴、新、因、淵、均、存、人、先、文、鄰、診、臀、牽、眞、憐、堅、年、論、髡、然、山、先、根。其中，文、聞、分、君、勳、軍、文，押平聲「文」韻；身、人、臣、神、民、親、新、因、人、鄰、眞，押平聲「眞」韻；論、倫、馴、均，押平聲「諄」韻；淵、先、牽、憐、堅、年，押平聲「先」韻；存、臀、髡，押平聲「魂」韻；根，押平聲「痕」韻；然，押平聲「仙」韻；山，押平聲「山」韻；「文」韻、「眞」韻、「諄」韻、「先」韻、「魂」韻、「痕」韻、「仙」韻、「山」韻，通押。診，押上聲「軫」韻，出韻。

「犯禍事危置對曹」至「受賕枉法忿怒仇」，韻字爲：曹、聊、流、膠、牢、號、求、留、仇。其中，聊，押平聲「蕭」韻；曹、牢、號，押平聲「豪」韻；流、求、留、仇，押平聲「尤」韻；膠，押平聲「肴」韻；「蕭」韻、「豪」韻、「尤」韻、「肴」韻，通押。

「攙鈌爭語相觝觸」至「依溷污染貪者辱」，韻字爲：觸、獨、讀、曲、燭、祿、蜀、錄、辱。其中，觸、曲、燭、蜀、錄、辱，押入聲「燭」韻；獨、讀、祿，押入聲「屋」韻；「燭」韻、「屋」韻，通押。

「漢地廣大」至「長樂無極老復丁」，韻字爲：盛、令、寧、平、榮、成、生、丁。其中，盛、令、成，押平聲「清」韻；寧，押平聲「青」韻；平、榮、生、丁，押平聲「庚」韻；「清」韻、「青」韻、「庚」韻，通押。

第四節　顏師古注本

在顏師古之前，已有幾位學者爲《急就篇》作注。最早爲《急就篇》作注的是東漢的曹壽；其次是魏晉南北朝時期的崔浩、劉芳、顏之推、豆盧氏注本，但這些注本今已亡佚。顏師古注本是現存完整的注本。顏師古注本無論是在流傳時間之長，還是在收錄之廣上，都爲其它注本所不及。自唐代以後的目錄學著作，如新舊《唐書》《宋史》《直齋書錄解題》《文獻通考》等均

有記載。

一、顏師古的生平與學術

　　顏師古（公元 581 年～645 年），字籀，一說名籀，字師古。原籍琅邪臨沂（今山東臨沂），其祖顏之推徙居關中，遂爲雍州萬年（今陝西西安）人。顏師古在文字、校勘、史學方面，均有很深造詣，這一方面來自他的勤學，另一方面與其家學淵源密不可分。顏氏一族自東晉以來就是名門望族，代代謙虛治學，以名德、學業、著述、文翰留名青史，成就了顏氏家族「世傳儒業」的美名。

　　顏師古從小就被傳授家學，博覽群書，特別精於訓詁，善於作文章。隋仁壽年（公元 601～604 年）間，受尙書左丞李綱的推薦，授任安養尉。尙書左僕射楊素看到顏師古年少體弱，就對他說：「安養是難治之縣，你怎能管理？」顏師古答道：「殺雞焉用宰牛刀。」楊素對他的回答很驚奇。到任以後，果然以吏治幹練聞名。當時薛道衡任襄州總管，與李淵是舊交，很賞識顏師古的才能，薛道衡自己撰寫的文章，曾叫顏師古指出長處和不足。不久，顏師古因事免官返回長安。十年間沒有調官，家境貧寒，以教書爲業。

　　等到李淵起義，顏師古到長春宮謁見李淵，被授予朝散大夫。隨後平定京城，拜授燉煌公府文學，轉任起居舍人，再次遷任爲中書舍人，專門執掌機密。當時軍隊國家事務繁忙，凡寫制誥，都由顏師古執筆。顏師古精通政治，詔書奏章嚴密貼切，當時無人能比。唐太宗即位，顏師古升任中書侍郎，封琅邪縣男。因爲母守喪解除管職。服喪期滿，重任中書侍郎。一年後，因事免官。

　　唐太宗認爲經籍距離聖人已經久遠，文字上有很多錯誤，就叫顏師古在秘書省考定《五經》，顏師古大多加以校正，完成後奏上。太宗又派各儒生重新加以審議，當時儒生們傳授學習相沿已久，都有非議，顏師古就引證晉、宋以來古今傳本，隨問隨答，有根有據，詳實明確，回答得出乎他們的意外，諸儒無不歡服。於是兼任通直郎、散騎常侍，把他所定的本子頒行天下，叫學者學習。

　　貞觀七年（公元 633 年），顏師古拜任秘書少監，專門掌管校正，所有奇書難字，眾人疑惑不解的，顏師古都能將疑問加以剖析，設法弄清它們的本源。在校勘經籍的過程中，他隨手記錄了一些字體，作爲校讎的範式，在當時流傳頗廣，被稱爲《顏氏字樣》，後世的《干祿字書》多取於此。顏師古出

任郴州刺史，還未赴任，唐太宗珍惜他的才華，又重新任命他做祕書少監。顏師古仍舊搜求古人字跡和古器物，樂此不疲。不久，顏師古奉詔編訂《五禮》。貞觀十一年（公元 637 年）編成，進為子爵。太子李承乾在東宮，叫顏師古注班固的《漢書》，解釋詳細明確，深為學者推重。李承乾上表進獻，太宗叫編入祕閣，賜予顏師古物二百段、良馬一匹。

貞觀十五年（公元 641 年），太宗下詔，要到泰山舉行封禪，有關部門與公卿及諸儒博士詳細制定禮儀制度。顏師古上奏說：「臣所撰寫的《封禪儀注書》是在貞觀十一年春天，當時各儒士詳加考訂，認為適中。」於是下詔讓公卿決定行不行，大多聽從顏師古的說法，但封禪最終沒有進行。顏師古不久遷任祕書監、弘文館學士。貞觀十九年（公元 645 年），顏師古跟隨太宗東巡，途中生病逝世，享年六十五歲。諡號為「戴」。永徽三年（公元 652 年），顏師古的兒子顏揚庭任符璽郎，又上表進獻顏師古所撰《匡謬正俗》八卷，高宗下詔交付祕書閣，並賜顏揚庭帛五十四。

顏師古是唐代著名學者，學識淵博，精通經學、小學、史學諸多方面。曾協助孔穎達撰成《五經正義》，又預修《五禮》。所著《漢書注》，彙集了隋以前二十三家的注釋，糾謬補闕，向稱精博，沿用至今。《急就章注》《匡謬正俗》，皆傳世。《新唐書・藝文志》著錄有集六十卷，已散佚。《全唐文》輯錄其文十九篇，《全唐詩》輯錄其詩一首。民國時期，汪黎慶輯佚《字樣》一卷。

二、《四庫》本末二章的眞僞

《舊唐書・經籍志》載：「《急就章注》一卷，顏師古撰。」〔註 28〕《宋史・藝文志》載：「顏師古《急就篇注》一卷。」〔註 29〕《郡齋讀書後志》云：「《急就章》一卷，右漢史游撰，唐顏師古注。游，元帝時為黃門令。書凡三十二章，雜記姓名、諸物、五官等字，以教童蒙。『急就』者，謂字之難知者，緩急可就而求焉。自昔善小學者多書此，故有皇象、鍾繇、衛夫人、王羲之所書傳於世。」〔註 30〕《直齋書錄解題》云：「《急就章》一卷，漢黃門令史

〔註 28〕（後晉）劉昫等：《舊唐書・經籍志》，中華書局，1975 年 5 月第 1 版，第 1985 頁。

〔註 29〕（元）脫脫等：《宋史・藝文志》，中華書局，1975 年 6 月第 1 版，第 5074 頁。

〔註 30〕（宋）晁公武：《郡齋讀書後志》，載《景印文淵閣四庫全書》（第 123 冊），（臺北）商務印書館，1983 年版，第 9 頁。

游撰，唐秘書監顏師古注。其文多古語、古字、古韻，有足觀者。」〔註31〕

《舊唐書‧顏師古傳》曰：「其所注《漢書》及《急就章》，大行於世。」〔註32〕《新唐書‧儒學傳‧顏師古傳》亦曰：「其所注《漢書》、《急就章》大顯於世。」〔註33〕

《四庫全書》本顏注《急就篇》爲三十四章，但據宋代王應麟考證，第三十三章、第三十四章爲東漢人後補的。王應麟《漢志考證》曰：「國朝太宗皇帝嘗書此篇（指《急就篇》），又於顏本外多《齊國》《山陽》兩章，凡爲章三十有四。此兩章蓋起於東漢。按《急就篇》末說長安中『涇渭街術』，故此篇亦言洛陽人物之盛以相當。而鄡縣以世祖即位之地，升其名爲高邑，與先漢所改眞定常山並列，以爲後漢人所續不疑。」〔註34〕

王應麟所云「故此篇亦言洛陽人物之盛以相當」，是指《急就篇》第三十三章的「河南洛陽人蕃息」一句。顏師古注云：「河南，成周之王城也。洛陽，成周之下都也。秦三川郡。漢高帝更名河南郡。建武元年，入洛陽定都，改河南尹。《郡國志》：洛陽，周時號成周。河南，周公所城洛邑。春秋時謂之王城。天子之都，其民蕃阜滋息。」〔註35〕王應麟所云「鄡縣以世祖即位之地，升其名爲高邑，與先漢所改眞定常山並列」，是指《急就篇》第三十三章的「眞定常山至高邑」一句。顏師古注云：「眞定國，武帝置，唐鎭州。今眞定府常山郡，高帝置；本恒山，避文帝諱，改。今邢、趙州，後漢並眞定入常山國。高邑，本常山之鄡縣。光武即位於鄡南千秋亭五成陌，因改高邑，今趙州高邑縣。」〔註36〕可見這末二章均與東漢有關，所以王應麟認爲此二章起於東漢，當爲定論。

三、關於《急就篇注敘》

〔註31〕（宋）陳振孫：《直齋書錄解題》，載《景印文淵閣四庫全書》（第 145 冊），（臺北）商務印書館，1983 年版，第 67 頁。

〔註32〕（後晉）劉昫等：《舊唐書‧顏師古傳》，中華書局，1975 年 5 月第 1 版，第 2595 頁。

〔註33〕（宋）歐陽修、宋祁：《新唐書‧儒學傳‧顏師古傳》，中華書局，1975 年 2 月第 1 版，第 5642 頁。

〔註34〕（宋）王應麟：《漢藝文志考證》，清華大學出版社，2014 年 3 月第 1 版，第 111 頁。

〔註35〕同〔註11〕，第 60 頁。

〔註36〕同〔註11〕，第 60 頁。

顏師古在《急就篇注敘》中探討了《急就篇》的淵源：「《急就篇》者，其源出於小學家。昔在周宣，粵有《史籀》，演暢古文，初著大篆。秦兼天下，罷黜異書，丞相李斯又撰《蒼頡》，中車府令趙高繼造《爰歷》，太史令胡毋敬作《博學篇》，皆所以啓導青衿、垂法錦帶也。逮至炎漢，司馬相如作《凡將篇》，俾效書寫，多所載述，務適時要。史游景慕，擬而廣之。元成之間，列於秘府。雖覆文非清靡，義闕經綸，至於包括品類，錯綜古今，詳其意趣，實有可觀者焉。」〔註37〕

作爲識字課本，《急就篇》被廣泛採用，長期流傳。「漢魏以後，童子皆讀史游《急就篇》。」〔註38〕爲了教學需要，先後有劉芳、崔浩、豆盧氏、曹壽、顏之推等爲之作注。《隋書‧經籍志》載：「《急就章》一卷，漢黃門令史游撰。《急就章》二卷，崔浩撰。《急就章》三卷，豆盧氏撰。」〔註39〕這些是直到唐初還在流行的《急就篇》的傳本。

但是，因爲還處在抄本時代，流傳數百年後，轉抄的過程中難免出現差錯，使用者也會根據自己的理解做一些改動，因此《急就篇》漸漸失去了原貌。顏師古在《急就篇注敘》中說：「然而時代遷革，亟經喪亂，傳寫湮訛，避諱改易，漸就蕪舛，莫能釐正。少者闕而不備，多者妄有增益，人用己私，流宕忘返。至如蓬門野賤、窮鄉幼學，遞相承稟，猶競習之。既無良師，祇增僻謬。若夫縉紳秀彥，膏粱子弟，謂之鄙俚，恥於窺涉，遂使博聞之說廢而弗明，備物之方於茲寢滯。」面對這種狀況，應該及時「撥亂反正」，找出錯訛，糾正謬誤，搞出精校精注本，使之繼續流傳。

顏師古之所以能夠承擔《急就篇》的校注工作，自有其家學淵源。祖父顏之推，父親顏思魯，對經學和文字學均有比較精深的研究，先後爲《急就篇》做過注。顏師古秉承前輩遺志，決心繼續《急就篇》的校注。他在《急就篇注敘》中說：「師古家傳《蒼》《雅》，廣綜流略，尤精訓故，待問質疑，事非稽考，不妄談說，必則古昔，信而有徵。先君（師古父思魯）常欲注釋《急就》，以貽後學，雅志未申，昊天不弔。奉遵遺範，永懷罔極。舊得皇象、鍾繇、衛夫人、王羲之等所書篇本，備加詳覈，足以審定，凡三十二章。究

〔註37〕同〔註11〕，第3頁。文中所引《急就篇注敘》均出此。
〔註38〕（清）顧炎武著，（清）黃汝成集釋：《日知錄集釋》，上海古籍出版社，1985年6月第1版，第536頁。
〔註39〕（唐）魏徵、令狐德棻：《隋書‧經籍志》，中華書局，1973年8月第1版，第985頁。

其真實，又見崔浩及劉芳所注，（後魏太宗元年敕崔浩解劉芳續注音義證三卷）人心不同，未云善也。遂因暇日為之解訓，皆據經籍遺文、先達舊旨，非率愚管斐然妄作。字有難識，隨而音之；別理兼通，亦即並載。可以袪發未寤，矯正前失，振幽翳之學，擴制述之意，庶將來君子裁其衷焉。」在他的自敘中，我們知道顏師古在校勘注釋《急就篇》時，搜集了前代多家寫本、注本，綜合比對勘查，審定文字，整理出確信為史游所撰的原本，一共三十二章。根據經籍原文，先賢舊旨，訓解釋意，字有難識的，就加以注音。前人別有解釋，若道理也能說得通，亦兼收並載。顏師古的《急就篇》綜合了舊注本的優點，是當時集大成製作，稱為新的標準本，在社會上廣泛流行。《舊唐書·經籍志》《新唐書·藝文志》均記載：「《急就章》一卷，史游撰，曹壽解。《急就章注》一卷，顏之推撰。又一卷，顏師古撰。」雖然當時有幾種注本流傳，但顏注本後來居上，其它注本遠不能與顏師古注本相比。

四、顏注的體例

關於顏注《急就篇》的體例，正如上文所引：「舊得皇象、鍾繇、衛夫人、王羲之等所書篇本，……庶將來君子裁其衷焉」一段，可見其注釋體例：

1.「據經籍遺文、先達舊旨」，即根據經籍的舊文解釋文字，以符合原書的旨意。這是總綱。關於名物，前人的很多作品都有注解，如《爾雅》《說文解字》《釋名》等。顏師古秉承客觀的態度，對前人著作中正確的解釋積極借鑒，而對其錯誤，也不一味盲從。如解釋第十章第四句「蕪荑鹽豉醯酢醬」中的「蕪荑」：「蕪荑，無姑之實也。無姑，一名樵榆，生於山中，其莢圓厚，剝取樹皮合漬而乾之，成其辛味也。《爾雅》曰：『無姑，其實夷』，故謂之蕪荑也。」〔註40〕顏師古引《爾雅》為自己的注解佐證。又如第十章第三句中的「蓼」：「蓼有數種，葉長銳而薄，生於水中者曰水蓼；葉圓而厚，生於澤中者曰澤蓼，一名虞蓼，亦謂之薔。而許叔重云，『蓼，亦名薔虞』，非也。」〔註41〕顏師古指出許慎對「蓼」字釋義之誤。《爾雅·釋草》曰：「薔，虞蓼。」晉郭璞注曰：「虞蓼，澤蓼也，生水中者。」邢昺疏曰：「薔，一名虞蓼，即蓼之生水澤者也。」〔註42〕顏師古雖未指明依據而只說明其錯誤，已十分難能可貴。

〔註40〕 同〔註11〕，第25頁。
〔註41〕 同〔註11〕，第25頁。
〔註42〕 （晉）郭璞注，（宋）邢昺疏：《爾雅注疏》，載（清）阮元校刻：《十三經注疏》，中華書局，1980年9月第1版，第768頁。

2.「字有難識，隨而音之」，即對於難字，注出讀音。注音，既有對原文的注音，又有對注文的注音；有用直音法注音的，也有用反切法注音的。如對第二十二章「狸兔飛鼬狼麋麂」中「鼬」的注音：「鼬，音吾」；對「麂」的注音：「麂，音幾」。這是對原文的注音，用的是直音法。又如對第一章「分別部居不雜廁」中「廁」的注音：「廁，初吏反」。這是對原文的注音，用的是反切法。再如對第一章「分別部居不雜廁」注文「前後之次，以類相從。種別區分，不相間錯也」中「種」的注音：「種，之隴反」；對「間」的注音：「間，居莧反。」這是對注文的注音，用的是反切法。

3.「別理兼通，亦即並載」，即如舊說有多家，其說亦通，則並載之。如對第二十三章「癉瘶瘀痛瘕溫病」中「瘕」的注釋：「瘕者，無名之病，常漠漠然也。一曰齊人謂瘵病曰瘕。」〔註 43〕又如對第二十五章「祠祀社稷叢臘奉」中「叢」的注釋：「叢，謂草木岑蔚之所，因立神祠也。《戰國策》曰：『恒思有神叢，恒思之悍少年與叢博。』《史記》曰：『吳廣之次所旁叢祠中，夜構火。』皆謂此叢也。一曰，叢者，合聚諸神而祭之也。」〔註 44〕均為幾說並存。

顏師古《急就篇注》的注釋內容豐富，涉及對事物得名之由的探討、文字釋義、校勘、注音、史事考訂、字形分析等。

第一，對得名之由的分析。《急就篇》除了姓名之外，主要以名物實詞為主。顏師古要注釋學童識字教材，需要對這些詞的來龍去脈進行解釋，因此其注釋中包含大量對事物得名之由的探討。

（1）第八章「春草雞翹鳧翁濯」的注釋：「春草，象其初生纖麗之狀也。雞翹，雞尾之曲垂也。鳧者，水中之鳥，今所謂水鴨者也。翁，頸上毛也。既為春草、雞翹之狀，又像鳧在水中引濯其翁也。」〔註 45〕這是根據事物的形狀，來解釋其命名。

（2）第八章「烝栗絹紺縞紅繎」的注釋：「烝栗，黃色，若烝孰之栗也。」「繎者，紅色之尤深，言若火之然也。」〔註 46〕這是根據事物的顏色，來解釋其命名。

〔註43〕同〔註 11〕，第 49 頁。
〔註44〕同〔註 11〕，第 51 頁。
〔註45〕同〔註 11〕，第 23 頁。
〔註46〕同〔註 11〕，第 23 頁。

（3）第二十二章「鳳爵鴻鵠雁鶩雉」的注釋：「鵠，黃鵠也，一舉千里，其鳴聲鵠鵠云。」〔註47〕這是根據事物發出的聲音，來解釋其命名。

（4）第二十四章「半夏皁莢艾橐吾」的注釋：「半夏，五月苗始生，居夏之半，故爲名也，一名地文，亦名守田。」〔註48〕這是根據事物產生的時間，來解釋其命名。

（5）第二十四章「芎藭厚樸桂栝樓」的注釋：「厚樸，一名厚皮，一名赤樸。凡木皮皆謂之樸。此樹皮厚，故以厚樸爲名。其樹亦名榛，其子名遂析。」〔註49〕這是根據事物的性質特徵，來解釋其命名。

（6）第八章「綈絡縑練素帛蟬」的注釋：「素，謂絹之精白者，即所用寫書之素也。」〔註50〕這是根據事物的功用，來解釋其命名。

第二，對同物異名、同名多指的分析。同物異名是古籍中比較常見的現象，造成這種現象的原因主要有時間、空間、人爲等因素。時間因素主要指古今用語的不同；空間因素主要是由方言俗語造成；人爲因素比較複雜，或是妄加增改，或是流俗誤傳等；事物名稱不同，但實質是一樣的。與此相反，還有一些詞雖然名稱一樣，但所指事物卻不同。

例如，第十章「老菁蘘荷多日藏」的注釋：「菁，蔓菁也。一曰冥菁，亦曰蕪菁，又曰芴菁。」「言秋種蔓菁，至冬則老而成就，又收蘘荷，並蓄藏之，以禦冬也。」〔註51〕冥菁、蕪菁、芴菁，是由聲轉而形成的異名，屬於同物異名。

又如第二十四章「烏喙附子椒芫華」的解釋：「芫華，一名魚毒，漁者煮之以投水中，魚則死而浮出，故以爲名。其根曰蜀桑，其華可以爲藥。『芫』字或作『杬』。《爾雅》曰：『杬，魚毒。』郭景純解云：『大木生南方，皮厚汁赤，堪藏卵果。』此說誤耳。其生南方用藏卵果者，自別一杬木，乃左思《吳都賦》所云『綿杬杶櫨』者耳，非毒魚之『杬』也。」〔註52〕這裏既有同物異名，又有同名異物現象。「芫華」也叫「魚毒」，是根據其功效可以使魚中毒而死所產生的異名；而生於南方、用藏卵果的「杬」，雖然也稱爲「杬」，但與「魚毒」之「杬」實質不同。「魚毒」是一種草本植物，即我們今天所說

〔註47〕同〔註11〕，第47頁。
〔註48〕同〔註11〕，第50頁。
〔註49〕同〔註11〕，第50頁。
〔註50〕同〔註11〕，第24頁。
〔註51〕同〔註11〕，第26頁。
〔註52〕同〔註11〕，第50頁。

的芫荽，也叫香荽；而「杬」是一種喬木。

第三，對異文的分析。《急就篇》自漢代產生，流傳至唐代，這六百多年間必然會出現一些異文。顏師古注釋《急就篇》時，把自己所能見到的版本，如皇象本、鍾繇本、王羲之本等之間的異文標示出來。顏師古對待異文的態度一般是標識出來並作簡單解釋。

例如第十六章「倡優俳笑觀倚庭」的注釋：「倚，立也。觀倚庭者，言人來觀倡優皆倚立於庭中也。『倚』字或作『伎』，謂觀俳倡之伎於庭中也。」〔註53〕

又如第二十三章「癰疽瘍瘲痿痹痕」的注釋：「痕，四體強急，難用屈申也。字或作『疢』，音義並同。」〔註54〕

第四，對官職、制度、風俗等的分析。

（1）第二十六章「丞相御史郎中君」的注釋：「此即貴人之位也。丞，承也。相，助也。言上承天子而佐助之也。御史，御史大夫也，職副丞相。郎中，郎中令也，掌宮殿門戶及從官，並秦所置，而漢因之。君，褒尊大官之名也。」〔註55〕這是解釋當時的官職及職務。

（2）第二十八章「亭長游徼共雜診」的注釋：「亭長，一亭之長，主逐捕盜賊。游徼，鄉之遊行徼循，皆督察奸非者也。雜，猶參也。診，驗視也。有被殺傷者，則令亭長與游徼相參而診驗之，知其輕重曲直也。秦漢之制，十里一亭，亭有高樓，所以候望，鄉嗇夫治之。游徼，即嗇夫之所統也。」〔註56〕這是解釋秦漢到唐代「亭長」這一職官制度的變化。

（3）第二十五章「喪弔悲哀面目腫」的注釋：「喪，謂遭喪、持喪也，於字『哭』『亡』為『喪』。弔，謂問終者也。於字『人』持『弓』為『弔』。上古葬者，衣之以薪，無有棺槨，常苦禽鳥為害，故弔問者持弓會之，以助彈射也。」〔註57〕這是解釋上古時期喪葬的風俗，因沒有棺槨而常遭鳥害，因此會有弔問者持弓助射。

第五，對字形的分析。顏師古注釋《急就篇》的主要目的，是為便於學童識字，因此，對於一些會意字，常通過分解字形指出詞義。例如，第二十

〔註53〕同〔註11〕，第37頁。
〔註54〕同〔註11〕，第48頁。
〔註55〕同〔註11〕，第53頁。
〔註56〕同〔註11〕，第55頁。
〔註57〕同〔註11〕，第52頁。

八章「皋陶造獄法律存」的注釋：「獄之言埆也，取其堅牢也。字從二犬，所以守備也。」〔註58〕這是從造字法上解釋「獄」字。

五、顏注的價值

《急就篇》有多家注本，但均失傳，唯有顏注本流傳後世，這也足以反映其價值。雖然在官私目錄中，其它一些注本在某一時期還零星可以見到著錄，但像顏注本這樣被廣泛著錄，還沒有其它注本可以比得上。《舊唐書·經籍志》《新唐書·藝文志》、宋代陳振孫《直齋書錄解題》、宋代晁公武《郡齋讀書志》、南宋鄭樵《通志·二十略》、元代馬端臨《文獻通考·經籍考》《宋史·藝文志》、明代焦竑《國史·經籍志》等，均有著錄。顏師古注本的現存版本也頗多，顏注單行本，有《四庫全書》本、《四部叢刊續編》本等。顏師古注、王應麟補注合編本，有《玉海》附刻本、《小學彙函》本、《天壤閣叢書》本、《叢書集成初編》本、《津逮秘書》本、《學津討原》本等。

社會的發展，語言的改變，喪亂的頻仍，「傳寫湮訛，避諱改易，漸就蕪舛，莫能釐正，少者闕而不備，多者妄有增益」，《急就篇》的原文及幾家注本流傳至唐代，已經訛誤百出，分歧很大，顏師古感慨「人用己私，流宕忘返。至如蓬門野賤，窮鄉幼學，遞相承稟，猶競習之。既無良師，只增僻謬」，加上父親顏思魯「常欲注釋《急就》以貽後學。雅志未申，昊天不弔」，顏師古秉承父志，他精通訓詁，長於校勘，最終完成了《急就篇》的注釋。顏師古的《急就篇注》一時被奉為權威，迅速被人們認可、學習，「自顏注行而魏晉以來舊本廢」。〔註59〕宋代王應麟在顏師古《急就篇注》的基礎上，進一步作注解，撰成《急就篇補注》，這兩部著作幾乎是《急就篇》研究的頂峰之作。正如《四庫全書總目提要》所云：「舊有曹壽、崔浩、劉芳、顏之推注，今皆不傳，惟顏師古注一卷存。王應麟又補注之，釐為四卷。師古本比皇象碑多六十三字，而少「齊國」「山陽」兩章，止三十二章。應麟《藝文志考證》標「眞定常山至高邑」句，以為此二章起於東漢，最為精確；其注亦考證典核，足補師古之闕。」「應麟所注，多從顏本，蓋以其考證精深，較他家為可據焉。」〔註60〕

〔註58〕同〔註11〕，第54頁。
〔註59〕（清）王國維：《校松江本急就篇序》，載《王國維遺書》，上海古籍書店，1983年9月第1版。
〔註60〕（清）永瑢等：《四庫全書總目·急就篇》，中華書局，1965年6月第1版，第344頁。

附錄：《急就篇》原文及箋注

急就篇
史　游

第一章

急就奇觚與眾異（1），羅列諸物名姓字（2）。分別部居不雜廁（3），用日約少誠快意（4）。勉力務之必有喜（5），請道其章。宋延年，鄭子方。衛益壽，史步昌。周千秋，趙孺卿。爰展世，高辟兵。

第二章

鄧萬歲，秦妙房。郝利親，馮漢強。戴護郡，景君明。董奉德，桓賢良。任逢時，侯仲郎。由廣國，榮惠常。烏承祿，令狐橫。朱交便，孔何傷。師猛虎，石敢當。所不侵，龍未央，伊嬰齊。

第三章

翟回慶，畢稚季。昭小兒，柳堯舜。樂禹湯，淳于登。費通光，柘溫舒。路政陽，霍聖宮。顏文章，管財智。偏呂張，魯賀喜。觀宜王，程忠信。吳仲皇，許終古。賈友倉，陳元始，韓魏唐。

第四章

液容調，柏杜楊。曹富貴，尹李桑。蕭彭祖，屈宗談。樊愛君，崔孝讓。姚得賜，燕楚莊。薛勝客，聶干將。求男弟，過說長。祝恭敬，審毋妨。龐賞贛，來士梁。成博好，范建羌，閻歡欣。

第五章

寧可忘，苟貞夫。苗涉臧，田細兒。謝內黃，柴桂林。溫直衡，奚驕叔。邴勝箱，雍弘敞。劉若芳，毛遺羽。馬牛羊，尚次倩。丘則剛，陰賓上。翠鴛鴦，庶霸遂。萬段卿，泠幼功，武初昌。

第六章

褚回池，蘭偉房。減罷軍，橋竇陽。原輔輻，宣棄奴。殷滿息，充申屠。夏脩俠，公孫都。慈仁他，郭破胡。虞尊偃，憲義渠。蔡遊威，左地餘。譚平定，孟伯徐。葛轗軻，敦倚蘇，耿潘扈。

第七章

焦滅胡，晏奇能。邢麗奢，邵守實。宰安期，俠卻敵。代焉于，司馬襃。尚自於，陶熊羆。解莫如，樂欣諧。童扶疏，痛無忌。向夷吾，閎並訢。竺諫朝，續增紀。遺失餘，姓名訖，請言物。

第八章

錦繡縵純離雲爵（6），乘風懸鐘華洞樂（7）。豹首落莫兔雙鶴（8），春草雞翹鳧翁濯（9）。鬱金半見緗白約（10），縹綟綠紈皁紫硟（11）。烝栗絹紺縉紅繎（12），青綺綾縠靡潤鮮（13），綈絡縑練素帛蟬（14）。

第九章

絳緹絓紬絲絮綿（15），忱敝囊橐不值錢（16）。服瑣緰呰與繒連（17），貰貸賣買販肆便（18）。資貨市贏匹幅全（19），絥紛臬緼裹約纏（20）。綸組縌綬以高遷（21），量丈尺寸㝡兩銓（22），取受付予相因緣（23）。

第十章

稻黍秫稷粟麻秔（24），餅餌麥飯甘豆羹（25）。葵韭蔥薤蓼蘇薑（26），蕪荑鹽豉醯酢醬（27）。芸蒜薺芥茱萸香（28），老菁蘘荷冬日藏（29）。梨柿柰桃待露霜（30），棗杏瓜棣饊飴餳（31），園菜果蓏助米糧（32）。

第十一章

甘麮殊美奏諸君（33），袍襦表裏曲領帬（34）。襜褕袷複褶袴褌（35），襌衣蔽膝布母縛（36）。鍼縷補縫綻紩緣（37），履舄鞜裒絨緞紃（38）。靸鞮印角褐韤巾（39），裳韋不借為牧人（40），完堅耐事踰比倫（41）。

第十二章

屐屬䋺麤羸窶貧（42），旃裘樸繹蠻夷民（43）。去俗歸義來附親（44），譯導贊拜稱妾臣（45）。戎伯總閱什伍鄰（46），稟食縣官帶金銀（47）。鐵鈇鑽錐釜鍑鍪（48），鍛鑄鉛錫鐙錠鐎（49），鈐鑰鉤銍斧鑿鉏（50）。

第十三章

銅鍾鼎鋞銚鉹（51），釭鐧鍵鉗冶鋼鐈（52）。竹器簦笠簟簏篰（53），囤篅䉛匴䉤笭篝（54）。筳箄箕帚筐篋簍（55），橢杅槃案杅閜椀（56）。蠡斗參升半卮觛（57），槫樳椑梡匕箸籫（58），甄缶盆盎甕罃壺（59）。

第十四章

甂瓽甒甌瓨甖盧（60），橐縪繩索絞紡纑（61）。簡札檢署槧牘家（62），板柞所產谷口斜（63）。水蟲科斗蛙蝦蟆（64），鯉鮒蟹鱔鮐鮑鰕（65）。妻婦聘嫁齎媵僮（66），奴婢私隸枕牀榻（67），蒲蒻藺席帳帷幢（68）。

第十五章

承塵戶嗛條續縜（69），鏡籢疏比各異工（70）。芬薰脂粉膏澤筩（71），沐浴揃搣寡合同（72）。襐飾刻畫無等雙（73），係臂琅玕虎魄龍（74）。璧碧珠璣玫瑰罋（75），玉玦環佩靡從容（76），射魃辟邪除群凶（77）。

第十六章

竽瑟空侯琴筑箏（78），鐘磬鞀簫鼙鼓鳴（79）。五音總會歌謳聲（80），倡優俳笑觀倚庭（81）。侍酒行觴宿昔醒（82），廚宰切割給使令（83）。薪炭萑葦炊孰生（84），膹膾炙裁各有形（85），酸鹹酢淡辨濁清（86）。

第十七章

肌臄脯腊魚臭腥（87），酤酒釀醪稽極程（88）。碁局博戲相易輕（89），冠幘簪簧結髮紐（90）。頭額頞頤眉目耳（91），鼻口脣舌齗牙齒（92）。頰頤頸項肩臂肘（93），拳腕節爪拇指手（94），胂膟胸脇喉咽髑（95）。

第十八章

腸胃腹肝肺心主（96），脾腎五藏膍齊乳（97）。尻髖脊膂腰背呂（98），股腳膝臏脛為柱（99）。腨踝跟踵相近聚（100），矛鋋鑲盾刃刀鉤（101）。鈒戟鈹鎔劍鐔鍭（102），弓弩箭矢鎧兜鍪（103），鐵錘檛杖棁柲殳（104）。

第十九章

輻輻轅軸輿輪輬（105），輻轂軬轄輮幬軨（106）。軹軾軫軨輚軶衡（107），蓋轑俾倪杫縛棠（108）。轡勒靭韁絆羈繮（109），鞇紲靯韝鞍鑣鍚（110）。靳靷鞼靲色焜煌（111），革轖髤漆油黑蒼（112），室宅廬舍樓殿堂（113）。

第二十章

門戶井竈廡困京（114），槙椽榱櫨瓦屋梁（115）。泥塗堊墍壁垣牆（116），榦楨板栽度圜方（117）。礐壘廥廄庫東箱（118），屏廁清溷糞土壤（119）。碓磑扇隤舂簸揚（120），頃町界畝畦埒封（121），疆畔畷伯耒犁鋤（122）。

第二十一章

種樹收斂賦稅租（123），捃穫秉把插捌杷（124）。桐梓樅松榆椿樗（125），槐檀荊棘葉枝扶（126）。騂駓驒駁驪駵驤（127）。騏駓馳騵怒步超（128），羘羖羯羠挑羝羭（129），六畜蕃息豚豕豬（130），貒貊狡犬野雞雛（131）。

第二十二章

犓牸特犐羔犢駒（132），雄雌牝牡相隨趨（133）。糟糠汁滓棄萐芻（134），鳳爵鴻鵠雁鶩雉（135）。鷹鷂鴰鴟鷇雕尾（136），鳩鴿鶉鶵中綱死（137）。鳶鵲鴟梟鷲相視（138），豹狐距虛豺犀兕（139），貍兔飛鼯狼麋麑（140）。

第二十三章

麋塵麇麈皮給履（141），寒氣泄注腹臚脹（142）。痂疕疥癘癃聾盲（143），癰疽瘛瘲痿痹痕（144）。疝瘕癲疾狂失響（145），瘧瘚瘀痛瘼溫病（146）。消渴歐逆欬懣讓（147），癉熱瘻痔眵篨眼（148），篤癃癭廢迎醫匠（149）。

第二十四章

灸刺和藥逐去邪（150），黃芩伏苓礜芘胡（151）。牡蒙甘草菀藜蘆（152），烏喙附子椒芫華（153）。半夏皁莢艾橐吾（154），芎藭厚樸桂栝樓（155）。款東貝母薑狼牙（156），遠志續斷參土瓜（157），亭歷桔梗龜骨枯（158）。

第二十五章

雷矢雚菌蓋兔盧（159），卜問譴崇父母恐（160）。祠祀社稷叢臘奉（161），謁禓塞禱鬼神寵（162）。棺槨椁櫬遣送踊（163），喪弔悲哀面目腫。哭泣祭醊墳墓冢（164），諸物盡訖五官出（165），宦學諷詩孝經論（166）。

第二十六章

春秋尚書律令文（167），治禮掌故砥厲身（168）。智慧通達多見聞（169），名顯絕殊異等倫（170）。抽擢推舉白黑分（171），跡行上究為貴人（172）。丞相御史郎中君（173），進近公卿傅僕勳（174），前後常侍諸將軍（175）。

第二十七章

列侯封邑有土臣（176），積學所致非鬼神（177）。馮翊京兆執治民（178），廉絜平端撫順親（179）。姦邪並塞皆理馴（180），變化迷惑別故新（181）。更卒歸誠自詣因（182），司農少府國之淵（183），遠取財物主平均（184）。

第二十八章

皋陶造獄法律存（185），誅罰詐偽劾罪人（186）。廷尉正監承古先（187），總領煩亂決疑文（188）。變闘殺傷捕伍鄰（189），亭長游徼共雜診（190）。盜賊繫囚榜笞臀（191），朋黨謀敗相引牽（192），欺誣詰狀還反真（193）。

第二十九章

坐生患害不足憐（194），辭窮情得具獄堅（195）。籍受證驗記問年（196），閭里鄉縣趣辟論（197）。鬼薪白粲鉗釱髡（198），不肯謹慎自令然（199）。輸屬詔作谿谷山（200），篝篽起居課後先（201），斬伐材木斫株根（202）。

第三十章

犯禍事危置對曹（203），謾訑首匿愁勿聊（204）。縛束脫漏亡命流（205），攻擊劫奪檻車膠（206）。嗇夫假佐扶致牢（207），疻痏保辜啼呼號（208）。乏興猥逮詗護求（209），輒覺沒入檄報留（210），受賕枉法忿怒仇（211）。

第三十一章

攙譽爭語相觝觸（212），憂念緩急悍勇獨（213）。廼肯省察諷諫讀（214），涇水注渭街術曲（215）。筆研籌算膏火燭（216），賴赦救解貶秩祿（217）。邯鄲河間沛巴蜀（218），潁川臨淮集課錄（219），依澀污染貪者辱（220）。

第三十二章

漢地廣大，無不容盛（221）。萬方來朝，臣妾使令（222）。邊疆無事，中國安寧。百姓承德（223），陰陽和平。風雨時節，莫不滋榮（224）。災蝗不起，五穀孰成。賢聖並進，博士先生（225）。長樂無極老復丁（226）。

第三十三章

齊國給獻素繒帛（227），飛龍鳳皇相追逐（228）。河南洛陽人蕃息（229），與天相保無窮極（230）。真定常山至高邑（231），乘而嘉寵陞進立（232）。建號垂統解鬱悒（233），四民康寧咸來服集（234），何須念慮合為一（235）。

第三十四章

山陽過魏（236），長沙北地（237）。馬飲漳鄴及清河（238），雲中定襄與朔方（239）。代郡上谷右北平（240），遼東濱西上平岡（241）。酒泉彊弩與敦煌（242），居邊守塞備胡羌（243）。遠近還集殺胡王（244），漢土興隆中國康（245）。

【箋注】

（1）急就：匆促地完成。奇觚：奇書。觚，古代用於書寫的短柱狀多面體，多爲六面或八面。與眾異：跟一般的字書不一樣。

（2）羅列：將收集的資料有序地排列出來。羅，收羅。列，列舉，列序。

（3）分別部居：分門別類，按類歸部。雜廁：參雜，混雜。

（4）用日約少：花的時間不多。約，簡約。誠：確實，實在。快意：心情滿足，爽快舒適。

（5）勉：努力。務：從事於，致力於。

（6）錦：在絲綢上織出花紋圖案。繡：在絲綢上刺繡出花紋。縵：沒有花紋的絲帛。紃：有毛刺的絲帛。離雲：織刺出有動感的雲彩，彷彿時合時分。一說，離，指長離，靈鳥的名字。雲：指雲氣，卷雲，祥雲，人們取爲吉祥圖案。離雲爵：是說在絲綢上織出或刺繡出長離、祥雲與孔雀的吉祥圖案。爵，即孔雀。

（7）乘風：傳說中的海鳥名。縣鐘：懸掛編鐘。縣，同「懸」，懸掛。洞：猶「通」，意爲通體都有漂亮的文采。樂：樂器。

（8）豹首：織有獸頭圖案的錦帛。落莫：文采相連貌。兔雙鶴：織刺上兔子和雙鶴的圖形。

（9）雞翹：雞尾上的長羽毛。鳧翁濯：水鴨洗滌頸毛。鳧，野鴨。鳧翁，水鴨的頸毛。

（10）鬱金：黃色染料。半見：意爲在黃白之間，其色半出而不是全顯現。緗：淺黃色。白穀：白與穀，都是「白」的意思，此處指潔白。

（11）縹：青白色。綟：蒼艾色。紈：白色的細絹。皁：同「皂」，黑色。紫：青赤色。䃺：用石具碾壓繒帛，使之平整更有光澤。

（12）烝栗：棕黃色，如同蒸熟的栗子一樣的顏色。絹：生絲織的白色繒。紺：深青透紅色，今稱天青色。縉：淺紅色。紅：色紅而明亮。然：深紅色，像燃燒的火一樣紅。

（13）青綺：青色細綾。綾：細薄有花紋的絲織品。縠：縐紗一類絲織品。靡潤：輕軟。鮮：發亮而有光澤。

（14）綈：又名平綢，平滑厚實有光澤的絲織品。絡：生絲，粗絮。縑：雙絲織成的細絹。練：煮熟的絲帛，柔軟潔白。素：純淨潔白的絹。帛：絲綢的總稱。蟬：形容絲綢輕薄如蟬翼。

（15）絳：深紅色。緹：橘紅色的絲織品。絓：繅繭時弄結了的絲。絲絮綿：從蠶繭上抽出來的稱絲，抽不出絲而撕剝下來的叫絮和綿。

（16）帒：殘破的絲帛。敝：破舊的衣服。囊橐：袋子。

（17）服瑣：織紋呈連瑣狀的細布。綸紵：優質細麻布。繒：絲綢的總稱。

（18）貰：賒欠。貸：借與。販：販運。肆：連排的貨鋪、攤位。便：便宜，便利。

（19）資：資財，原材料。貨：商品，成品。市：市場買賣。匹：四丈爲一匹。幅：
布帛的寬度稱之爲幅。

（20）絺：粗葛布。紵：苧麻，也指一般麻布。枲縕：用舊絮、亂麻做的棉袍子。

（21）綸組、縌、綬：古代士大夫佩玉，繫印用的絲帶，亦叫組綬。高遷：提拔，
榮升高就。

（22）銓：衡量，計量。

（23）取：本指割取左耳。這裏指獲取，收取。受：交接。予：給予。因緣：這裏
指互爲依據，互爲憑藉。

（24）黍：黍子，去皮後北方稱黃米子。秫：黏高粱。稷：粟或黍屬。一說是高粱。
粟：北方通稱「穀子」，去皮後稱「小米」；古代泛稱穀類爲粟。麻：指大麻
（胡麻）和芝麻。秔：一種米粒不黏的稻。

（25）餌：指蒸成的米團。麥飯：春麥去其皮再磨，取其碎粒做成的飯食，蘇北有
些地方稱之爲粯子飯。豆羹：用小豆熬成的食品。有說用小豆做羹，不加酸
醋，其味純甘，所以稱「甘豆羹」。

（26）葵：即冬葵。我國古代主要蔬菜之一。薤：葱蒜一類調味品。蓼：蓼屬植物
的統稱，生長水邊，味辛辣，古人用作調料。蘇：指紫蘇，又名桂荏，一年
生草本植物，種子可榨油，嫩葉可食，葉、莖、種子入藥。

（27）蕪荑：喬木名，果仁可做醬，味辛，其葉果皮皆可入藥。鹽豉：即豆豉，將
黃豆煮熟拌麵粉，霉製後加鹽而成。醯酢醬：猶言醬醋。

（28）芸：芸蒿，即柴胡葉子，可食。薺：薺菜。　芥：芥菜，味辛辣，磨成粉末，
稱芥末，作調味品。茱萸：植物名，香味濃烈，可入藥。古代風俗，農曆九
月九日佩茱萸可避災去邪。

（29）菁：蕪菁，亦稱蔓菁、大頭菜。蘘荷：多年生草本植物，生於山野蔭蔽處。

（30）柰：果樹名，稱柰子，又名花紅、沙果。

（31）棣：山櫻桃，又名常棣、唐棣。饊：油煎食品饊子。飴：糖稀。餳：用穀芽、
麥芽熬成的糖，亦指飴加糯米粉熬成的糖。

（32）果蓏：木本植物的果實稱之爲果，草本植物的果實稱之爲蓏。

（33）甘麷：麷，大麥粥，其味甜，故謂甘麷。奏：進獻。

（34）袍：中式長衣。襦：短衣，短襖。曲領：圓領；亦指有圓領的外衣。帬：古
指下裳，男女均服。

（35）襜褕：寬大的短便衣，又指非正式朝服。袷：同「裌」，現簡化爲「夾」。複：
絲綿衣。褶：夾衣；亦指穿在最外面的衣服。袴：褲子，古時專指套褲。褌：
有襠的短褲。

（36）襌衣：一種衣襟寬大、上下連綴、沒有裏子的服裝。蔽膝：護膝的圍裙，跪
拜時用。布母繜：古代婦女一種狀如圍裙的短衣。

（37）鍼：穿線縫衣工具。縷：線。縫：縫補，縫紉。綻：衣縫脫線解開，引申爲
裂開。紩：縫合，縫合處。緣：鑲邊。

（38）履：泛指鞋。舄：古時稱加木底的雙底鞋。鞜：皮鞋。裒：衣襟寬大，引伸
爲皮鞋（鞜）之大而深。絨：有文采可以做緣飾的織物。一指車馬飾。緞：「緞」
的訛字，鞋跟上幫貼的皮革片、絲縷一類飾物。紃：飾履的圓形縧帶。

（39）靸：古代兒童穿的鞋。鞮：皮鞋。印角：古代一種翹頭鞋。褐襪：粗麻布做
的襪子。巾：頭巾。

（40）裳韋：用柔軟的皮子做成的衣裙。不借：輕便的鞋子，用麻做的，賤而易得，
大家都有，不須要假借，因此叫不借。

（41）完堅：完好堅固。耐事：堅韌耐用，有利做事。踰：超過，勝過。比倫：猶
言同類。

（42）屐：一種木底鞋。屬：草鞋。絥：麻鞋。麤：各種麻鞋的名字。古代，南楚
江淮一帶通常稱麻鞋爲「麤」。羸：貧窮瘦弱。窶：無錢備禮。

（43）旃裘：即「氈裘」，古代西北遊牧民族用獸毛等製成的衣服。鞜鞮：古代西域
少數民族所穿的無前雍的靴。無前雍，指鞋頭露腳趾而不加護套。蠻夷：古
代對邊遠地區少數民族的泛稱，亦專指南方少數民族。

（44）去俗：除去風俗。附親：歸附，親近。

（45）譯導：翻譯，導送人員。贊拜：古代舉行朝拜、祭祀或婚禮儀式時，由贊禮
人唱導行禮，稱之爲贊拜。

（46）戎伯：古時對西北少數民族的泛稱。總閱：統領檢閱。什伍：古代戶籍編制，
五家爲伍，十戶爲什，相聯相保。又，古代軍隊編制，五人爲伍，十人爲什，
亦稱什伍；故可泛指軍隊的基層建制。

（47）稟食：官家給食。金銀：黃金和白銀，此謂印綬。

（48）鈇：砍柴草的刀。釜：古炊具，似鍋，小口大腹，無足，或有二耳，多銅製
或陶製。鍑：大口鍋。鏊：古代的一種鍋，青銅製，圓底，翻邊。

（49）鍛鑄：錘打金屬材料稱鍛，熔化澆鑄成型稱鑄。鐙錠：古照明用具。鐎：鐎
斗，加熱器，似水銚子而無邊緣，多用青銅製。用於軍中者稱刁斗，白天用
來做飯，夜裏用作打更放哨。

（50）鈐鏄：古代一種耕地用具。鉤銍：兩種鐮刀。鉏：「鋤」的異體字，即鋤頭。

（51）鍾鼎：銅器的總稱。鍾，古代一種銅酒杯，現稱盅；又，古代一種懸掛的打
擊樂器亦名鍾。鼎，一種三足兩耳（也有方形四足）的炊具，又爲禮器。鏗：
古酒器。銷：盆形平底有環的溫器。鈽：古代舀水或酒的器皿。銚：水銚子，
煮開水、熬湯的器皿。

（52）釭：車轂穿軸口內的鐵圈，用以承軸。鐧：裹在車軸上的鐵圈。鍵：用鐵製
成的插銷，作用如同門閂，以防止車輪從軸上脫落。鉗：鐵製鉗物的工具；

又是古刑具，束頸的鐵圈。鋦：用金屬熔液注塞空隙。鐈：用鐵片之類鈎牢兩縫或轉角處。

（53）竹器：竹製用具的總稱。簦笠：用來遮陽擋雨的工具。大而有柄，用手握著行走的叫簦；小而無柄，戴在頭上的稱笠。簟：竹席。籧篨：用蘆葦篾編的粗席。

（54）囷：儲存穀物的器具，多以竹篾編成，後作「囤」。篅：儲藏穀物的圓囷。籩：盛飯用的竹器。筥：圓筲箕。籔：俗稱淘米籮。箅：蒸鍋中的竹屜。籯：薰籠，亦指盛物的竹簍。

（55）筵簟：篩子。大的稱爲筵，小的稱爲簟。箕：箕有兩種，一種稱之爲簸箕，揚米去糠的工具；一種稱之爲畚箕，撮垃圾、糧食等的器具。帚：掃刷。篋：用竹篾或荊條編成的長方形盛物筐。籔：圓筒狀竹製容器。

（56）橢：用於盛鹽豉的小圓桶。杅：盛湯漿或食物的器皿。閜：大杯子。

（57）蠡升：容量爲一升的瓢。參升半：即一觶、半散。王應麟注：「參升者，觶也；半者，散之半也。」卮：一種小型盛酒器。觛：圓形小酒器，又爲禮器。

（58）槫：盛酒器皿。椑：橢圓形盛酒器。槤：木盤。匕：古代一種取食器具，形狀象湯勺。籫：盛筷、勺的竹籠。

（59）甄、缶、盆、盎、甕、罃、壺：均爲古代陶製或瓦製容器。陶器上釉，瓦器不上釉。

（60）甑：古代陶製蒸食炊器，有許多透蒸汽的小孔，類似現代蒸鍋。賞：大甕。甌瓿：粗陋的陶製小盆小甕。瓨：長頸大腹甕壇。罌：甕、壇類容器，小口大腹。盧：飯器。一說，盧，酒甕。

（61）纇：大繩索。緪：井用繩索。繩索：繩子，亦特指粗繩。絞：將兩股以上的製繩原料擰成繩索。紡：把絲麻棉毛等纖維抽撚成紗或線。纑：麻線，麻類植物。

（62）簡札：古人用於書寫的竹簡和木札。檢：封書的標籤。署：標籤署名，或在封泥上加印。槧：古代準備用於書寫的木簡。牘：木簡，又指信件。冢：此指古人消暑之具伏几。

（63）柞：用竹條或葦杆編成，鋪在椽上瓦下，作用相當於望板。谷口：古縣名，在今陝西省淳化西北。斜：指斜谷，在西安東南終南山。

（64）水蟲：水生動物的總稱。科斗：即蝌蚪，亦作蝌斗。蛙和蟾蜍等的幼蟲。蛙：兩棲動物，種類很多，青蛙是常見的一種。蝦蟆：舊稱蛤蟆，青蛙和蟾蜍的統稱。

（65）鮒：鯽魚。鱔：黃鱔。鮐：鮐鮁魚。鮑：鮑魚。鰕：同「蝦」。

（66）齎：攜帶。媵：隨嫁的女子。僮：未成年的男僕。

（67）奴婢：男女僕人的統稱。私隸：私家的奴隸。枕：枕頭。楨：老式床前的橫木。

（68）蒲蒻：蒲草，嫩者稱之為蒻。藺席：用藺草編的席子。藺：燈心草。帳帷幢：
自上而下覆蓋稱之為帳。帳，張開；在四周圍擋遮蔽的稱之為帷；形狀如同
車傘的稱之為幢。

（69）承塵：懸於床上部的小帳幕，以承接灰塵，故以承塵為名。戶嗛：門窗上的
布簾子。絛：用絲線編成的帶子。繢：絲帶一類的編織品。緫：一種絲織品，
用於束髮。

（70）鏡籢：即鏡匣，舊時婦女放梳妝用品的盒子。疏比：梳子和篦子。各異工：
各有各的功用。

（71）芬：香料，香氣。薰：用香草燃煙的辦法薰香。一說，芬薰是香草的總稱。
脂粉：泛指化妝用品。膏澤：混雜集聚各種香料熬成膏液用於塗髮，使之潤
澤。笴：本為用竹製成的笴，其後也改用金玉雜物做成竹筒狀的筒，用於盛
膏液一類化妝品。

（72）沐：洗頭髮。浴：洗身體。揃搣：指修飾（剃或拔）眉毛和頭髮，以除去不
齊整的。寡合同：意為妍雅，很少有人比得上。寡，少。

（73）襐飾：盛裝華飾。刻畫：衣服裁制奇巧，做工精細。亦指雕刻繪畫，或精細
地描摹、塑造。無等雙：服飾殊絕，與眾不同。

（74）琅玕：像珠的美石或美玉。虎魄：即琥珀，亦作虎珀。古代松柏類植物脂液
的化石，產於煤層中。

（75）璧：玉璧，扁圓形中間有孔的玉；亦為美玉的通稱。碧：青綠色或淡青色的
玉。珠璣：珍珠中圓的稱珠，不圓的稱璣。玫瑰甕：美玉製成的汲瓶。

（76）玉玦：環形有缺口的佩玉。環佩：古人衣帶上所繫的佩玉。靡：順和美善之
稱。從容：言行舉止有節度。

（77）射魃、辟邪：傳說能避妖邪的兩種神獸。

（78）空侯：亦作箜篌，撥絃樂器。筑：為古代的擊絃樂器，已失傳，大體形似錚，
頸細而肩圓，有十三弦。箏：撥絃樂器，戰國時流行於秦地，故又稱秦箏。

（79）鐘磬：鐘是金屬製品，磬是玉石製品，均為合奏樂器。鞀：即「鼗」，一種有
柄的鼓，俗稱撥浪鼓。簫：樂器名。古代的「排簫」編管排列，參差的形狀
像鳳凰的羽翼。現代用一根管子，豎著吹，亦稱「洞簫」。鼙：古代軍中的一
種小鼓。

（80）五音：指宮、商、角、徵、羽五個音階。五音總會：即合奏。歌謳：引長聲
音吟唱稱為歌，清唱稱之為謳。

（81）倡優：亦作娼優。古指歌舞雜技藝人。後泛指演員或妓女。俳：滑稽戲演員。
笑：搞笑。倚：站立。觀倚庭：觀眾站立在庭中。

（82）侍酒：侍奉飲酒。行觴：依次斟酒，向人敬酒。宿昔：整夜。醒：酒醒後困
憊如病態，一說喝醉了神志不清。

（83）廚宰：古代掌管膳食的小吏或僕役。給：供給。

（84）薪炭：生火燃燒的木柴叫做薪，將木柴燃燒成的黑色燃料叫做炭。萑：古代指蘆葦一類的植物。葦：蘆葦。炊孰生：將生的食物蒸煮熟。孰，「熟」的古字。

（85）膾膾：切過的肉。炙胾：烤熟的大塊肉。胾：大塊的肉。形，通「型」。

（86）酢：同「醋」。

（87）肌：肌肉。膈：皮肉之間的薄膜。脯：晾乾了的薄片肉。腊：乾肉塊。腥：魚的腥臭味。

（88）酤：買酒。釀：釀酒。醪：連汁帶滓的米酒。稽：分辨。極：極致，儘量。

（89）棊局：棋盤，亦指棋盤上的對陣形勢。博戲：古代一種棋戲，後指賭輸贏，角勝負的遊戲。

（90）幘：頭巾。簪：插定髮髻或連冠於髮的長針。簀：古代婦女附在簪釵上的一種首飾，又名步搖。紐：將頭髮盤成髻。

（91）頟：古「額」字。頞：鼻梁。頔：顴骨。

（92）齗：通「齦」，牙齦，牙根肉。

（93）頰：臉的兩旁。頤：下巴。頸項：脖子。項，脖子的後部。

（94）節：手指的關節。爪：指甲。拇：同「姆」，大指，一名將指。指：眾指的總稱。

（95）胂：夾脊肉。腴：腹下肥肉。脇：腋下至肋骨盡處。咽：口腔後部由肌肉和黏膜構成的喉嚨口，直通消化道，側通呼吸道，亦稱咽頭。髃：肩前骨。

（96）心主：古人以爲，人的思想行爲，爲心所主宰。

（97）五藏：脾、肺、肝、心、腎的總稱。藏，內臟，後作「髒」。臍齊：肚臍。

（98）尻：尾椎骨，亦指臀部。髖：胯骨。脊：人和動物背部中部的骨肉。膂：脊梁骨，亦指脊旁肌肉。呂：脊骨。

（99）股：大腿。膝：小腿上頭的關節。臏：膝蓋骨。脛爲柱：意爲脛在大腿、膝、臏的下面，總載四肢，如同房屋之有柱子。脛，小腿，亦泛指腿和腳。

（100）腨：腓腸，即小腿肚子。踝：腳腕兩旁的踝骨。跟踵：腳後跟。相近聚：腨踝及跟踵相距很近。

（101）矛：古代兵器，長二丈。鋋：古代一種鐵柄短矛。鑲：古代刀劍之類兵器，向後彎臥，利刃向外，用它外推就能傷人。刃：刀劍一類利器。鉤：鑲一類兵器，形曲如鉤，內口鋒利，用它向內牽拽的動作傷人。

（102）鈒：鐵把短矛。戟：頂端鋒刃呈杈枝形的矛。鈹：大刀，刃端可以劈剖。鎔：是說刀刃邊刻鏤出槽道。鐔：劍刃根部的部分。鍭：劍的鋒刃。

（103）弩：一種用機械力量射箭的弓，亦泛指弓。鎧：鎧甲，古代戰衣。兜鉾：頭盔。

（104）梃、杖、棁：棒、杖中，粗的稱爲梃，細的稱爲杖，棁指小棒，俗稱袖棁，可藏於懷袖中。柲：用竹片紮成的竹杖。一說，柲，古代兵器的柄，也泛指器物的柄。杸：同「殳」，杖名。用毛竹紮成八棱杖頭的武器叫殳，長一丈二尺，設置在兵車上。車上的武士拿著它在前面馳驅。而軍士所執的殳，名字叫杸。

（105）輜：有帷蓋的大車。軺：輕便快捷的馬車。轅：車轅。車前駕牲畜的兩根直木或曲木。軸：穿在輪子或齒輪中間的圓柱形器件。輿：本指車箱，後亦泛指車或轎子。轃：車箱空間。

（106）輻：安裝在車輪上的輻條。轂：車輪中心穿軸承輻條的圓木。䡅：包裹在車轂兩頭的金屬套。轄：豎插在軸頭上固定轂位的插銷。輮：車輪的外框。轒：綿連。軧：車轂中心裝軸的空腔。

（107）軹：軸的兩頭，一說是車轂外端穿軸的小孔。軾：車箱前供人憑倚的橫木。軫：車箱底部後面的橫木。軨：飛軨，車箱前面和左右兩面用木條構成的大方格圍欄。亦指古代繫在車軸頭上的裝飾物。轙：車衡上貫穿繮繩的大環。靷：駟馬車上兩旁兩匹馬的內側繮繩。衡：橫在拉車的馬頸上的木頭。

（108）蓋：車蓋，車上用於遮陽擋雨的傘蓋。轑：車蓋的骨架，形狀像房屋的椽子。俾倪：此處指支撐車蓋的楨子。枙：古同「軛」，車軛。駕車時套在牛馬頸部的人字形木製器具。縛：在車廂下，作用是縛住軸，使轃木與軸相連。棠：即「橖」，在車的兩旁，以固定車上的帷幔。

（109）彎勒：繫在馬頭上的嚼子和繮繩稱彎，也稱勒。靮：繫在馬頸上的皮帶。鞦鞅：繫在馬腋部的皮帶稱之爲鞦，套在馬身後部的皮帶稱鞅。　羈：即絡頭，指光有勒而無馬嚼子。繮：馬繮繩。

（110）鞇：車中坐墊。紖：車袱，古代車軾上供人憑倚的軟囊。靯鞴：車中的厚墊子。鑣：馬彎上的嚼子。鍚：同「錫」，馬頭上的金屬飾物，走動時發出聲響。

（111）靳：夾轅兩馬胸前的皮帶，因作夾轅兩馬的代稱。靷：套在駕車牲口胸前引車前行的皮帶，一端繫在車軸上，一端套在牲口胸前。亦指牛鼻繩。靷靾：覆蓋在馬鞍上作裝飾的細毛毯。焜煌：色彩鮮豔，明亮耀眼。

（112）革轃：車墊下用皮革交錯纏縛的障蔽物。髹漆：用漆塗物。油：用油塗抹。黑蒼：油漆的顏色或黑或蒼，故云黑蒼。

（113）廬：正室以外的房間。一說，廬係農時寄居田野的棚舍。殿堂：房屋高大華麗有邊飾者稱爲殿，凡正室有高屋基的則稱之爲堂。

（114）門戶：兩扇爲門，一扇爲戶。廡：堂下周圍的廊屋，亦泛指房屋或大屋。困京：糧倉。困，圓形穀倉；京，方形穀倉。

（115）榱椽：架屋承瓦的木頭，方的叫榱，圓的叫椽。欂櫨：斗栱，即柱頂上承托

棟樑的弓形橫木和方木。

（116）泥塗：用泥巴塗抹裝飾。堊：用熟石灰、泥土拌和成的土。墍：仰面塗屋頂。垣：矮牆。

（117）楨榦：舊時築土牆用的支柱。板：牆板。栽：築牆。度：計量。圜方：圓形與方形。

（118）墼：未經燒製的磚坯。壘：堆壘；積聚。廥：貯存草料的房舍。廄：馬圈、馬棚。庫：此處指儲存兵器、兵車的房屋，後泛指收藏保管錢糧物品的房屋。東箱：即東廂，正房東側的房屋。

（119）屏廁清溷：均爲廁所的別稱。糞土壤：屏廁周圍的泥土因有糞穢，則其土爲鬆軟的壤土。

（120）碓：舂稻穀，去其皮殼的工具。磑：石磨。扇隤：用人工辦法扇風，清除糧中糠秕的工具，又稱扇車。

（121）頃：田百畝爲頃。町：平地。畦：古代土地面積單位，五十畝曰畦；亦指田園中劃片小區。埒：矮牆，田埂。封：本指分封給諸侯的土地，這裏指田界或聚土植樹爲界。

（122）疆：相鄰田地的界址。畔：田界，邊，旁邊。畷：田間小路。伯：通「陌」，田間東西向道路，亦泛指田間小路。耒：古代耕地農具耒耜，下端插入土中部分稱耜，上端曲把稱耒。

（123）種：耕種，播種。樹：栽種，繁育。收斂：收穫農作物。賦稅租：收取財物稱賦，收取稻穀稱稅，收取田稅稱租。

（124）捃穫：拾取、收穫。秉把：將收割的莊稼或拾取的禾稈紮成捆。挑：用於挑柴禾的尖頭扁擔。捌：無齒耙。杷：一種有齒的長柄農具。

（125）桐：白桐樹。梓：落葉喬木。樅：一種松葉柏身的喬木。椿樗：香椿和臭椿。

（126）槐：落葉喬木。檀：一種細膩堅硬的木材。荆：種類有牡荆、黃荆、紫荆等，枝條柔韌。棘：酸棗樹。葉枝扶：形容大樹枝幹四處延伸，枝葉茂盛紛披。

（127）騂：赤色的馬。驪：淺黑色的馬。騅：毛色蒼白相雜的馬。駁：古同「駁」，馬毛色不純。驈：深黑色的馬。騮：紅身黑鬣良馬。

（128）騏：有青黑色紋理的馬。駱：一說面和額爲白色的黑馬。一說青色馬。馳驟：馳趨，奔走。怒步：形容馬的行步動作血氣方剛。超：超越，是說奔跑的駿馬超越駑馬。

（129）羘：母羊，亦特指白羊。羖：黑色公羊，也泛指公羊、夏羊（因夏王朝尚黑，故名）。羯：閹割，閹割過的公羊。羠：閹割過的公羊。羜：未滿一歲的小羊，一曰閹割過的百斤上下的羊。羝：白羊中的公羊。羭：黑羊中的母羊。

（130）六畜：指馬、牛、羊、雞、犬、豕。蕃息：繁殖增多。豚、豗、豬：均爲豬名。

（131）豣：公豬。豶：閹割過的豬。狡犬：匈奴民族飼養的一種大狗，大口赤身。
一說狡，即少壯的獵狗。野雞：雉的通稱。雛：凡鳥出生後能用嘴啄食的皆
稱雛，亦指小雞、幼小的鳥獸。

（132）犙：三歲的牛。牭：兩歲的牛。特：公牛。犗：閹割過的牛。羔、犢、駒：
初生的小羊稱羔，小牛稱犢，小馬稱駒。

（133）雄、雌、牝、牡：飛禽的公母稱雄雌，走獸的公母稱牝牡。相隨趨：形影相
隨。

（134）糟：酒糟。糠：米皮。汁：汁液。滓：沉澱的渣子。稾：通「槁」「稿」，穀
類的莖稈。莝：鍘碎的禾稈。芻：現割的青草。

（135）鳳：鳳凰，雄的稱「鳳」，雌的稱「凰」。爵：通「雀」。鴻：天鵝。鵠：又
名黃鵠，黃嘴天鵝。鶩：野鴨。雉：野雞。

（136）鷹：猛禽類，嘴鈎曲，趾有鈎爪，捕食小獸和其它鳥類。鷂：一種兇猛的鳥，
樣子像鷹，比鷹小，捕食小鳥，通常稱「鷂鷹」「鷂子」。鴇：鳥名，似雁而
略大，頭小，頸長，背部平翅膀寬，尾巴短。鴰：烏鴉。翳：泛指用鳥的羽
毛製成的遮蔽用品。雕：大型猛禽。

（137）鳩：鳩鴿科鳥類通稱，常指山斑鳩及珠頸鳩。鴿：鴿子。鶉：即鵪鶉。鷃：
鷃雀，鶉的一種，弱小不能遠飛。

（138）鳶：老鷹一類猛禽，亦稱鴟。鵲：喜鵲。鴟梟：俗稱貓頭鷹。驚相視：警惕
地對視。

（139）豹：似老虎而身有圓斑文。狐：狐狸。距虛：傳說中的異獸，模樣像馬而有
青色。一說它的模樣像騾子但小些。豺：亦稱「豺狗」，深毛，狗足。犀：
黑色，模樣像水牛。兕：模樣像野牛而色青。

（140）狸：狸子，也稱山貓。飛鼺：亦稱大飛鼠，外形象蝙蝠，生活在高山樹林中，
尾長，背部褐色或灰黑色，前後肢之間有寬大的薄膜，能藉此在樹間滑翔。
狼：模樣像青狗，公的叫玃，母的叫狼。麋：即麋鹿，又名「四不像」，體
長兩米餘，雄的有角。所謂「四不像」，即角似鹿非鹿，頭似馬非馬，身似
驢非驢，蹄似牛非牛。麂：麂子，似麞，腿細而有力，善於跳躍。

（141）麇：獐子。麈：駝鹿，也稱「四不像」。麘：水鹿，又名馬鹿、黑鹿，形體
高大粗壯，牛尾，一隻角。麀：母鹿。皮給履：皮用於製鞋。

（142）寒氣：中醫學上的六大病因（風、寒、暑、濕、燥、火）之一。泄注：病名，
泄下如水注狀，即水瀉。臚：皮也，特指肚皮。脹：腹部鼓脹。

（143）痂：瘡上結的硬疤子。疕：頭瘡上結的薄殼。疥：疥瘡，傳染性皮膚病。癘：
麻風病，瘟疫，惡瘡。癡、聾、盲：呆癡、耳聾、眼瞎。

（144）癰疽：深入皮肉的化膿性毒瘡。瘛瘲：中醫學病名，驚風，癇病，亦泛指手
足痙攣，小兒抽瘋。痿痹：肢體不能動作或喪失感覺。痕：四肢難以屈伸之疾。

（145）疝：心腹氣痛，又稱疝氣。瘕：腹內結塊。癲疾，精神錯亂一類的疾病。失
　　　響：失音，失聲。

（146）癧：癧疾。瘚：氣逆。瘀：血液凝滯。癠：毛病，疾苦。溫病：感受溫熱之
　　　邪所致的急性熱病。

（147）消渴：中醫學病名，主要症狀是口渴、易饑、尿多、消瘦，常見於糖尿病、
　　　尿崩症。歐逆：嘔吐。歐，通「嘔」。欬：古同「咳」。懣：憤懣，煩悶。癃：
　　　中醫學名詞，大便鬱結不通而又瀉水。

（148）癉熱：盛熱。癉，通「疸」，黃疸病或傷寒病。瘻：瘻管；身體內部發生病
　　　變而向外潰破所形成的管道，病竈裏的分泌物可以從瘻管裏流出來。痔：痔
　　　瘡。眵：眼屎，俗稱眼眵。䁆：眼眶紅腫或眼屎多。䀹：目斜視病。

（149）篤：馬行遲，此處指重病。癃：足不能行，亦指因衰老勞累而駝背的病。痟：
　　　消損無力。瘵：久治不愈，殘疾。迎醫匠：請來醫生（治病）。

（150）灸刺：中醫的一種治療方法，現稱針灸。和藥：按藥方配中草藥以治病。逐
　　　去邪：驅除病症。

（151）黃芩：多年生草本，其根爲中藥，有瀉實火、除濕熱、止血、安胎等功用。
　　　伏苓：即茯苓，菌類植物名，中醫用以入藥，有利尿、鎮靜等作用。礜：礜
　　　石，一種性熱含毒的礦石，可入藥。茈胡：即柴胡。

（152）牡蒙：中藥王孫的別名，亦爲紫參的別名。甘草：多年生草本植物，根有甜
　　　味，可入藥。菀：即紫菀，根莖可入藥。藜蘆：多年生草本植物，有毒，可
　　　入藥。

（153）烏喙：即烏頭，中藥附子的別稱。附子：植物名，有毒，性大熱，味辛，可
　　　入藥。椒：花椒木。果實可做調味的香料，亦可供藥用。芫華：即魚毒，舊
　　　時漁夫將它煮後毒魚，花蕾含芫花素，可供藥用。華，通「花」。

（154）半夏：多年生草本植物，可入藥。皁莢：皁莢樹上結的莢果，也稱皁角。皁，
　　　同「皂」。艾：即艾蒿，多年生草本植物，有香氣，內服可止血，葉製成艾
　　　絨供針灸用。蘽吾：常綠多年生草本植物，根供藥用。

（155）芎藭：多年生草本植物，根莖皆入藥。厚樸：落葉喬木，樹皮入藥。桂：木
　　　名，即菌桂，百藥之長。栝樓：多年生草本植物，果皮、種子和根入藥。

（156）款東：即款冬，亦曰款凍，生水中，其花入藥。貝母：多年生草本植物，鱗
　　　莖入藥。薑：即生薑、乾薑。狼牙：中草藥名，有毒，以根塊黑色如獸牙而
　　　得名。

（157）遠志：多年生草本植物，根入藥。續斷：又名接骨，就是現在人們所說的續
　　　骨木。參：泛指人參、丹參等參類藥物。土瓜：又名菲、芴，也是王瓜的別名。

（158）亭歷：一年生草本藥用植物。桔梗：多年生草本植物，根可入藥。龜骨枯：
　　　猶言乾枯的龜骨，可入藥。

（159）雷矢：即雷丸，又名雷實，是寄生在竹子根部的一種真菌，是驅蟲的特效藥。
藋菌：菌類植物，可入藥。藎：即藎草，可以作黃色染料，又可入藥。兔盧：
兔絲的一種，色黃而細者叫兔絲，粗而色淺者為兔盧。

（160）卜問：占卜以問事。譴祟：謂天或鬼神所顯示於人的災禍。

（161）祠祀：祭祀，立祠祭神或祭祖。社稷：古代帝王、諸侯所祭的土神和谷神，
借指國家。社，土地神。稷，最先教民耕種的農神。叢，草木深茂的地方，
因而立神祠。臘：臘祭。奉：用祭器盛糧食、牛羊、幣帛，以侍奉神。

（162）謁：稟告，請求。禓：道上之祭。塞禱：古時酬報神靈的祭祀。

（163）棺：用於收斂遺體。槨：用於安放棺材。櫕櫝：櫕即櫝，小棺材，亦泛指棺
材。踊：此處指哭喪時捶胸頓足。

（164）醊：祭祀時用酒酹地，表示祭奠，此處作連續祭祀解。冢：高大的墳墓。

（165）五官：泛指百官。《禮記》中說，「天子之五官，指司徒、司馬、司空、司士、
司寇，主管五個方面的屬官。」

（166）宦學：學習仕宦所需的各種知識。諷：誦讀，背誦。詩孝經論：指《詩經》
《孝經》《論語》。

（167）《春秋》：相傳是孔子據魯史修訂而成。《尚書》：又稱《書經》，包括虞、夏、
商、周四部分。律令文：法令及法律條文。

（168）治禮：司禮儀的官。掌故：掌握禮樂制度的官。砥厲：磨刀石，磨煉。

（169）智慧：智謀與才能。通達：明白通曉。

（170）名顯：名聲顯赫。絕殊：特別突出。異等倫：超越常人。等倫，同輩、同類。

（171）抽擢：選拔，提拔。白黑分：即黑白分明。

（172）跡行：行為事跡。上究：上達，即聞達於天子。

（173）丞相：戰國時始設，為百官之長。秦以後，輔佐皇帝綜理國政。御史：即御
史大夫，副丞相職位。郎中：即郎中令，掌管宮殿門戶及皇帝的其它侍從官。
君：讚美、敬重上列大官的稱呼。

（174）進近：提拔親近。公卿：三公和九卿的簡稱。傅：太傅，輔佐天子以道德信
義。僕：太僕，主管為天子駕馭車馬。勳：光祿勳，掌領宿衛侍從之官，秦
稱郎中令，漢武帝時改稱光祿勳，東漢末復稱郎中令。

（175）常侍：皇帝的侍從近臣，秦漢有中常侍，魏晉以來有散騎常侍，隋唐內侍省
有內常侍，均簡稱常侍。

（176）列侯：爵位名，是第二十等爵位。封邑：古時帝王賜給諸侯、功臣的領地或
食邑。有土臣：領有一片土地的功勳之臣。

（177）積學：積累學問，亦指博學，飽學，學識淵博。

（178）馮翊：官名，政區名，為漢代三輔之一。京兆：官名，政區名，為漢代三輔
之一。執：掌管。

（179）平端：平正，端正。撫順：安撫，歸順。

（180）姦邪並塞：奸詐邪惡的人或事被阻止、杜絕。理馴：用道理教育引導。

（181）迷惑：愚昧迷惘。

（182）更卒：輪番服役的兵卒。歸誠：歸順，投誠。詣：到。因：來相就。

（183）司農：上古時代負責教民稼穡的農官，漢始置司農官，掌錢穀之事，爲九卿之一。少府，始於戰國，秦漢相沿，爲九卿之一，掌山海池澤收入和皇室用品製造，爲皇帝私府。國之淵：全國財物集聚之處。

（184）遠取財物：國家從內地直至邊遠地區的民眾那兒徵集賦稅資財。主平均：遠取資財的準則是：平均徵收賦稅，使國民公平負擔，漢時國家設有「平準均輸之官」。

（185）皋陶：亦作皋繇、咎繇；相傳大舜任他爲掌管刑法的官，後被禹選爲繼承人，因早死而未及繼位。皋陶，又是獄官或獄神的代稱。造獄：爲特定罪行制訂新的刑法。

（186）誅：譴責，懲罰。罰：懲治。詐僞：弄虛作假，巧詐虛僞。劾：檢舉揭發，審判定罪。

（187）廷尉：掌管刑獄的官，屬官有廷尉正和左、右監。

（188）總領：統領，統管。煩亂，也作繁亂，事情多而雜亂。決疑：解決疑難問題，判斷疑案。

（189）變鬥：因爲變亂或仇怨而互相鬥毆。捕伍鄰：收捕其鄰人。

（190）亭長：一亭之長，主管逐捕盜賊。游徼：秦漢時鄉官名，負責巡查盜賊。共雜診：猶今各有關方面共同參與辦案，搞清案情。

（191）繫囚：在押的囚犯。榜笞：鞭笞拷打。臋：同「臀」，屁股。

（192）朋黨：指以惡相濟而結成的集團，後指政見相同的人結成的宗派。引牽：猶言牽出，亦指株連。

（193）詰狀：查究案情。反眞：排除假相，拆穿迷障，使案情眞相完全暴露出來。

（194）坐生：憑空產生。憐：憐惜，同情。

（195）辭窮情得：（經過刑訊）案犯理屈詞窮，案情眞相大白，證據確鑿。具獄：據以定罪的案卷。堅：判決書的文辭經得起推敲，翻不了案。

（196）簿受：即簿籍所受，案卷中所記錄的口供、案情、贓證等。證驗：證據，用來驗證的憑據。記問年：詳細寫成文書送到犯罪嫌疑人出生處查清其年齡。

（197）閭：里、巷的大門；又指古代戶籍編制單位。周制，二十五家爲一閭。里：民戶居住的里巷；亦爲古代地方基層單位，其制歷代不一。趣：督促，催促。辟：法律，刑罰。論：論斷，論罪斷刑。

（198）鬼薪、白粲：秦、漢時的刑罰名。鉗釱：古代兩種刑具。鉗是束頸鐵圈，即用鉗夾頸。釱，腳鐐；戴上腳鐐。髡：剃髮，古代一種刑罰名稱；古代男子

皆留長髮，故剃去頭髮也是一種刑罰。

（199）自令：自己導致（違法犯罪）。

（200）輸屬：將被罰作勞役的罪犯發配到服勞役的場所。詔作：命罪犯去別處服勞役。一說指詔書處罰罪犯服勞役。谿谷：山中溝渠與外界不相通的稱為谿，泉水注入河流的稱為谷。

（201）箛：樂器名，一說即笳，又稱吹鞭。篍：中空可吹的竹管，古代用作警戒或督役的哨子。課後先：考覈先後。

（202）斬伐材木：伐木。斫株根：斫除樹樁、樹根。

（203）犯禍：因犯法而致禍。事危：事態嚴重危險。置對：對問，答辯。曹：古指訴訟的原告和被告，即兩曹。

（204）謾詑：欺詐。首匿：主謀藏匿罪犯。勿聊：無聊，精神空虛，無所依託。

（205）縛束：捆綁，約束。脫漏：遺漏，脫逃。亡命：隱姓埋名而逃亡。

（206）檻車：形狀像關養猛獸的籠子，目的在於防止逃跑。膠：謂黏合犯罪者的眼睛，使其不得睜開，以杜絕變亂事件的發生。

（207）嗇夫：古代鄉官。假佐：漢代諸府的文書官。扶致牢：幫助把犯人押送到監獄。

（208）疻痏：毆傷。保辜：凡打人致傷，官府視情節立下期限，責令被告為傷者治療。如傷者在期限內因傷致死，以死罪論；不死，以傷害論。這一法律規定，稱之為「保辜」。辜，罪。啼呼號：疼痛難忍而哭泣嚎叫。

（209）乏興：即乏軍興，古代違反軍紀的一種罪名，即耽誤軍事行動或軍用物資的徵集調撥之罪。猥逮：為矯治其違法行為，官府多將當事人逮捕；一說是假借官府的權力而多有逮捕。訽：密告，探聽。讂：營求，尋求。

（210）檄：古代官府用以徵召、曉喻、聲討的文書。報：按律定罪，判決。

（211）受賕：接受賄賂。

（212）讒：相互說對方壞話。諛：諂媚奉承。爭語：各持己見進行辯論。相觝觸：意為有爭論的人，往往會抵拒而發生碰撞相打現象。

（213）憂念：憂慮。悍勇：強悍，好鬥。獨：孤單。

（214）廼肯：猶言寧肯。省察：審察，檢查反省。讀：誦讀。

（215）涇水：渭河的支流，在陝西省中部，又稱涇河，至高陵縣入渭河。街術曲：城市中四通八達的大道叫做街，都邑中的道路叫做術，里巷中的道路叫做曲。

（216）籌算：均指用以計數的籌碼。膏火：燈火，燈燭等照明物。

（217）貶秩祿：貶其官職，減其俸祿。

（218）邯鄲：戰國時趙國的都城，今屬河北。河間：戰國時趙地，在今河北省。沛：沛郡，今江蘇沛縣，漢高祖劉邦的家鄉。巴：巴郡，今重慶一帶。蜀：蜀郡，今成都一帶。

（219）潁川：郡名，因潁水而得名。臨淮：郡名。秦爲泗水郡，漢置臨淮郡，治徐州，東漢廢，後幾經興廢。集課錄：諸郡各上交其計簿，總匯到京師，排列他們的名錄。

（220）依：接近，靠近。溷：豬圈；廁所。污：同「汙」。

（221）容盛：天覆地載，無不包容。

（222）臣妾：古代對奴隸的統稱，男稱臣，女稱妾；後泛指統治者所役使的民眾和蓄薯。

（223）承德：蒙受德澤。

（224）滋榮：滋長繁茂。

（225）博士：知識豐富的人；又，秦漢朝廷之國子監及其所辦的大學中，均設有「博士」「助教」等職。先生：年老有學問，經歷多，做事穩重的人。

（226）老復丁：家有年高者，則免除其子孫的賦役。復：免除租稅徭役。

（227）齊國給獻素繒帛：齊國進獻上好的絲綢。

（228）飛龍鳳皇相追逐：在繒帛上織出飛龍和鳳凰相追逐的圖案。

（229）河南：此處指成周時期的都城洛邑。洛陽：東漢國都，以在洛水之陽而得名。人蕃息：人口繁殖，增加得很多。

（230）與天相保：謂凡合乎天道者，則得天助；天助人，人樂天，互相保護；國祚之永，與天同也。無窮極：沒有窮盡，沒有極限。

（231）眞定：地名；戰國時期趙國爲東垣邑，漢高帝十一年更名眞定縣，武帝元鼎四年置眞定國，治今河北正定南。常山：郡名，秦置恒山郡，西漢避文帝諱改爲常山郡。高邑：本常山之郡縣，東漢光武帝即位於郡南千秋亭五成陌，因改名爲高邑，其地在河北石家莊市東南。

（232）乘而嘉寵陞進立：賢能之士憑藉帝王的嘉許寵愛乘時陞官進爵，進立於朝廷。

（233）建號：建定國號。垂統：把基業留傳下去。解鬱悒：解除憂愁。

（234）四民：舊稱士、農、工、商爲四民。咸：皆，都。服：服從，順從。集：群鳥棲止在樹上，此指民眾聚集。

（235）念慮：思慮，掛念。合爲一：國家太平統一。

（236）山陽：漢景帝時爲國，漢武帝時爲郡，治昌邑，在今山東濟寧一帶。魏：郡名，漢代轄大名府、相州、磁縣、涉縣等地。

（237）長沙：秦漢時郡國名，在今湖南。北地：郡名，在今甘肅、寧夏一帶。

（238）漳：水名，山西省東部有清漳、濁漳兩條河，兩河分別流至今河北、河南兩省邊境的林縣北界，合爲漳河。鄴：古都邑名，三國時爲魏國的都城，故址在今河北臨漳西、河南安陽北。清河：古河名，此河本爲濁流，黎陽諸山泉入注後，濁流變清流，故名清河，故道已湮廢；一說爲古郡名，漢高帝置，

其地在今河北清河東。

（239）雲中：古郡名，轄地相當今內蒙古土默特右旗以東，大青山以南，卓資以西，長城以北。定襄：漢高帝十一年，即公元前 196 年，將雲中郡的東北部，今內蒙古和林格爾西北土城子一帶置爲定襄郡，西南部仍爲雲中郡，東漢末廢。朔方：郡名，西漢元朔二年置，治所在朔方，今內蒙古自治區杭錦旗北，東漢末年廢。

（240）代郡：秦置，西漢轄境在今河北、山西一帶。上谷：秦置。轄境相當於今河北、北京一帶。右北平：秦置，首府在今河北平泉。

（241）遼東：郡名，轄今遼寧東南部遼河以東地區。濱西：郡名，治所在今遼寧義縣西。平岡：即平剛縣，治今內蒙古寧城縣西南古城。

（242）酒泉：郡名，治所在今甘肅酒泉。彊弩：強勁的弓，硬弓，亦指能開硬弓的射手；彊，同「強」。敦煌：郡名，治所在今甘肅敦煌市西。

（243）胡羌：胡人與羌人。

（244）還：迅速，立即。集：齊，一致。

（245）康：富強康樂。

第三章　雜字類蒙學教材《開蒙要訓》

　　《開蒙要訓》雖然是古代比較重要的一部蒙學課本，但在中原地區早已亡佚，幸賴敦煌莫高窟藏經洞保存其多個寫本，才使 1300 多年後的今天仍然可以讀到它。

第一節　編者及其時代

　　對於《開蒙要訓》這樣一部比較重要的蒙學課本，其作者及其時代，均有待進一步稽考。由於史料闕如，有關問題只能存疑。

　　《開蒙要訓》在唐五代時期我國的西北地區廣為流傳，故在當地有一些遺存，如敦煌文獻中涉及《開蒙要訓》的卷號有 79 個，吐魯番阿斯塔那 67 號墓文書亦有唐寫本《開蒙要訓》殘片 2 片，《大谷文書集成》中有《開蒙要訓》殘片 10 片，但此書後世不傳。《隋書・經籍志》《舊唐書・經籍志》《新唐書・藝文志》等史志書目，以及《崇文總目》《直齋書錄解題》《郡齋讀書志》《遂初堂書目》等主要公私目錄，均未著錄。

一、編者

　　《開蒙要訓》的寫本雖有多個，但多未題署編者與編撰年代。唯有 S.5464 卷，下署有「六朝馬仁壽撰」的字樣。另外，P.2721 卷《雜鈔》「經史何人修撰製注」下云：「《開蒙要訓》，馬仁壽撰之。」日本藤原佐世編《日本國見在書目錄》「小學家」下云：「《開蒙要訓》一卷，馬氏撰。」〔註 1〕

〔註 1〕（日）藤原佐世：《日本國見在書目錄》，載（清）黎庶昌校刻：《古逸叢書》，
　　　　江蘇廣陵古籍刻印社，1997 年版，第 739 頁。

藤原佐世將此書廁於魏晉六朝所編蒙書之間。羅常培《唐五代西北方音》據《開蒙要訓》的押韻情況,推斷該書當撰於「東晉與齊梁之間」,〔註 2〕庶幾近是。

馬仁壽,史志不載,事跡不詳。綜合敦煌寫本和羅常培的考證,編者馬仁壽的生活年代應在東晉末、南朝初年。

二、編者所處的時代

東晉末、南朝初,以及整個魏晉南北朝時期,是中國歷史上的「離亂」年代;連年戰亂,政局不穩,激烈的階級矛盾和民族矛盾,導致整個社會瞬息萬變。各個分裂政權爲了擴大勢力,相繼創辦教育,培養人才,並且形成比較成熟的人才教育思想。其時,儒學依然是制訂文教政策的理論依據。如梁武帝雖然篤信佛教,但在立學詔中還是說:「建國君民,立教爲首。砥身礪行,由乎經術。」〔註 3〕在教育體制上,儒學內容依然占主導地位。這種結果體現在教育思潮上,便是注重國家教育,注重兒童教育。所謂兒童教育,主要是指家庭中長輩對晚輩所進行的各種教育,尤其是道德修養、文化知識、生活技能方面的教育。這一時期之所以注重兒童的儒學教育。一方面是由儒學教育的理論傳統和時代特點所決定的;另一方面,與這個時期官學時興時廢、教育中心轉向私學直接相關。

這個時期,民族大融合,帶來了教育的大融合。北方各少數民族接受高度發展的漢族教育,實行漢化,以適應社會發展的要求、時代前進的需要,具有歷史必然性。各民族教育的大融合,使得彼此之間文化教育的鴻溝基本上填平了,在一定程度上消除了民族文化知識水平之間的界限,培養出具有很高文化教育素養的少數民族學者、文人。

這個時期,我國開始與西方、南方及東北各鄰邦進行國際文化教育交流。五經、《論語》《千字文》等重要典籍,就是在此時傳到國外的。

這個時期,官學時興時廢,私學發達昌盛,更直接促成了蒙學課本《開蒙要訓》的編寫。從現存的 79 件《開蒙要訓》寫本考察,它在唐五代敦煌地區廣泛流行,在州、縣學和寺學中,均被列爲必讀的啓蒙書。

〔註 2〕羅常培:《唐五代西北方音》,科學出版社,1961 年版,第 132 頁。

〔註 3〕(唐) 姚思廉:《梁書·武帝本紀》,中華書局,1973 年 5 月第 1 版,第 246 頁。

第二節　從編寫體例看其教學內容

　　本節主要探討《開蒙要訓》的編寫體例和教學內容。這是兩個密切相關的問題。《開蒙要訓》在教育兒童識字的同時，也灌輸各方面知識，藉以啓迪兒童智慧。《開蒙要訓》的編撰層次較爲通俗，內容偏重於現實生活的知識層面，更能顯出庶民教育的特色。

一、簡單類聚式的編寫體例

　　關於其編寫體例，可以從以下幾個方面來考察：

　　其一，從全書的用韻來看，採用四言短句、全篇韻語的形式。它只有 1400 字，篇幅短小，句子精鍊。350 句，兩句一韻，計 175 韻。這樣的編排體例，合轍押韻，朗朗上口，易於成誦，便於兒童學習。

　　可以押平聲韻，如：「乾坤覆載，日月光明。四時來往，八節相迎。春花開豔，夏葉舒榮。蓁林秋落，松竹冬青。霧露霜雪，雲雨陰晴。晦暮昏闇，曉暝霞生。雷電霓電，霹靂震驚。」加點的字爲韻腳，兩句一韻，偶句用韻。其中「青」爲「青」韻字，其餘爲「庚」韻字；青韻、庚韻都是平聲韻，兩韻通押。

　　也有押仄聲韻的，如：「緝績纑縈，女人傭作。機梭筬筆，躡勝狂霍。苧催織幅，經引紡絡。」加點的字爲韻腳，均屬於入聲「藥」韻。

　　其二，從全書語句編排來看，採用的是義類相聚的方式，即把詞義相關的詞語以簡單類聚的方式排列在一起。這種編排方式顯得有些呆板，但也有利於兒童集中學習表示同類內容的詞語。如：「霧露霜雪，雲雨陰晴。晦暮昏闇，曉暝霞生。雷電霓電，霹靂震驚。冰寒凍冷，暖熱溫清。」是天文類詞語的類聚。又如：「琵琶鼓角，琴瑟簫箏。笒篌篳篥，竹磬笛笙。」是樂器類詞語的類聚。再如：「樽壺盆缽，杯碗盞卮。盤槃槫疊，瓢杓箸匙。罌缸瓶榼，盆甕甌炊。」是餐具、炊具類詞語的類聚。

　　其三，從全書的編排體例看，採用的是以類相從的方法。所謂以類相從，就是按其類別將相關的內容編排在一起。從下文的分析可以看出，《開蒙要訓》全書涉及天地、歲時、山河、君臣、倫理、婚姻、紡績、人體、疾病、珍寶、器皿、飲食、農事、商賈、烹飪、房舍、儲備、園藝、昆蟲、魚蛇、鳥獸、禽畜、緝盜、獄審等各個方面，包含的內容十分廣泛。這些內容不是雜亂無章排列的，而是按照一定的順序，按類編排的，排完一類，再排下一類。頭緒清楚，界限分明，有條不紊。從形式上看，依類系詞，同時兼表意義，由

四字一句、兩句一韻的 1400 個漢字組成全篇。

二、全書展現的教學內容

《開蒙要訓》的文本是進行教學的依據，同時也展現了它的教學內容。

（一）關於天地歲時、山嶽河川：「乾坤覆載，日月光明」至「舡艘艦艇，浮泛流停」。

「乾坤覆載，日月光明。四時來往，八節相迎。春花開豔，夏葉舒榮。藜林秋落，松竹冬青。霧露霜雪，雲雨陰晴。晦暮昏暗，曉暝霞生。雷電霓電，霹靂震驚。冰寒凍冷，暖熱溫清。」八節：指立春、立夏、立秋、立冬、春分、夏至、秋分、冬至。舒榮：孳生蕃茂。晦暮：黃昏和晚上。天覆蓋著地，地承載著天，太陽和月亮放射著光與亮。一年中有四季的轉換，還有八個節氣輪流變化。春天，百花開放，豔麗無比；夏天，樹葉孳生蕃茂；秋天，叢生的林木綠葉凋落；冬天，松竹青青。霧、露、霜、雪、雲、雨、陰、晴，黃昏、夜晚，早晨暝盡霞生，雷電、霓電，霹靂震驚，冰寒凍冷，暖熱溫涼，這些都是自然界常見的現象。

為什麼先從「天地」說起呢？這完全依據前人對天地的認識，也就是說與前人對天地的認識有關。先說「天」以及由「天」而產生的霧雲雷電等現象，源於前人對「天」的認識。《周易》云：「大哉乾元，萬物資始，乃統天。雲行雨施，品物流形。」〔註 4〕《論語》曰：「天何言哉？四時行焉，百物生焉。」《爾雅》曰：「春為蒼天，夏為昊天，秋為旻天，冬為上天。」〔註 5〕天是道德、哲理、空間、時間的象徵。如《申子》曰：「天道無私，是以恒正，天常正，是以清明。」〔註 6〕《文子》曰：「高莫高於天，下莫下於澤；天高澤下，聖人法之。」〔註 7〕在古書中，天的地位被表述得相當清楚，並以經典性描述深深印在人們的頭腦之中，所以編寫《開蒙要訓》自然要將「天」置於開頭了。那麼「地」呢？《禮統》曰：「天地者，元氣之所生，萬物之祖也。」〔註 8〕按其排序，「地」置於「天」之後。何謂「地」？《月令章句》曰：「總

〔註 4〕（唐）歐陽詢撰，汪紹楹校：《藝文類聚》，上海古籍出版社，1999 年 5 月新 2 版，第 1 頁。

〔註 5〕同〔註 4〕。

〔註 6〕同〔註 4〕。

〔註 7〕李德山：《文子譯注》，黑龍江人民出版社，2003 年 1 月第 1 版，第 164 頁。

〔註 8〕同〔註 4〕，第 2 頁。

丘陵原隰阪險曰地。」〔註9〕花、林、松、竹等均屬於「地」之所生。那麼山嶽河川呢？當然也是。所以「五嶽嵩華，霍泰恒名。江河淮濟，海納吞併。湍波漂浪，沉溺渦泓。舩艘艦艇，浮泛流停。」排在這部分的最後。河南嵩山、陝西華山、安徽霍山、山東泰山、山西恒山，被稱爲五嶽。長江、黃河、淮水、濟水四水，均東流入海，被大海吞併。這四水中，有的地方翻卷著湍急的波浪，有的地方是可以沉溺物品的漩渦深潭。舩、艘、艦、艇是渡水的工具，憑藉它們才能自由地浮泛流停。

（二）關於君臣之道、家庭倫理：「君王有道，恩惠弘廓」至「睡眠寢寐，憤悶煩情」。

天地之後便是「人」，而君王是天之子，所以置於前：「君王有道，恩惠弘廓。萬國歸投，兆民歡躍。」弘廓：廣大邊境。兆民：泛指百姓。君王講究道義，恩惠一定遍及廣大的邊境地區。周邊各國就會從遠方歸順投奔，百姓就會歡呼跳躍。君臣關係至關重要：「諂佞潛藏，姦邪憩惡。臣佐輔弼，匡翊勤恪。」匡翊：匡正輔佐。勤恪：勤勉恭謹。有道的君主在位，諂媚佞人必然不能胡作非爲，姦邪小人也會停止作惡。臣子僚佐輔弼君王，匡正輔佐，勤勉恭謹。「賞賚功勳，封賜祿爵。讌會嘉賓，奏設伎樂。酣觴飲酒，勸酌酬酲。諷誦吟詠，吼喚縱橫。喧笑歌舞，鬧動音聲。琵琶鼓角，琴瑟簫箏。箜篌觱篥，竹磬笛笙。」酲：酒醉昏沉。君王嘉獎有功之人，加封爵位，賜予俸祿。還要舉行宴飲聚會，邀請功臣嘉賓，表演歌舞，演奏音樂，隆重祝賀。宴會中，要盡興而飲，勸酒敬酒都要喝醉。席間，有諷誦吟詠，有隨意的吼喚，喧鬧歡笑，歌舞音聲，相互交雜。各種樂器先後演奏，有琵琶、鼓、角、琴、瑟、簫、箏、箜篌、觱篥、竹（築）、磬、笛、笙等。除了君臣之道外，關乎統治的，便是家族倫理了，其中最重要的內容就是孝與悌。《孝經》曰：「夫孝，天之經也，地之義也，民至之行也。」「夫孝，始於事親，中於事君，終於立身。」「孝悌之至，通於神明。」〔註10〕因此，孝悌在社會生活中佔有重要位置：「孝敬父母，承順弟兄。翁婆曾祖，嫂姪孫嬰。伯叔姊妹，姑姨舅甥。婚姻娉嫁，夫婦媒成。油燈蠟燭，炬照輝盈。」承順：遵奉順從。娉：古代男方遣媒人向女方求婚，謂之娉，今通作「聘」。在家裏，要孝敬父母。在家族關係上，要遵奉順從地對待弟兄、翁婆、曾祖、嫂、姪、孫嬰，以及

〔註9〕同〔註4〕，第2頁。
〔註10〕同〔註4〕，第368頁。

伯、叔、姊、妹、姑、姨、舅、甥。在婚姻聘嫁方面，不論是迎娶妻室，還是出嫁郎君，結爲夫妻，都要依靠媒人促成。舉行婚禮時，點燃油燈、蠟燭，光焰照亮整個房間。「貧賤富貴，奴婢使令。勒勤壯健，運輦提擎。孤惸鰥寡，老弱衰停。睡眠寢寐，憤悶煩情。」這幾句雖然與家族倫理不直接相關，但有一定聯繫，於是便連類而及地放在這裏。勒勤：統率征勤。運輦：輦運，運輸。提擎：執提（擊鼓）、擎旗。衰停：體弱貧困。憤悶：憤慨，氣憤。人有貧賤富貴的區別，富貴之家聘用的奴婢，是供主人驅使的。統率壯健的士兵去征討，要有運輸軍需的車輛相隨，還要有擊鼓、擎旗者作前導。對於孤獨的鰥夫、寡婦、老弱、體衰貧困的人，要讓他們睡眠安好。心中憤悶，情緒就會煩躁。

（三）關於寢處物品、女紅飾物：「幃帳床榻，氍褥威儀」至「煙支黶黛，梳枇釵只」。茲舉幾例：

「紵練單紲，布絹紬絁。綾紗繒綵，羅縠錦繡。鮮紋雙距，紕縵緊綷。針縷綻綴，補袺穿漏。」麻類、白絲原料，可織絲帶、布絹、紬絁物品。綾紗原料，可織繒綵、羅縠、錦繡、紕縵和緊綷等絲織品，這些絲織品上，有的織著鮮豔花紋的鬥雞圖案。針線是用來縫補衣服上綻開和破漏之處的。

「帔巾帊幞，袍被裙究。絹績纑縈，女人傭作。」帔巾、手帊、幞頭、袍、被、裙子，都要十分講究。紡織和纏繞麻線，都是女人傭作的事情。

「苧纑織幅，經引紡絡。紫絳蘇芳，緋紅碧綠。緗縹紺綺，斑黃皂帛。篋簏箱櫃，衣裳疊襞。」苧麻纖維可紡織布帛，但是，必須要有經線穿引緯線方能紡絡而成。本身含有緋紅、碧綠等顏色的紫絳蘇芳，是人們使用的染草、染木原料。用這些原料，可將細綾染成淺黃、青白、青色和將帛染成雜色、黃色、黑色等多樣顏色。竹箱、篋簏和木箱、大櫃，是用來裝放堆疊衣服的。

（四）關於人體器官、各種疾病：「髮髻髮鬢，鬚髯髭戟」至「羞恥慚赧，愧惡鄉閭」。茲舉幾例：

「頭額頰頤，齒舌唇口。眉眼鼻耳，頸項臂肘。」頭、額、面頰、下巴、牙齒、舌頭、嘴唇、嘴巴、眉毛、眼睛、鼻子、耳朵、頸項、臂肘。

「瘡痍癧癬，腫㿉肌膚。膿血臭污，鍼灸療除。」瘡痍、癧癬，都會使肌膚發炎腫痛；有的瘡甚至流膿、流血、臭污，還要用鍼灸治療，方可根除、痊癒。

（五）關於珍寶器物、農具稼穡：「珍寶貨賂，翳璧碑碌」至「種積苦持，浸漬淹瀾」。茲舉幾例：

「珍寶貨賂，翳璧碑碌。頗黎瑪瑙，琥珀珊瑚。琉璃玳瑁，金銀玉珠。」財物珍寶中，有翳璧、碑碌、頗黎、瑪瑙、琥珀、珊瑚、琉璃、玳瑁，以及金、銀、玉、珠等。

「鈆錫鍮鑞，銅鐵之徒。錮鎝銷熔，爐冶鑄鑊。」鈆、錫、鍮、鑞，都是銅鐵之類。這些銅鐵金屬在爐內銷熔、冶煉，就可澆鑄成鎝、鑊等器物。

「耬犁耕耩，鋤刨壅畔。植稚稀疏，概密調短。亢旱燋枯，溝渠溉灌。」耬犁，既可耕溝又可播種。在地邊犁不著的地方，還要用鋤頭刨松、補種。但種植幼苗要稀疏，一旦種稠密了，則要把過密的幼苗調補到短缺的地方。如遇亢旱，禾苗焦枯時，就要開挖溝渠，引水灌溉，以確保莊稼的收成。

（六）關於借貸詞訟、車馬用具：「質舉券契，保證賒獲」至「瑕璺罅隙，垣塞黏卑」。茲舉幾例：

「質舉券契，保證賒獲。違時不償，抵捍拒格。」典當、借貸，都有券契，以保證賒舉獲得歸還。違時不能償還，就要按抵賴、蠻悍、拒付的法規對待。

「逃竄隱避，徵摰債索。訴詞辯牒，曹府恐嚇。」對於欠債逃竄、隱避之人，則要採取懲罰和控制的手段索債；並辦牒狀，以辯訟欠債不還的狀詞，遞交官府，讓官府用法律的威嚴恐嚇欠債人歸還。

「車轅轂輞，輪輻輇轒。釭鐧轄軸，鞅韇韝韝。」「雕鐫刻鏤，鏟削鎊鑢。」車的各部分有車轅、車轂、車輞、車輪、車輻等名稱；車名有輇軒車和轒輼車之類；車上還有釭（車轂口穿軸用的金屬圈）、鐧（在車軸、車轂間所裹的鐵皮）、轄（裝在車軸兩頭，使車輪不脫的橫鍵）等附件。在牛馬頸上，還飾有名「鞅」的皮帶；而騎牛馬的人，除身上帶有名「韇」的刀鞘外，兩臂還套有名「韝」的臂衣，腳上穿有名「韝」的靴子。銅製盤具鍘鑼的製成，要經過匠人雕鐫、刻鏤、鏟削、鎊削的工序。

（七）炊具飲食、日常農事：「樽壺盌缽，杯碗盞卮」至「燒燃柴薪，擔攜負抱」。茲舉幾例：

「盤槃槃疊，瓢杓箸匙。甖缸瓶榼，盆甕甎炊。漿噎酪飯，羹臛粥糜。菹薺鮓脯，鮮鱠魚鮍。」盤、槃、槃、碟、瓢、杓、箸、匙、甖、缸、瓶、榼、盆、甕、甎等，是餐飲具和炊事用品。酒漿，是一種飲料。酪，是奶製

品；飯，是米麵主食；羹臛，是肉湯；粥糜，是稀飯；菹藿，是醃製的蕎菜；鮓脯，是魚乾；鮮鱠，是新鮮的鱠魚；魚鮁，是剖開鹽漬的魚片。

「粳糧糯秫，禾粟穬稻。糜黍穀麥，豌豆烏蕎。碓磑碾磨，杵臼舂搗。麨麵篩麩，粗澀細好。」農產品中，有粳糧、糯米、秫秫、禾粟、穬麥、稻子、糜子、穀子、小麥、豌豆、大豆、蕎麥等。這些農產品都是經過石碓、石磑、石碾研磨和杵臼舂搗加工的，然後，篩出麩皮，做成炒麵。糧、麵粗糙，吃時不滑；精細，口味才好。

（八）庫倉宅舍、菜蔬種植：「構架椽柱，柣欀欂梁」至「堡壁籬柵，周匝遮防」。茲舉幾例：

「廁廠廂庌，板棧廳堂。庵廬屋舍，置牖安窗。」廁所、廠棚、廂房、廊坊、板棧等隔斷、廳堂，這是當時民房的一般結構組成。不論是庵、廬、屋、舍，都要安置窗戶。

「畦菀種蒔，栽插端行。槐榆椿楮，桐梓柘桑。楨楂椑柿，柑橘檳榔。芪桃李柰，棗杏梨棠。葱蒜韭薤，茱萸椒薑。芸苔蕎蓼，葫荽芬芳。蔓菁葵芥，蘿蔔蘭香。」田園裏種植、栽插的林果與藥菜，既要端正，又要成行。林果有：槐樹、榆樹、椿樹、楮樹、桐樹、梓樹、柘樹、桑樹、楨楂樹、椑柿樹、柑橘樹、檳榔樹、木芪樹、桃樹、李樹、柰樹、棗樹、杏樹、梨樹、棠樹。藥菜有：大葱、大蒜、韭菜、薤菜、茱萸、花椒、生薑、芸苔、蕎菜、辛菜、葫荽、蔓菁、葵菜、芥菜、蘿蔔、蘭香。

（九）蟲魚鳥獸、家禽家畜：「胎卵濕化，蚰蜒蟯蜋」至「鈚髇箭鏃，彈弩純鋼」。茲舉幾例：

「鮎鯉鱧鯽，鯨鯢鱒魴。蚖蛇蝮蠍，蟒腹身腔。」鮎魚、鯉魚、鱧魚、鯽魚、鯨魚、鯢魚、鱒魚、魴魚、蠑蚖、蛇、蝮蛇、蠍子，還有腹腔圓粗而又身長的大蟒。

「燕鵲鳩鴿，鴻鶴鳳凰。雞鴨鵝雁，鵪雉鴛鴦。鷹鵰鷺鵠，翅翮翱翔。」燕子、喜鵲、斑鳩、鴿子、鴻鵠、老鶴、鳳凰、雞、鴨、鵝、大雁、鵪鶉、野雞、鴛鴦、鷹、鵰、鷺、鵠，這些都是展翅、振翮翱翔於天空的。

「麝香麏鹿，猿猴麖獐。熊羆狐兔，虎豹豺狼。驢馬牛犢，肫狗豬羊。駱駝騾象，餵飼肥強。」麝、麏、鹿、猿、猴、麖、獐、熊、羆、狐、兔、虎、豹、豺、狼、驢、馬、牛、牛犢、小豬、狗、豬、羊、駱駝、騾子、大象，這些都是被餵飼得身肥體強的。

（十）關於盜劫博戲、囚繫審訊：「劫賊剝奪，怕怖驚忙」至結尾。茲舉幾例：

「偷盜私竊，跳驀非常。追蹤逐跡，忖度思量。謀計智略，掩捉搜贓。」偷盜私竊，跳躍逃脫得非常迅速。追逐盜劫的蹤跡，抓獲他們，必須考慮周密，運用策略計謀，乘其不備將其抓捕，繳獲贓物。

「撝蒲攤賭，酬賽輸觸。圍棋握槊，戲弄披倡。」撝蒲的博戲活動，以擲骰決勝負，或以飲酒比賽輸贏。還有的邊下圍棋，邊玩握槊的博戲的，在觀看披髮的倡優表演。

「牢獄囚禁，繫縛愆殃。檢校察訪，勿妄誣謗。」官府把犯人囚禁在牢房，繫縛公堂，宣判其罪行。對其罪行檢校察訪，以做到不錯判，不誣陷、誹謗好人。

第三節　收字和用韻

《開蒙要訓》作爲一本識字課本，從其收字情況可以看出它的編寫取向和文化內涵，從其用韻可以考察其語音狀況。

一、收字

對於一部蒙學課本來說，選則和收錄哪些文字來教學，是至關重要的。考察《開蒙要訓》的收字情形，主要從以下三方面入手：

第一，《開蒙要訓》收字具有獨特的地域和時代色彩。作爲流行於西北敦煌地區的蒙學課本，《開蒙要訓》無疑打上了當時的地域和時代色彩。借助於《開蒙要訓》，蒙童不僅可以掌握一般通行的常用字，而且還能認識本地和鄰近地區的常見什物。在當時，敦煌作爲古絲綢之路的重鎮和中西交通的都會，產生過大批碩儒學子，在其地出現的蒙學課本《開蒙要訓》中也保留下漢蕃文化的豐富資料，如「琵琶鼓角，琴瑟簫箏，箜篌篳篥，頗黎瑪瑙，琥珀珊瑚」等是西域之物；「鮎鯉鱧鯽，鯨鯢鱒魴，柑橘檳榔，茱萸」等是南方的出產，這些都留有東西文化交流、南北物資溝通的印記，顯示了敦煌作爲商貿重鎮的地位，反映了《開蒙要訓》獨特的時代色彩。

第二，《開蒙要訓》收字以普通民眾日常生活用字爲主，走的是平民路線。例如，我國自古是農業大國，耕種稼穡之事，是普通民眾生活的重要內容，因而《開蒙要訓》收錄許多這方面的用字，例如，有耕種、灌溉、收割、

存儲方面的用字：「耬犁耕耩，鋤刨壟畔。植稚稀疏，概密調短。亢旱燋枯，溝渠溉灌。柯柯欋柄，殳刈撩亂。削斫斬剉，踩按押按。杈杷挑撥，杴策聚散。種積苫持，浸漬淹瀾。」「粳糧糯秔，禾粟穬稻。穈黍穀麥，豌豆烏蕎。碓磑碾磨，杵臼舂搗。麨麵篩麩，粗澀細好。颺簸糠糩，秕麩箕蒿。稍穫楷茭，曬曝乾燥。」「掃灑庭院，料理園場。畦菀種蒔，栽插端行。」還有百工修造方面的用字：「錮鑠銷熔，爐冶鑄鑵。」「錯鑢錐鑽」「雕鐫刻鏤，鏟削鋑鋤。鎪刮劗拵，朽腐隨宜。」「構架椽柱，栿檁檽梁。」「庵廬屋舍，置牖安窗。」這些與普通民眾生活密切相關的耕織、食飲、喂飼、鑄造以及販鬻等粗鄙之事，被收錄其中，體現出《開蒙要訓》以識認日常生活用字為主的教學目的。

　　第三，毋庸諱言，《開蒙要訓》收字較為生僻，是其不足。《開蒙要訓》中的一些字，甚至在通行的字典、辭書中都找不到。用當時流行的《千字文》等蒙學課本衡量，《開蒙要訓》的這一缺點則更為明顯。《開蒙要訓》編寫於六朝時期，至今已有 1600 多年，其間社會生活發生了巨大變化，教學活動也不可同日而語。即使用《現代漢語常用字表》加以考查，雖然可以確定《開蒙要訓》有 50％左右的字為常用字，也仍不能掩蓋其收字較為生僻這樣一個事實。收字較為生僻，大概是造成它長期失傳的重要原因。

二、用韻

　　《開蒙要訓》四字一句，兩句一韻，全篇用韻，計 175 韻，包括平上去入四聲的轉韻，大體整齊，只有個別出韻現象。

　　「乾坤覆載」至「浮泛流停」，韻字為：明、迎、榮、青、晴、生、驚、清、名、併、泓、停，其中，青、停押平聲「青」韻，其餘押平聲「庚」韻，「青」「庚」兩韻通押。

　　「君王有道」至「奏設伎樂」，韻字為：廓、躍、惡、恪、爵、樂，押入聲「藥」韻。

　　「酣觴飲酒」至「憤悶煩情」，韻字為：醒、橫、聲、箏、笙、兄、嬰、甥、成、盈、令、擎、停、情，押平聲「庚」韻。

　　「幃帳床榻」至「布絹紬絁」，韻字為：儀、垂、彌、施、繚、帗、絁，押平聲「支」韻。

　　「綾紗繒綵」至「袍被裙究」，韻字為：繡、縐、漏、就、袖、舊、究，

押入聲「宥」韻。

　　「絹績繡縈」至「經引紡絡」，韻字為：作、霍、絡，押入聲「藥」韻。

　　「紫絳蘇芳」至「鬚髯髭戟」，韻字為：綠、帛、襞、屐、澤、只、戟，其中，綠押入聲「沃」韻，其餘押入聲「陌」韻，「沃」「陌」兩韻通押。

　　「頭額煩頤」至「瘦瘠羸醜」，韻字為：口、肘、拇、手、後、部、醜，其中，部押上聲「麌」韻，其餘押上聲「有」韻，「麌」「有」兩韻通押。

　　「病患疾疹」至「銅鐵之徒」，韻字為：軀、疽、膚、除、噓、儒、愚、衢、閭、碌、瑚、珠、徒，其中，疽、除、噓、閭、碌，押平聲「魚」韻，其餘押平聲「虞」韻，「魚」「虞」兩韻通押。

　　「錮鐋銷熔」至「浸漬淹瀾」，韻字為：鑵、爨、桉（通「按」）、鍛、鑽、畔、短、灌、亂、按、散、瀾，其中，短押上聲「旱」韻，出韻；其餘押去聲「翰」韻。

　　「質舉夯契」至「幗嶂顯赫」，韻字為：獲、格、搦、摑、責、索、嚇、躑、驛、韇、韓、赫，其中，韇押平聲「文」韻，出韻；韓押入聲「鐸」韻；其餘押入聲「陌」韻；「鐸」「陌」兩韻通押。

　　「雕鐫刻鏤」至「鮮鱠魚鲅」，韻字為：鏅、宜、攲、卑、厄、匙、炊、糜、鲅，押平聲「支」韻。

　　「店肆興販」至「鹹釀酸醋」，韻字為：惜、益、炙、適、醋，其中，醋押去聲「遇」韻，出韻；其餘押入聲「陌」韻。

　　「餹餹粗粉」至「饞傭乖懶」，韻字為：粹、麩、斷、滿、懶，押上聲「旱」韻。

　　「粳糧糯秫」至「擔攜負抱」，韻字為：稻、蕎、搗、好、蒿、燥、草、倒、抱，其中，蕎押平聲「蕭」韻，「蒿」押平聲「豪」韻，兩者均出韻；其餘押上聲「皓」韻。

　　「構架椽柱」至「易解難忘」，韻字為：梁、廊、堂、窗、康、倉、牆、場、行、桑、榔、棠、薑、芳、香、穰、槍、防、踉、螂、鱨、魴、腔、凰、鴦、翔、獐、狼、羊、強、驤、繮、傍、鋼、忙、常、量、贓、張、觴、倡、殃、謗、桁、良、章、忘，其中，謗押去聲「漾」韻，出韻；窗、腔押平聲「江」韻；其餘押平聲「陽」韻；「江」「陽」兩韻通押。

附錄：《開蒙要訓》原文及箋注

開蒙要訓

馬仁壽

乾坤覆載（1），日月光明。四時來往，八節相迎（2）。春花開豔，夏葉舒榮（3）。藂林秋落，松竹冬青。霧露霜雪，雲雨陰晴。晦暮昏暗（4），曉暝霞生。雷電閃電（5），霹靂震驚。冰寒凍冷，暖熱溫清。五嶽嵩華（6），霍泰恒名（7）。江河淮濟（8），海納吞併。湍波漂浪，沉溺渦泓（9）。舡艘艦艇，浮泛流停。君王有道，恩惠弘廓（10）。萬國歸投，兆民歡躍（11）。諂佞潛藏，姦邪憩惡。臣佐輔弼，匡翊勤恪（12）。賞賚功勳（13），封賜祿爵。讌會嘉賓（14），奏設伎樂。酣觴飲酒（15），勸酌酬醒（16）。諷誦吟詠，吼喚縱橫。喧笑歌舞，鬧動音聲。琵琶鼓角，琴瑟簫箏。箜篌篳篥，竹磬笛笙。孝敬父母，承順弟兄（17）。翁婆曾祖，嫂姪孫嬰。伯叔姊妹，姑姨舅甥。婚姻娉嫁（18），夫婦媒成。油燈蠟燭，炬照輝盈。貧賤富貴，奴婢使令。勒勤壯健（19），運輦提擎（20）。孤惸鰥寡，老弱衰儜（21）。睡眠寢寐，憒悶煩情（22）。幃帳床榻，氈褥威儀（23）。屏風倚障，縵幕懸垂。氍毹毾㲪（24），于闐須彌（25）。節簟蒲藺（26），薦蓆鋪施（27）。繰絲撫繭，綿絮縛纊（28）。紡褐裘裝，麻葛募枲（29）。紵練單紃，布絹紬絁（30）。綾紗繒綵，羅縠錦繡。鮮紋雙距（31），紕縵緊縐（32）。針縷綻綴，補袄穿漏（33）。綏繢縫緵（34），紉絡縗就（35）。襁褓褌袴（36），衫襦褾袖（37）。襟襴領紐（38），襗襻新舊（39）。帔巾帊幞，袍被裙究。緝績纑綮（40），女人傭作。機梭筬筀（41），躡榺軒霍（42）。苧絏織幅（43），經引紡絡。紫絳蘇芳（44），緋紅碧綠。緗縹紺綺，斑黃皂帛。篋籭箱櫃（45），衣裳罍襲（46）。鞋襪靴鞊（47），屨履屧屐（48）。妝奩鏡匣（49），脂粉薰澤。煙支靨黛（50），梳枇釵只（51）。髮髻鬠鬢（52），鬚䰅髭䰂（53）。頭額頰頤，齒舌唇口。眉眼鼻耳，頸項臂肘。腰臍胸腋（54），腕爪指拇（55）。胛膊腿脛（56），跟踝腳手（57）。脅肋脊背，腓腨膝後（58）。脾腎腸肚，肺肝心部。髓腦筋骨，瘦瘠羸醜（59）。病患疾疹（60），痛癢疼軀。癲禿胗痹（61），癬疥瘑疽（62）。瘡痍癰癤（63），腫焮肌膚（64）。膿血臭污，鈹灸療除（65）。瘕痳欬嗽（66），啼唾呵噓（67）。癱殘攣跛（68），矬矮侏儒（69）。癲癇贛蠢（70），癡騃頑愚（71）。聾盲啞吃，坊巷街衢。羞恥慚赧（72），愧惡鄉閭（73）。珍寶貨賂（74），翳璧砗磲（75）。頗黎瑪瑙（76），琥珀珊瑚。琉璃玟瑁（77），金銀玉珠。鈆錫鑰鑼（78），銅鐵之徒。錮鏴

銷熔（79），爐冶鑄鑵。鼎鑊釜鏂（80），銼鑪鍑爨（81）。土鍋錓銚（82），鐺鏃堵
栱（83）。鏵鍬钁鑊（84），斧鑿鑷鍛（85）。鐮釤鉤鋸（86），錯鑢錐鑽（87）。耬犁
耕構（88），鋤刨壠畔。植稚稀疏，概密調短（89）。亢旱燋枯（90），溝渠溉灌。
柯桐櫃柄（91），芟刈撩亂（92）。削斫斬剉，踩挼押按。杈杷挑撥，杴策聚散（93）。
種積苫持（94），浸漬淹瀾（95）。質舉券契（96），保證賒獲。違時不償，抵捍
拒格（97）。示語靡從，擒挐撮挱。蹴蹋拳築，拗捩搭摑（98）。推揀拽挽（99），
罵詈嗔責。逃竄隱避，徵掣債索（100）。訴詞辯牒（101），曹府恐嚇（102）。駈馳
馱乘（103），走驟跳躑。緩急遲駛（104），快駛奔驛（105）。車轅轂輞（106），輪
輻軫輴（107）。釭鐧轄軸（108），鞦鞍轗輜（109）。籧篨篷篅（110），帷幌顯赫（111）。
雕鐫刻鏤，鏟削鏘鏚（112）。鎪刮剗挦（113），朽腐隨宜。尖喎偏戾（114），側
正傾敧。瑕釁罅隙（115），垣塞黏卑。樽壺盔缽（116），杯碗盞卮（117）。盤槃
樏疊（118），瓢杓箸匙。甖缸瓶檻（119），盆甕瓿炊。漿噀酪飯（120），羹臛粥
糜（121）。菹薺鮓脯（122），鮮鱠魚鮁（123）。店肆興販（124），吝怙慳惜（125）。
酤賣接待，豐饒添益。餅肉菜茹，臛膮煮炙（126）。煎熬焙焴（127），鹽豉調
適。醃鮨腩胲（128），鹹醶醶醋（129）。鮭餚粔籹（130），飷餘糍糣（131）。饆饠饊餕
（132），餲饡饅饊（133）。餛飩餡餬（134），糗粒研斷（135）。餗餲餃酢（136），吃
啖飽滿（137）。貪婪費耗，饞傭乖懶（138）。粳糧糯秫，禾粟穤稻（139）。穈黍
穀麥，豌豆烏蕎（140）。碓磑碾磨，杵臼舂搗。麨麵篩麩，粗澀細好。颺簸糠
糩（141），秕糘箕蒿（142）。稍穰楷莢，曬曝乾燥。菱蓮荷藕，芙蓉枝草。峪
澗嶸壑，崖崩岸倒。燒燃柴薪，擔攜負抱。構架椽柱，栿檁橝梁。搏風蚩吻
（143），雀桷簷廊（144）。廚廠廂序（145），板棧廳堂（146）。庵廬屋舍，置牖安
窗（147）。關鑰楔楔（148），備禦寧康。庫藏居貯（149），窖窨圖倉（150）。泥鏝
梯橙（151），磚墼壘牆（152）。掃灑庭院，料理園場（153）。畦菀種蒔（154），栽
插端行。槐榆椿楮，桐梓柘桑。楩楂椑柿（155），柑橘檳榔。苽桃李奈，棗杏
梨棠。蔥蒜韭薤（156），茱萸椒薑。芸苔薺蓼（157），葫荽芬芳（158）。蔓菁葵
芥，蘿蔔蘭香（159）。斜蒿藜藋（160），筍蕨蕈穰（161）。斸掘坑塹（162），豎棘
埋槍（163）。堡壁籬柵，周匝遮防。胎卵濕化，蚰蜒蜈蚣。蚊虻蚤虱（164），蜂
蝶螗螂（165）。蝦蟆蚌蛤（166），龜鼈鰍鰌（167）。鮎鯉鱧鯽（168），鯨鯢鱒鮄。
蚖蛇蝮蠍，蟒腹蜃腔。燕鵲鳩鴿，鴻鶴鳳凰。雞鴨鵝雁，鶉雉鴛鴦（169）。鷹
鶻鷙鶬，翅翮翱翔。麝香麖鹿（170），猿猴麝獐（171）。熊羆狐兔，虎豹豺狼。
驢馬牛犢，肫狗豬羊（172）。駱駝驏象，喂飼肥強。駵騮雛駮（173），驄駬駉驥

（174）。**鞍韉鞦轡，靷靬䩥繮。轎韉鐙鞦**（175），**帶鞘鑣傍。銚髇箭鏃**（176），**彈弩純鋼。劫賊剝奪，怕怖驚忙。偷盜私竊，跳驀非常**（177）。**追蹤逐跡，忖度思量。謀計智略，掩捉搜贓**（178）。**詐偽誑惑**（179），**誑誘誇張。摴蒲攤賭**（180），**酬賽輸觴**（181）。**圍棋握槊**（182），**戲弄披倡**（183）。**牢獄囚禁，繫縛愆殃**（184）。**檢校察訪，勿妄誣謗**（185）。**拷捽鞭棒**（186），**枷鎖杻桁**（187）。**判無阿黨，豈枉賢良。筆硯紙墨，記錄文章**（188）。**童蒙習學，易解難忘。**

【箋注】

（1）乾坤：天地。

（2）八節：古代以立春、立夏、立秋、立冬、春分、夏至、秋分、冬至爲八節。

（3）舒榮：孳生蕃茂。

（4）晦暮：黃昏和晚上。

（5）覝電：即「閃電」。

（6）嵩：嵩山。華：華山。

（7）霍：霍山。泰：泰山。恒：恒山。

（8）淮：淮水。濟：濟水。

（9）泓：深潭。

（10）弘廓：廣大邊疆。

（11）兆民：古稱天子之民，後泛指百姓。

（12）匡翊：匡正輔佐。勤恪：勤勉恭謹。

（13）賚：賜予。

（14）讌會：賓朋宴飲集會。

（15）觴：酒杯。

（16）酲：酒醉昏沉。

（17）承順：遵奉順從。

（18）娉：古代男方遣媒人向女方求婚，謂之娉，今通作「聘」。

（19）勒勤：統率征勤。

（20）運輦：即輦運，運輸。提擎：執提（擊鼓）、擎旗的略語。

（21）衰儜：體衰貧困。

（22）憤悶：同憤懣，即憤慨、氣憤。

（23）威儀：指符合當時習俗的屋中陳式。

（24）氈毹：毛織地、壁掛毯。氍毹：毛織氈類。

（25）于闐：古西域國名，在今新疆和田一帶。其國漢唐奉佛，故以「須彌」代稱之。

（26）箆簹：兩種竹名。

（27）薦蓆：即墊蓆。

（28）絓絓：惡絮。

（29）㲲：一種粗厚布。帒：細布名。

（30）紬䊸：劣質織品。

（31）鮮紋雙距：指錦繡品上織有鮮豔花紋的鬥雞圖案。雙距，雄雞雙腳後突出部分，爭鬥時用以刺對方。

（32）紕縵：一種經緯稀疏的帛。緊縐：比較堅實的縐紗。縐，織有縐紋的絲織品。

（33）袂：衣服的前襟，此處代指衣服。

（34）綾：連接。

（35）緆：連針。緛：縮短。

（36）袥襠：唐代婦女穿的類似裲襠的外袍。

（37）襦：無袖短衣，單的稱衣，棉的稱襖。褾袖：指有袖並加褾領的衣服。

（38）襟襴：即襟邊加襴的衣服。領紐：領上加紐扣的衣報。

（39）褾襻：繫衣腰（裙）的帶子。

（40）緝績：紡織。纑：麻線。縈：纏繞。

（41）筬：織具。筆：堅竹。

（42）躡：織機上提綜踏板。勝：通「伸」，指機上下陞降。軖：繰絲機車。霍：聲音。

（43）繀：本係紡車上的收絲器具，此處作「紡」解。幅：布帛。

（44）紫絳：兩種染草名。紫，紫茹。蘇芳：一種染木名，其樹心材可作紅色染料，根可作黃色染料。

（45）篋籭：竹箱。

（46）疊㩊：堆疊衣服。

（47）緀：草鞋。

（48）屨：單底鞋，多以麻、葛、皮製成。履：鞋。屧：鞋中襯墊。

（49）妝奩：女子梳妝用的鏡匣等物。

（50）煙支：即「胭脂」，紅色，婦女用以飾容。靨：古代婦女一種面部妝飾物。

（51）梳枇：理髮兼頭飾用具。

（52）髲：假髮。

（53）髭戟：髭森列如戟。

（54）膂：脊骨。

（55）指拇：手指和手拇指。

（56）胛：在人體胸背最上部外側的骨頭，左右各一，略作三角形。髆：在人肩頸兩旁之處，又謂之甲。胜：大腿上肉名。

（57）腳手：腳和趾。

（58）腓：脛腨，即小腿肥肉。

（59）痟：糖尿病。

（60）疹：皮膚上起的紅色小疙瘩。

（61）胗：嘴唇潰瘍。痹：風、寒、濕等引起的肢體疼痛或麻木症狀。

（62）瘑：瘡。疽：結成塊狀的惡瘡。

（63）痍：傷或創傷。癰：惡瘡。癤：細菌侵入毛囊內引起的皮膚小瘡，俗稱癤子。

（64）燉：發炎腫痛。

（65）鈹灸：即鈹針，古代一種醫療器械，下端尖形，兩面有刃，多作刺破癰疽、排出膿血之用。

（66）瘕：腹中結塊病。瘕：即休息痢，下痢屢發屢止，日久不愈病。

（67）啼：悲啼。唾：唾液。呵：噓氣。噓：吹。呵噓：本指人中氣不足，行動吐氣，此為「虛弱」。

（68）癱：足不能行病。

（69）矬：謂人短、矮。

（70）贛：憨。

（71）騃：愚，呆。

（72）赧：因羞愧而臉紅。

（73）惡：自愧。

（74）貨賂：財物。

（75）翳璧：即隱匿於石中的和氏璧。砰碌：次於玉的美石。

（76）頗黎：狀如水晶的寶石。

（77）玳瑁：爬行動物，形似龜。甲殼黃褐色，有黑斑和光澤，可作裝飾品，甲片可入藥。

（78）鍮：一種黃色有光澤的礦石，即黃銅礦或自然銅。鑞：錫和鉛的合金，用以焊接金屬，也可製器。

（79）錮：用金屬熔液澆灌填塞空隙。輅：金飾之車。

（80）鬲：古時無足的鼎。鬵：即「鬲」。

（81）銼鏏：小鍋。鍑：釜類，形制不一。爨：炊具。

（82）鎗銚：帶柄有嘴小鍋。

（83）楷栚：根據，按照。

（84）钁：大鋤。鑱：古代一種鐵製的刨土工具。

（85）鑿：小鑿。

（86）釤：一種長柄大鐮刀，也叫釤刀。

（87）錯鑢：剗磨器物。錯，銼刀，即「鑢」，治骨角銅鐵工具。

（88）耬犁：即「樓犁」，一種可耕溝又可播種的農具。耩：以耬播種稱耩。
（89）穊：稠密。調短：把稠密稚苗調補到短缺地方。
（90）亢旱：大旱。
（91）柌：鐮柄。欋：鋤柄。
（92）芟刈：指收割莊稼。
（93）杴：農具，有鐵杴、木杴之類。策：指箕具。
（94）稑：把禾稼壘稑起來。苫持：用苫加以護持。
（95）瀾：大水波。
（96）舉：借貸。
（97）捍：通「悍」。格：法律之一；此處的「格」，是指典質、舉債的券契方面的法律規定。
（98）捩：扭。搭摑：本為「摑搭」，因協韻而倒置。摑搭，即摑打。
（99）揀：縛。挽：牽引，拉。
（100）徵：通「懲」，懲罰。掣：控制。
（101）辯：辯訟，即申辯訴訟。
（102）曹府：官府。
（103）駈：同「驅」。
（104）駞：儲養騾馬。
（105）快：駿馬。駛：疾，快。
（106）輞：車輪外框。
（107）軨：即「軨軒」，有窗車。轒：即「轒輼」，古代戰車，用於攻城。
（108）釭：車轂口穿軸用的金屬圈，使軸鐗相磨不損。鐗：嵌在車軸、車轂間的鐵皮，以保護車軸不磨損。轄：車鍵，即車軸兩頭扣住的插拴，以使車輪不脫。
（109）鞅：套在牛馬頸上的皮帶。鞈：刀鞘。鞲：用皮製的臂套。鞾：靴子。
（110）籧篨：粗竹席。篷篕：用竹編篷蓋車船上面，以遮蔽風雨和日光的設施。
（111）幰幨：車帷。
（112）鎊：切削。鏩。為「鏩鑼」之略；鏩鑼，一種銅製盥洗用具。
（113）剚捋：削摩。
（114）戾：乖張，不順，違逆。
（115）璺：裂痕，縫隙。
（116）甃：像瓦盆而深的器皿。
（117）卮：酒器。
（118）盤：承水器皿。檠：盛物器皿，指有腳的盤。樏：中間有隔的、盛飯菜的扁盒。疊：同「碟」。
（119）榼：盛酒或貯水的器皿。

（120）漿：酒漿，古代一種飲料。㘝：噴；古代曾有噴酒救火故事。

（121）臛：肉羹。粥糜：稀飯。

（122）菹：醃菜。鮓脯：醃製的魚乾。

（123）鮍：剖開的魚片。

（124）興販：經商，販賣。

（125）吝怙：憑恃吝嗇。慳：不多，稀少。

（126）膓：騗腸胃。朡：薄肉片。

（127）炰：蒸煮（燒）。熅：烘乾。

（128）鮆：海魚，似鯿而小。腩胅：一種烹調肉食的方法。

（129）醶：一種醋名。酸：醋名。

（130）粔籹：古代一種食品，以蜜和米麵，搓成細條，組之成束，扭成環形，用油
　　　　煎熟，又稱寒具、膏環。

（131）餢飳：餅名。糍：糯米蒸熟後搗碎做成餅。粞：屑米餅。

（132）饆饠：餅名。

（133）饘：食。

（134）餪：餅。

（135）糈：米粒。

（136）龂：啃嚼。齩：亦作「咬」。齰：嚼。

（137）啖：吞吃。

（138）乖懶：非常懶惰。

（139）穬：大麥的一種；也稱裸大麥，青稞。

（140）烏蕎：蕎麥。

（141）糩：糠。

（142）秕：中空或不飽滿的穀子。麩：麥或稻穀的殼子。

（143）蚩吻：本為鳥嘴狀的形象衍化物，是我國古代宮殿、屋脊兩端一種常見的裝
　　　　飾。

（144）桔：楣，屋檐。

（145）庌：廊房。

（146）棧：用竹木編的檔隔。

（147）牖：窗戶。

（148）欜：木名，古人以為能驅鬼神，用為門檻。楔，本指以竹木片插地，這裏指
　　　　柵欄或籬笆。

（149）居貯：積存貯藏，亦指貯存之物。

（150）囷：指存放穀物的圓囤。

（151）橙：同「凳」，即凳子。

（152）墼：磚或未燒的磚坯，亦指用泥土或炭屑搏成的圓塊。

（153）園場：即場園，場圃。

（154）種蒔：種植移栽。

（155）楑楂：山楂中的一種。椑柿：果木名，爲柿之短而小者，實似柿而青，今稱油柿。

（156）蒴：一種多年生草本植物，新鮮鱗莖可作蔬菜，乾燥鱗莖可入藥。

（157）芸苔：即油菜。蓼：爲一年或多年生草本植物，有水蓼、紅蓼、刺蓼等品種，味辛，又名辛菜，可作調味用品，江淮人俗稱辣蓼。

（158）葫荽：即「芫荽」，亦作「胡荽」，俗稱香菜。

（159）蘭香：一年生草本植物，葉卵圓形，略帶紫色，花白或淡紫，莖與葉有香氣，可作香料和入藥。

（160）斜蒿：屬於蒿類。

（161）蓴穰：指「筍」「蕨」「斜蒿」「藜藿」等叢生簇聚之貌。

（162）斸：挖掘。

（163）槍：樁；用削尖的竹木片埋於地裏，供編籬用。

（164）蚤虱：跳蚤和虱子。

（165）螗螂：亦作「螳螂」，是對人類有益的昆蟲，專捕害蟲爲食。

（166）蝦蟆：是青蛙和蟾蜍的總稱。

（167）魦：通「鯊」，即鯊魚。

（168）鱧：鱧魚，俗稱黑魚、烏鱧，性兇猛，捕食其它魚類。

（169）雉：野雞。

（170）麝香：即麝子，俗稱香獐，似鹿而小。麋：狀如小牛的動物，雄有角，像鹿，尾像驢，蹄像牛，頸像駱駝，俗稱「四不像。」

（171）麀：鹿的一種。獐：似鹿而小。

（172）肫：小豬。

（173）騅：毛色蒼白相間的馬。駮，同「駁」，毛色斑駁的馬。

（174）驄：青白相雜的馬。駬：馬名。駏：黑嘴的黃毛馬。

（175）鞽韉：馬鞍皮拱起的部分。鐙韄：上馬踩的軟皮腳鐙。

（176）鈚髇：箭的一種。

（177）跳驀：「跳牆驀圈」，指偷盜行爲。

（178）掩捉：乘其不意而捕捉。

（179）詐僞：弄虛作假，僞裝冒充。

（180）摴蒲：古代博戲名。

（181）酗：飲酒。觴：酒器，這裏代指飲酒。

（182）圍棋：棋類的一種，古代叫「弈」。握槊：古代一種類似雙陸的博戲。

（183）戲弄：即戲弄參軍，古代一種滑稽戲劇表演。

（184）愆：罪過，過失。

（185）妄：胡亂，隨便。

（186）捽：抓、揪頭髮，古代有捽引等刑法。

（187）杻：手拷。桁：頸上或腳上的刑具。

（188）文章：文字。

第四章　《文心雕龍》與讀寫教學

　　劉勰所著的《文心雕龍》，是一部體大精深的古代文學理論專著，但是，如果從廣義上講，從一般閱讀學、寫作學的角度來講，可以說它又是一部關於閱讀、寫作指導的專著，其閱讀、寫作理論之精深，值得深入探討。

第一節　「六觀」說與閱讀方法

　　關於「六觀」說，劉勰在《文心雕龍·知音》中寫到：「無私於輕重，不偏於憎愛；然後能平理若衡，照辭如鏡矣。是以將閱文情，先標六觀：一觀位體，二觀置辭，三觀通變，四觀奇正，五觀事義，六觀宮商。斯術既形，則優劣見矣。」〔註1〕意思是說，沒有忽輕忽重的私心，沒有忽憎忽愛的偏見，然後才能像天平般稱量內容的高下，像鏡子樣照見文辭的美惡了。因此，要審察文章的情思，先舉出觀察的六個方面：第一，看體制安排，第二看文辭布置，第三看繼承變化，第四看或奇或正的表現手法，第五看運用事類，第六看聲律。這個方法實行了，那麼文章的優劣就顯出來了。這是對劉勰這段話的一般理解。關於「六觀」說，學界有不同的理解。為了敘述上的方便，我們採用黃維樑的說法。黃維樑綜合各種不同的說法，並加以己見，更大膽地調整了原來六觀的次序，重新解讀了「六觀」，形成了一個「現代化」的六觀說：

　　第一觀位體，就是觀作品的主題、體裁、形式、結構、整體風格；

〔註 1〕周振甫：《文心雕龍今譯》，中華書局，1986 年 12 月第 1 版，第 438 頁。（本章所引《文心雕龍》均出自此版本，下面只注篇名。）

第二觀事義，就是觀作品的題材，所寫的人事物等種種內容，包括用事、用典等，以及作品包含的思想、義理。

第三觀置辭，就是觀作品的修辭手法，觀作品的用字修辭。

第四觀宮商，就是觀作品的音樂性，如聲調、押韻、節奏等；

第五觀奇正，就是通過與同時代其它作品的比較，以觀該作品的手法和風格，是正統的，還是新奇的；

第六觀通變，就是通過與前代作品的比較，以觀該作品的表現，如何繼承與創新。〔註2〕

下面就以黃維樑的解說為依據，對「六觀」說加以闡釋，但仍舊依照劉勰的敘述順序。

一、觀位體

「觀位體」的「體」，是包括文章的體裁、結構和篇幅在內的一個特定概念。《定勢》篇說：「因情立體。」「體」是由情而決定的。「夫水性虛而淪漪結，木體實而花萼振，文附質也。」（《情采》）有什麼樣的內容，就會有什麼樣的形式；形式由內容決定而又體現內容。「體」是形式的重要因素，因而通過對「體」的考察，有助於瞭解文章的內容。「觀位體」，就是由體入手以及情的方法，即根據文章的體裁特點、結構形式和篇幅容量，來透視文章的內容。

各種文章體裁在其產生和發展過程中，逐漸形成各自的特點和規律，具有不同的要求。劉勰認為，進行寫作必須注意不同文體的差別，「循體而成勢，隨變而立功者也」（《定勢》）。但是文體作為形式的因素，受內容制約；內容不同，形式也必然有所不同；內客變化，形式也必然隨之變化。劉勰說：「詩有恒裁，思無定位」（《明詩》），「夫設文之體有常，變文之數無方」（《通變》）。因而，寫作採用什麼具體樣式，就存在如何「位體」的問題。

文體的確定，雖然沒有刻板的模式，但並不是沒有規律可循的。劉勰認為：「夫情致異區，文變殊術，莫不因情立體，即體成勢也」（《定勢》）。意思是說，寫作必須根據所要表現的思想內容來確定體裁，同時按照體裁自身的特點形成作品的風貌，這樣的「位體」才是合乎創作規律的。

〔註 2〕黃維樑：《〈文心雕龍〉「六觀」說和文學作品的評析——兼談龍學未來的兩個方向》，載《北京大學學報》（哲學社會科學版）1996 年第 2 期。

劉勰還注意區分各種文體的不同特點，強調樣式有恒，體裁有定。同時，他又看到各種體勢並非涇渭分明，水火難容，而是可以互相融合，互相補充的。但無論如何變化，都不能抹煞文體的基本要求，否則就「失體成怪」了（《定勢》）。

「觀位體」還有考察文章的綱領線索、佈局謀篇、選材煉意和過渡照應等意思。這些都屬於結構問題。在《文心雕龍》的《熔裁》《附會》諸篇中均論及結構，可以結合起來探討。《熔裁》篇是講煉意煉詞的，用劉勰的話說就是「規範本體謂之熔，剪截浮辭謂之裁。裁則蕪穢不生，熔則綱領昭暢。」從「熔意」的角度看，目的就是要使文章的內容與體制相協調，情理安排妥當，各歸其位，各司其職，篇章結構綱要分明，不產生「駢拇枝指」，不雜亂無章。《附會》篇是著重探討篇章結構的。劉勰在解釋「附會」的含義時說得很清楚：「何謂附會？謂總文理，統首尾，定與奪，合涯際，彌綸一篇，使雜而不越者也。若築室之須基構，裁衣之待縫緝也。」即本篇是專講文章的綱領線索、首尾照應、材料取捨、章節組合的，猶如建築之須設計，縫紉之須連綴一般。《附會》篇接著說：「以情志為神明，事義為骨髓，辭采為肌膚，宮商為聲氣，然後品藻玄黃，摛振金玉，獻可替否，以裁厥中。」按其本意，這些也都應屬於「宜正體制」的內容，所謂「正體制」，就是文章綱領線索、篇章結構的安排，就是要以「情志」為核心統帥全篇，安排事義、辭采和音律，從而做到形象鮮明、音韻和諧、選材恰當。

「觀位體」還需考察文章的風格。文章風格的優劣，常常是魚龍混雜，頗難辨析：「精者要約，匱者亦鮮；博者該贍，蕪者亦繁；辯者昭晰，淺者亦露；奧者復隱，詭者亦曲。」（《總術》）精練的寫得扼要簡短，內容貧乏的也寫得短小；淵博的寫得完備詳盡，蕪雜的也寫得繁多；辯析的寫得明白，淺薄的也寫得顯露；深奧的寫得隱晦，詭異的也寫得曲折。同時，我們還可以看到，在批評鑑賞中，由於鑑賞者興趣愛好不同，才、氣、學、習和氣質上的差異，以及文章本身的複雜性，極易形成「褒貶任聲、抑揚過實」（《辨騷》）或「各照隅隙，鮮觀衢路」的偏見。他在《知音》篇中論述說：「夫篇章雜沓，質文交加，知多偏好，人莫圓該。慷慨者逆聲而擊節，醖藉者見密而高蹈；浮慧者觀綺而躍心，愛奇者聞詭而驚聽。會己則嗟諷，異我則沮棄，各執一隅之解，欲擬萬端之變。所謂東向而望，不見西牆也。」文學作品十分複雜，

內容與形式交織而多樣化，欣賞評論者又常常各有偏愛，認識能力也不全面。例如，性情慷慨的人遇見激昂的聲調就打起拍子來，喜歡含蓄的人讀到細密的作品就會跟著走，有點小聰明的人看見靡麗的文章就動心，愛好新奇的人對於不平常的事物就覺得愛聽。凡是合於自己脾胃的作品就稱賞，不合的就不理會；各人拿自己片面的理解，來衡量多種多樣的文章：這真像一個人只知道向東望去，自然永遠看不到西邊的牆一樣。為此，劉勰在《總術》篇中提出：「夫不截盤根，無以驗利器；不剖文奧，無以辨通才。才之能通，必資曉術，自非圓鑒區域，大判條例，豈能控引情源，制勝文苑哉！」也就是說，不砍斷盤錯的樹根，無從檢驗斧子的鋒利；不能分析文章的奧妙，無從辨別是否具有精通創作的才能。能夠精通創作，必須靠懂得作文的方法；如果不是周全地鑒別各種文體的區別，盡量分析各種條理和例證，哪能夠控制情理，在文壇中取得優勝呢？

二、觀置辭

觀置辭，就是考察文章的語言形式。語言是思想藉以外現的符號體系，是信息的載體。觀置辭，就是由言辭入手以及意的方法，即借助作者遣辭造句的符號序列、信息載體，來揭示文章的內容，以及作者之意與之思。劉勰在《章句》篇中說：「夫人之立言，因字而生句，積句而成章，積章而成篇。篇之彪炳，章無疵也；章之明靡，句無玷也；句之清英，字不妄也。振本而末從，知一而萬畢矣。」意思是說，人們進行寫作，是由個別的文字組成句子，再把句子組成章節，然後由章節組成一篇。所以，要全篇光彩，必須各個章節沒有毛病；要各個章節都明麗，必須所有的句子沒有缺點；要所有的句子都優美，必須一切文辭都不亂用。這好比搖動根幹，枝葉也跟著搖動，懂得基本的道理，各種各樣的事例，就都可以概括進去了。劉勰從字到篇，再從篇到字，充分說明了語言運用在創作中的重要性。

從用字來說，劉勰以明白易懂為根本。作品是寫給人看的，所表達的思想感情要使讀者領會，首先要讓人看懂。因而他提出「避詭異」的原則，即避免使用那些艱深怪僻、胡編亂造的「字妖」。他批評前漢的某些作家用字太深、太怪，令人費解，批評後漢的某些作家隨便書寫，文字不規範，還批評了當代作家那種追奇逐異的用字偏向。他主張寫作時要講究用字，力求簡易。

　　從語言的繁簡來說，劉勰主張「周而不繁，辭運不濫」，要根據表情達意的要求錘鍊語言。《熔裁》篇認為：「句有可削，足見其疏；字不得減，乃知其密」，要求高度的精鍊。他並不是片面追求「簡」，也不是籠統反對「繁」。如果「字刪而意缺，則短乏而非核」，反之，如果「辭敷而言重，則蕪穢而非贍」；如果能使「字去而意留」，「則一章刪成兩句」都可以；如果能使「辭殊而意顯」，「則兩句敷為一章」也行。「艾繁而不可刪，濟略而不可益」，謝艾的文章繁複而不可刪減，王濟的文章簡練而不可增加，這就是語言繁簡的準繩。

　　劉勰往往從作品的有機整體出發，在詞、句、章、篇的聯繫中，去考察語言運用的問題。在《章句》篇中，他指出：「夫裁文匠筆，篇有小大；離章合句，調有緩急；隨變適會，莫見定準。句司數字，待相接以為用；章總一義，須意窮而成體。其控引情理，送迎際會，譬舞容迴環，而有綴兆之位；歌聲靡曼，而有抗墜之節也。尋詩人擬喻，雖斷章取義，然章句在篇，如繭之抽緒，原始要終，體必鱗次。啟行之辭，逆萌中篇之意，絕筆之言，追媵前句之旨；故能外文綺交，內義脈注，跗萼相銜，首尾一體。若辭失其朋，則羈旅而無友；事乖其次，則飄寓而不安。是以搜句忌於顛倒，裁章貴於順序，斯固情趣之指歸，文筆之同致也。」意思是說，韻文和散文的寫作，篇幅有長有短；分章造句，音節有緩有急：這些要根據不同的情況而臨機應變，是沒有固定的準則的。一個句子統領若干文字，有待適當地聯繫，才能起到它的作用；一個章節匯總一定的意義，必須表達一個完整的內容才能成章。在內容的掌握上，要取捨得當，就如迴旋的舞蹈，行列有一定的位置；柔麗的歌聲，高低有一定的節奏。考查《詩經》的作者想要表達的內容，雖是分章說明意義，但章節和句子在全詩中，和在蠶繭上抽絲一樣，從開始到結束，都是聯繫緊密而絲毫不亂的。開頭說的話，就考慮中篇的內容；結束時的話，則是繼承前面的旨意；因而能文采交織於外，脈絡貫注於內，像花房與花萼一般相互銜接，首尾一體。如果文辭和整體失去聯繫，就像孤獨的旅客沒有同伴；敘事違反了正常的次第，就像飄蕩的遊子無處安身。所以，組合句子要避免顛倒，分判章節要按照順序，這的確是文章情趣的共同要求，散文與韻文都是如此。劉勰的這段話，概括起來，就是要求用詞造句必須胸有全局，做到文從句順，井然有序，前後照應，首尾圓合，使內在的思想感情如血脈貫注，使文章的各個部分渾然一體。

三、觀通變

「觀通變」，就是考察文章能否處理好繼承和創新發展的關係。在文學批評實踐中，劉勰常常從「通變」的角度來確立批評標準，以評定作品的成敗得失和價值地位。例如評論《楚辭》，他就從思想內容和藝術形式兩個方面指出它和儒家經典的異同，得出「雖取熔經意，亦自鑄偉辭」，「故能氣往轢古，辭來切今，驚采絕艷，難與並能」的結論，從而充分肯定了屈原作品的藝術價值和在文學史上的重要地位。劉勰講通變，是根據文學自身的發展規律，確定一個批評的尺度：考察文學作品是否有所繼承，有所創新，繼承了什麼，創造了什麼。一句話，是否做到「望今制奇，參古定法」（《通變》）。

劉勰在《通變》《徵聖》《宗經》等篇中，對寫作中的繼承與創新相互依賴、相互制約的辯證關係，有著充分的認識，認為「通」（繼承借鑒）和「變」（創新發展）都是完全必要的，文章寫作要講究繼承借鑒和變化革新。

劉勰認為，論文明道就得向聖人學習，因此撰有《徵聖》篇；寫作應以儒家經書為標準，效法五經來作文，因此又撰有《宗經》篇。那麼從寫作學的角度講，他究竟要求向聖人、經書繼承借鑒些什麼呢？首先，劉勰提出要向聖人、經書學習文章體制。其次，劉勰提出要學習經書中的寫作準則。再次，劉勰提出要繼承借鑒聖人的寫作技巧。

劉勰同時也指出，寫作的真正目的是在繼承借鑒基礎上創新發展。只有在繼承的基礎上不斷開拓前進，才能汲取永不枯竭的創作源泉，在寫作道路上縱意馳騁。因此，我們也應認識到劉勰主張的繼承借鑒，並非亦步亦趨地摹仿抄襲經書，而是僅僅強調學習繼承經籍中的文體規範、寫做法則和寫作技巧。在《通變》篇中，劉勰指出：「夫誇張聲貌，則漢初已極，自茲厥後，循環相因；雖軒翥出轍，而終入籠內。」對聲音形貌加以誇張，那在漢朝初年的辭賦裏已經達到極點，從此以後，像轉圈般互相沿襲，縱有想跳出舊套，卻終於落在圈子裏。劉勰列舉枚乘、司馬相如、馬融、揚雄、張衡的作品，對他們相互摹仿抄襲，其文句如出一轍極為不滿，指出其「循環相因」「五家如一」，認為只有「參伍因革」，即必須錯綜變化，有繼承有創新，才符合「通變」的規律。因此，劉勰對具有創新精神的作家、作品總是傾盡感情予以盛讚。例如，他贊韋孟「首唱」之功：「漢初四言，韋孟首唱，匡諫之義，繼軌周人。」（《明詩》）頌賈誼「首出」之績：「自賈誼浮湘，發憤弔屈，體同而事核，辭清而理哀，蓋首出之作也。」（《哀弔》）稱道宋玉、枚乘、揚雄等在

創制文體上的帶頭作用：「宋玉含才，頗亦負俗，始造對問，以申其志，放懷寥廓，氣實使文。及枚乘摛豔，首製《七發》，腴辭雲構，誇麗風駭。」「揚雄覃思文閣，業深綜述，碎文瑣語，肇爲連珠，其辭雖小而明潤矣。」（《雜文》）可見，在劉勰看來，在繼承借鑒的基礎上必須開拓創新，才能寫出優秀的篇章。

四、觀奇正

「觀奇正」，就是考察文章如何處理「奇」與「正」的關係。「新奇者，擯古競今，危側趣詭者也。」（《體性》）「舊練之才，則執正以馭奇；新學之銳，則逐奇而失正。」（《定勢》）「奇」，即「新奇」，指文章形式的奇異、獨特因素。「正」，即「雅正」，指文章形式的典雅、莊重因素。「觀奇正」，就是考察文章對奇正的處理是否得當，是「意新得巧」，還是「失體成怪」。

劉勰認爲，一個作家文風的奇正，歸根結底是由於其情趣愛好和師承習染的不同：「桓譚稱：『文家各有所慕，或好浮華而不知實核，或美眾多而不見要約。』陳思亦云：『世之作者，或好煩文博採，深沉其旨者；或好離言辨白，分毫析釐者；所習不同，所務各異。』言勢殊也。」（《定勢》）桓譚說：「作家各有愛好，有的愛好浮華不知道核實，有的愛好繁多不注意簡要。」曹植也說：「世上的作家，有的愛好博採繁文，使命意深沉不露；有的喜歡字斟句酌，剖析毫釐；各人習尚不同，所致力的也各不一樣。」說明體勢有種種分別。各有所好也就形成了不同的文風：「是以模經爲式者，自入典雅之懿；效《騷》命篇者，必歸豔逸之華；綜意淺切者，類乏醞藉；斷辭辨約者，率乖繁縟：譬激水不漪，槁木無陰，自然之勢也。」（《定勢》）因此模仿經書來寫作的，自然具有典雅的好處；仿傚《離騷》來創作的，一定歸入華麗卓越之類；命意淺顯切近的，大都不夠含蓄；措辭簡明的，大致與豐富多彩不合：好比激起浪花的水不會有微波，枯樹不會有濃密的遮蔭，這是自然的趨勢。各有所師也就形成了不同的文風：「熔範所擬，各有司匠，雖無嚴郛，難得踰越」。（《定勢》）作者所模擬的範本，各有各的師承，雖然彼此之間並沒有嚴格的界限，卻是很難超越的。

那麼，「將閱文情」時爲什麼要先弄清表現方法的「奇正」呢？因爲它與正確理解文章表達的思想感情大有關係。「奇」，近乎所謂浪漫手法；「正」，近乎所謂寫實手法。倘若不瞭解表現方法的這種差別，誤以「奇」爲「正」，

或以「正」爲「奇」，都會導致對文章思想內容的誤解。

劉勰認爲，文學的各種表現形式，都有一定的法則。如說誇張，是「誇而有節，飾而不誣」（《誇飾》）。遵守藝術表現的基本法則，就是「正」。原則之爲原則，意味著不能隨便違反。「反正」必然走入創作的歧途。他指出「新學之銳，則逐奇而失正」（《定勢》），造成文學創作流弊難除。但是，強調藝術有其基本法則，並不是說有什麼固定的一成不變的表現模式。在同一法則的基礎上，可以有不同的表現，因而法則的規定性和表現的可變性是統一的，並不互相排斥和否定。劉勰在《定勢》篇中說：「淵乎文者，並總群勢：奇正雖反，必兼解以俱通；剛柔雖殊，必隨時而適用。」深於創作的人，都善於綜合各種體勢：奇變和正規雖然相反，一定都懂得融會貫通；剛健和柔婉雖然不同，一定在跟著時機加以運用。也就是說，要掌握各種文章體勢，按照不同的內容，兼通奇正、剛柔，以確定體制和風格。

關於如何正確處理「奇」與「正」之間的關係，劉勰主張「執正以馭奇」，即在服從藝術的基本法則的基礎上去「借巧」「會奇」。

五、觀事義

「觀事義」，就是品評文章引事、引言證明文章要義是否妥貼恰當。劉勰在《事類》篇中說：「事類者，蓋文章之外，據事以類義，援古以證今者也。」「然則明理引乎成辭，徵義舉乎人事，乃聖賢之鴻謨，經籍之通矩也。」文章中的事例，是文章在達意抒情之外，援用事例來證明文義，引用古事來證明今義。然則說明某一道理引用現成的話，證明某一意義引用有關事例，是聖賢的大文章，經書的通用規則。「事義」，就是以「引成辭」「舉人事」來「明理」「徵義」的一種表現。劉勰認爲這種表達形式是聖賢寫文章的通則。《事類》篇還說：「學貧者迍邅於事義，才餒者劬勞於辭情，此內外之殊分也。」缺少學問的，在引證事義上會發生困難，缺少才能的，在表現文情上會顯得勞累，這是內具才能和外求學問的不同。可見，從文章所徵引的材料及其所闡明的義理中，可以判斷一個作者才能的高低和學識的深淺。「觀事義」，便是由所構成的文章的寫作材料及其闡明的義理，來判定作者的才學、文章的好壞。

「事」和「義」都是文章的材料。「事」是實事性材料，「義」是理論性（觀念性）材料。「觀事義」則是通過文章的材料去認識「文情」。文章的思

想感情，是憑藉材料來表達的；材料是思想的支柱。所以，要想正確瞭解「文情」，必須先觀察、分析它所憑藉的材料。弄清了這些材料本身的意義以及作者是如何使用它們的，才能進而把握文章的思想感情，特別是其主旨。由此看來，「將閱文情」，先「觀事義」是不可缺少的。

劉勰在《事類》篇中說：「綜學在博，取事貴約，校練務精，捃理須核，眾美輻輳，表裏發揮。」綜合的學識在於淵博，而選取事例成辭則重在精簡，考覈提煉務求精當，採摘義理必須抓住核心，把各種優點都彙集起來，使所具有的學問和才識都發揮長處。

「取事貴約」是針對引事、引言提出的要求。儘管劉勰認識到「博見為饋貧之糧」（《神思》），廣博的知識可以豐富寫作主體的學問和增長其才幹。但是，如果不善於駕馭運用，也有可能形成「繁華損枝，膏腴害骨」（《詮賦》），「繁雜失統」（《風骨》）、蕪穢叢生的狀況，因而他又辯證地提出「貫一為拯亂之藥」（《神思》）的主張，強調寫作時必須中心一貫、主題集中，一切都必須圍繞所要表達的主要情志展開。對此，他提出要「風清而不雜」「體約而不蕪」（《宗經》）；要求「繩墨以外，美材既斫」，才能做到「首尾圓合，條貫統序」（《熔裁》）。其目的就是要求作者引事、引言必須「以情志為神明」（《附會》）決定取捨去留，使文章顯得精要不繁，主題突出。

「捃理須核」是劉勰對引事、引言的又一要求。它是指引語、用事必須真實、確鑿，不能隨便曲解和捏造。這就需要對各種材料進行審查和驗證，在寫作時採取實事求是的態度。在《事類》篇中，他說：「事得其要，雖小成績，譬寸轄制輪，尺樞運關也。或微言美事，置於閒散，是綴金翠於足脛，靚粉黛於胸臆也。」認為，引事、引言能抓住要點，用得恰到好處，儘管所引的事小，也能產生卓越的成效，好比車軸頭上寸把長的鍵能夠管制車輪，尺把長的門臼能夠轉動大門。相反，精美的言論和美好的事例，若放到無關緊要的地方，就好比把珠寶、翡翠戴在腳脖子上，把脂粉翠黛抹在胸脯上一樣不得要領。對引事、引言的真實性問題，他說：「凡用舊合機，不啻自其口出；引事乖謬，雖千載而為瑕。」（《事類》）一切引用故事或舊文用得合適，和從作者自己口中說出來的話沒有什麼兩樣；要是把故事引用錯了，即使傳了千百年，也還是毛病。他批評曹植的《報孔璋書》「引事之實謬」，批評司馬相如的《上林賦》「信賦妄書」，批評陸機的《園葵詩》「改事失真」（《事類》），就是因為這些作家作品違反了引語用事「須核」的原則。

六、觀宮商

「觀宮商」，就是考察文章語言的音調和聲律。劉勰在《聲律》篇中說：「言語者，文章關鍵，神明樞機；吐納律呂，唇吻而已。」言語是構成文章的關鍵，表達情思的機構；吐辭發音要符合音律，在調節唇吻等發音器官罷了。因而，作者應該做到使文章的語言具有音樂美：「聲轉於吻，玲玲如振玉；辭靡於耳，累累如貫珠矣。」聲調在嘴上流轉，清脆得像寶玉發出的聲音，文辭聽來悅耳，圓轉得像串聯的珠子。

為什麼「將閱文情」要先「觀宮商」呢？因為語氣變化、音調抑揚等，與思想感情息息相通，如果不正確掌握它們，也會妨礙對「文情」的正確理解。所以，這也是「披文以入情」的環節之一。劉勰生活在崇尚駢文和五言詩相對發達的時代，他的《文心雕龍》就是用駢文寫的，而駢文和詩歌都很講究聲調和諧、韻律優美，所以劉勰提出的「觀宮商」是很有時代特色的。

劉勰認為，「觀宮商」主要是看是否做到了音調和諧、韻律優美，也就是他所說的「和韻」，即「異音相從謂之和，同聲相應謂之韻」（《聲律》）。所謂「異音相從」，就是要求聲音的宏亮與細微要參差錯落，音調的高低要抑揚頓挫。同時，雙聲、疊韻的詞不能在中間插入其它詞素，否則，念起來會很彆扭繞口。劉勰認為：「凡聲有飛沉，響有雙疊。雙聲隔字而每舛，疊韻雜句而必睽；沉則響發而斷，飛則聲颺不還，並轆轤交往，逆鱗相比；迂其際會，則往蹇來連，其為疾病，亦文家之吃也。夫吃文為患，生於好詭，逐新趣異，故喉唇糾紛；將欲解結，務在剛斷。」（《聲律》）所有的聲音，都有飛揚和下沉兩種，音響有雙聲和疊韻兩種。兩個雙聲字給別的字隔開了，念起來往往不順口，兩個疊韻字隔雜句中兩處，念起來一定彆扭；都用下沉的音，那音調就沉下去，像斷了似的，都用上揚的音，那音調就飛揚不能轉折，兩者配合起來就會像井上轆轤那樣上下圓轉，像鱗片那樣緊密排列著；要是配合不合適，念起來就繞口，它的毛病，就像文章家的口吃一樣。文章中發生口吃的毛病，是因為喜歡怪異造成的，文辭過於追求新奇，所以念起來不順口；要解開這個疙瘩，主要在于堅決去掉癖好。所謂「同聲相應」，就是指要講究押韻，使收聲相同的音前後呼應，形成優美的韻律。劉勰認為；只要能夠注意聲韻的搭配，「左礙而尋右，末滯而討前」，就能夠達到「聲轉於吻，玲玲如振玉；辭靡於耳，累累如貫珠」（《聲律》篇）的優美境界。

劉勰還認為，聲律的和諧與否同作者的才學有直接關係：「練才洞鑒，剖

字鑽響，識疏闊略，隨音所遇，若長風之過籟，南郭之吹竽耳」。(《聲律》)
才識精深的，會剖析字的音韻，才識粗疏的，用韻就像偶然碰上的，如同風
吹孔竅發聲，如同南郭先生吹竽罷了。

以上六條，概括而言，實際上也只有兩條，即思想內容和藝術形式兩個
方面的標準。其中，「位體」是涉及「情」的，「事義」也是思想內容方面的
東西；「通變」「奇正」是關於文學風格、寫作方法等諸方面的繼承和創新等
問題，包括內容、形式兩個方面；而「置辭」「宮商」，是指語言形式。

下面，以分析《記念劉和珍君》為例，看看在閱讀教學中如何運用「六
觀」說。(摘自李建中：《文心雕龍講演錄》，廣西師範大學出版社，2008 年
12 月第 1 版。此有刪節。)

先來看這篇文章的「位體」和「事義」。先看位體，即它的體要，看它究
竟講了什麼東西。它的體要在最後一段，就如我們說的「卒章顯其志」。「有
幾點出於我的意外」，他講了三點。第一點是「當局者竟會這樣的兇殘」；第
二點是「流言家竟至如此之下劣」；第三點是「中國的女性臨難竟能如是之從
容」。這就是《記念劉和珍君》的體要。其實魯迅的文章就是講這三層意思：
鎮壓者的殘酷、散播流言飛語的人的下流、被鎮壓者的從容。

再講體裁，它當然是雜文，屬於抒情類的雜文。語體就是雜文體，或者
按劉勰的「文筆之分」的話，它屬於「筆」。有韻為文，無韻為筆，這篇文章
是不押韻的，雖然裡面也有對句。

《記念劉和珍君》的風格，也就是體貌呢？借用鍾嶸《詩品序》中「若
乃春風春鳥，秋月秋蟬，夏雲暑雨，冬月祁寒，斯四候之感諸詩者也」裡的
「冬月祁寒」來比喻。「祁寒」就是嚴寒、酷寒。這篇文章就給人「冬月祁寒」
的感覺。讀了之後會覺得全身發抖，那種矜肅的、肅殺的、陰沉的、寒冷的
感覺，就是一種冬天的感覺。當然這裡面還有一種反諷，它也是一種陰冷的
反諷。這就是關於「體」所要講的內容。

「事義」呢？先講廣義的「事義」，《記念劉和珍君》講的是 1926 年發生
的「三‧一八」慘案，寫三個女子的慘死。這篇文章雖然是雜文，但魯迅畢
竟是個小說家，他在敘事的時候真的是有聲、有色、有象。

先看「有聲」。子彈是從劉和珍的背部穿入的，「斜穿心肺」，「同去的張
靜淑君想扶起她，中了四彈」，被手槍打的。還有「同去的楊德群君又想去扶
起她」，又被子彈打中了，這個子彈是從左肩進去，從右肩出來。從這些描述

中我們就可以聽到子彈的聲音。不僅有子彈的聲音，還有棍棒的聲音，中彈後她還能坐起來，可是「一個兵在她頭部及胸部猛擊兩棍，於是死掉了」。這個地方是有聲的——子彈聲和棍棒聲。

再看「色」，這個描寫也是有色的。魯迅在文章最後講「苟活者在淡紅的血色中，會依稀看見微茫的希望」，「淡紅的」就是顏色。而且他前面在第六部分專門講了「血痕」——血痕要擴大，而且還浸漬了親人、師友的心。即使時光把它洗成了緋紅，它也會留下一種舊影。這是對「紅」的一種很詩意的描寫，當然是很淒慘的詩意。

同時還有形象，就是三位女子的形象。其實寫聲、寫色都是為了塑造這三位女子的形象。讀了文章之後，閉上眼睛，你的腦海裏就能浮現她們的形象：第一個是「始終微笑的和藹的劉和珍君」，而且是「欣然前往的」這樣一種形象；第二個就是在劉和珍中彈後想去扶她的張靜淑的形象；第三個也是想去扶她的，被子彈打傷的而且被棍棒猛擊的楊德群的形象。魯迅用非常簡潔的語句，把三位女子的形象給我們描述出來，就像素描一樣的，很簡單的幾筆。這是為「體要」服務的。剛才講過，《記念劉和珍君》的體要的第三點就是「中國女性臨難竟能如是之從容」。同伴死了，搶著過去扶她，這就是從容。所以，它的繪象、繪聲、繪色，實際上是為體要服務的。

狹義的「事義」，也就是用事、引言，這篇文章裏面也是有的。舉三個例子。第一個例子在第一部分第三自然段，「長歌當哭，是必須在痛定之後的」。「長歌當哭」出自漢樂府民歌《悲歌》：「悲歌可以當泣，遠望可以當歸。」一個遊子在他鄉，思念親人，放聲歌詠就像哭一樣，眺望家鄉就像回家一趟。「長歌當哭」是個典故。

第二個例子在第三部分的第二自然段，講女孩子「偏安於宗帽胡同」，她們和校長發生衝突，就搬家躲在宗帽胡同裏。「偏安」的意思是偏居一方而自安，一般帶有諷刺味道。比如我們都知道，中國有南北朝現象，本來是個好好的國家，比如兩晉，西晉經八王之亂，司馬氏渡江建立政權，就到東晉。宋代也是一樣：本來是統一的，北宋時外族侵略，後來偏安一隅，就到了南宋。有人說，魯迅在這裏用「偏安」這個詞具有諷刺意味，諷刺北洋軍閥政府天天派警察到校傳人審訊。這種說法當然有它的道理，但是還可以有其它更好的解釋。

第三個用事、引言的例子在第六部分，他引陶淵明《輓歌》裏的詩句：「親

戚或餘悲，他人亦已歌。死去何所道，託體同山阿。」這是爲了印證他前面講的「時間永是流逝，街市依舊太平」，人死去了，可是眞正能記住、理解死者的人，並不是很多。陶淵明把死亡看得很淡，像訴說家常一樣的來訴說死亡，是「縱浪大化中，不喜亦不懼」。魯迅把陶淵明這種淡化死亡的東西，反其道而用之，反對淡化死亡，特別是對於這三個女子英勇地悲慘地死去，是不能夠淡化的。將這幾句詩用在這裏是恰到好處的，也說明了魯迅深刻的悲哀，對國民劣根性的悲哀。

接著來看「置辭」和「宮商」。這篇文章語言是非常好的，秀句、隱句很多。

先來看秀句。第二部分：「眞的猛士，敢於直面慘淡的人生，敢於正視淋漓的鮮血。」這絕對是秀句。還有第四部分：「沉默啊，沉默啊！不在沉默中爆發，就在沉默中滅亡。」還有：「苟活者在淡紅的血色中，會依稀看見微茫的希望；眞的猛士，將更奮然而前行。」這一句也是秀句。而且最後一句「眞的猛士，將更奮然而前行」和前面的「眞的猛士，敢於直面慘淡的人生，敢於正視淋漓的鮮血」，實際上還有一種照應的關係。

再看隱句，這篇文章裏的隱句有很深刻的反諷的味道。例如，在第五部分：「當三個女子從容地轉輾於文明人所發明的槍彈的攢射中的時候，這是怎樣的一個驚心動魄的偉大啊！」這裏面有兩個反諷：一個是「文明人所發明的槍彈」，文明人應該是不使用武力的，但文明人發明了槍彈；第二個反諷是，文明人所發明的槍彈把三個女子打死了，「這是怎樣的一個驚心動魄的偉大啊」中的「偉大」也是個反諷。還有一個隱句：「時間永是流逝，街市依舊太平。」這句話含著魯迅很深刻的悲哀，魯迅所認識的三個女學生被打死了，是很讓人氣憤的事情。魯迅的憤怒，我們也看得到。可是，時間使這些東西都變得很淡了。中國很多的革命，眞的勇士獻出了自己的生命，可是過不了幾天大家都忘記了，又回到一種平庸，一種死水微瀾，甚至連微瀾都沒有，是絕對的死水，這才是驚心動魄的事情。所以「時間永是流逝，街市依舊太平」，這才是魯迅先生最後說的「嗚呼，我說不出話」的眞正的原因。魯迅爲什麼說不出話，就是因爲再偉大的革命，再偉大的變革，再多人慘烈的犧牲，結果都激不起些微的波瀾，時間還是這樣死氣沉沉地流逝。

至於「宮商」，這篇文章裏也有一些有節奏、有音樂感的句子。比如說，在第三部分最後一段：「慘象，已使我目不忍視；流言，尤使我耳不忍聞。」

大體上還是一個對句，有一種很低徊、很沉重的節奏感。魯迅的文章是很有節奏感的。

　　最後看「奇正」和「通變」。香港有位梁錫華先生寫過一篇文章《魯迅的〈記念劉和珍君〉》，說《記念劉和珍君》在魯迅的雜文裏是個「奇」。「正」就是魯迅那些議論性的說理性的雜文。魯迅的議論說理都是在雜文裏面，他的抒情之音都譜寫在《野草》和他的舊體詩裏面的。但是在《記念劉和珍君》這篇雜文裏面，他也抒情，而且是抒情味最深、最感人的。用雜文來抒情是魯迅的「正」中之「奇」。

　　還有就是「通變」。這篇文章在文體上實際上是悼念文。悼念文在中國散文史和詩歌史上是經常用的。魯迅先生的追悼文是追悼死去的三個學生。其實，與魯迅同時代的作家，像冰心、徐志摩、郁達夫，他們都寫過悼文。但魯迅的悼文裏有一種意識形態特徵的憤怒，就是前面講的作為主旨的三點。

第二節　「六義」說與作文指導

　　「六義」說出自《文心雕龍·宗經》：「故文能宗經，體有六義：一則情深而不詭，二則風清而不雜，三則事信而不誕，四則義直而不回，五則體約而不蕪，六則文麗而不淫。」劉勰說：「文能宗經，體有六義」，對「文」與「體」及二者關係的理解，是準確認識「六義」的關鍵。周振甫認為，這裏的「體」是指「各種文體」，「所以文章能夠效法經書，就各種文體說有六個優點」。馮春田也認為：「『體有六義』之『體』，這裏實際上就是指文章（而不是現在說的『文體』），包括內容和形式，是指內容和形式統一之體。」〔註3〕「體」既然是指各種文體，就不能僅僅是文學作品，還應該包括各種非文學作品。如《序志》篇中說：「唯文章之用，實經典枝條；五禮資之以成，六典因之致用，君臣所以炳煥，軍國所以昭明，詳其本源，莫非經典。」只有文章的作用，確是經典的旁枝，五種禮制靠它來完成，六種法典靠它來施行；君臣的政績得以照耀，軍國的大事得以顯明，都離不了文章。推究到根源，各種文章沒有不是從經典裏來的。「五禮」「六典」是關於各種禮儀制度的文章，其文體屬於說明文或應用文；君臣之間用以處理「軍國」政務的文章，則是公文類文體。所以，劉勰所說的「文」，既指文學作品，也指非文學作品。

〔註 3〕馮春田：《文心雕龍釋義》，山東教育出版社，1986 年 11 月第 1 版，第 60 頁。

一、情深而不詭

「情深而不詭」，情：情志、情感。情深：感情深摯；體現在文章中的感情，也包括「情志、義理」。詭：詭異，不真實。情深而不詭：情感真摯，而不虛偽，不造作。劉勰不僅肯定了「情」在文章寫作中的地位，而且強調了「情」的真實性。劉勰對「情」在文章寫作中的作用非常重視，專設《情采》篇來探討「情」與「文」的關係，認為「情者文之經，辭者理之緯；經正而後緯成，理定而後辭暢：此立文之本源也。」情理是文章的經線，文辭是情理的緯線；經線正了，緯線才能織上去，情理確定了，文辭才能暢達：這是寫作的根本。《附會》篇也說：「以情志為神明」，認為「情志」是文章的「神明」，強調「情」的重要作用。《神思》篇指出：「神用象通，情變所孕」，精神靠物象來貫通，是情思變化所孕育的。認為創作的想像離不開情感的變化，所以「登山則情滿於山，觀海則意溢於海」（《神思》）。

劉勰所說的「情」，是真情和摯情。他在《情采》篇中說：「昔詩人什篇，為情而造文；辭人賦頌，為文而造情。」他肯定了詩人的正確做法：「蓋風雅之興，志思蓄憤，而吟詠情性，以諷其上，此為情而造文也。」（《情采》）《詩經》中國風和大雅、小雅的創作，作者有情志，懷憂憤，於是把感情唱出來，用來諷刺在上位的人，這是為了抒情而創作。他認為：「志足而言文，情信而辭巧，乃含章之玉牒，秉文之金科矣。」（《徵聖》）意思充實，言語有文采，感情真實，文辭美好，便是講究文章的根本規律了。相反，「為文而造情」則是劉勰所反對的：「諸子之徒，心非鬱陶，苟馳誇飾，鬻聲釣世，此為文而造情也。」（《情采》）辭賦家心裏沒有激情，隨便運用誇張，沽名釣譽，這是為了創作而虛構感情。劉勰充分肯定了「情」在創作中的地位，還明確提出了「為情者要約而寫真」（《情采》）的思想。他一方面提倡「寫真」（寫出真感情），另一方面則反對詭異、不真實，認為：「聯辭結采，將欲明理；采濫辭詭，則心理愈翳。」（《情采》）組織文辭，結集藻采，將要用來說理抒情。要是藻采浮華，文辭詭異，那麼情和理便會受到掩蔽。指出「采濫辭詭」對於表達深摯、真實的思想感情的阻礙和破壞作用。劉勰不僅充分肯定了「情」在文學創作中的地位，而且強調了「情」的真實性。只有那些「情深」又不流於「詭」的，才是真正的好文章。

寫文章，做到「情深而不詭」，並非容易之事。況且，「情深」者，必有深厚之閱歷與見識，否則是難以做到的。中學生資歷均較淺，做到此點，尤

爲不易。不用說中學生的作文，甚至擴展到當下的文學創作，又有多少值得稱道之作。不管作品的形式多麼豐富多彩，花樣翻新，但矯揉造作、「言與志反」(《情采》)、思想貧弱、寡情少味、訛濫詭異之作，絕非少數。

二、風清而不雜

「風清而不雜」，風：指文章體現出來的風格或文風。清：純正、清純。雜：雜亂、雜糅。風清而不雜：文風純正而不雜。如何進一步理解「風清而不雜」呢？在《風骨》篇中，劉勰說：「風冠其首，斯乃化感之本源，志氣之符契也。」意思是說，「風」是排在首位的，它是感化的根本力量，是志氣的具體表現。在劉勰看來，「風」是一種具有感人力量的精神因素，這一因素與「志氣」相符，即與作者的情志和才氣相符合，作品中如果看不到作者的志氣、情感和才氣，那麼就不具備「風」，因而也就沒有那種感人的力量。《風骨》篇又說：「深乎風者，述情必顯。」能夠深通文風的，表達感情一定明顯。「清」要求文章的整體風格應當俊爽、深沉、純正。「雜」是不夠純正，不是整篇文章都不「清」，只是局部不純；但這局部不純，也會影響「風」的感染力。要想做到「風清而不雜」，文章就必須要注入作者強烈的激情，使之充滿濃厚的思想感情，這樣才有強烈的感人力量。

劉勰在《風骨》篇中說：「怊悵述情，必始乎風；沉吟鋪辭，莫先於骨。故辭之待骨，如體之樹骸，情之含風，猶形之包氣。結言端直，則文骨成焉；意氣駿爽，則文風清焉。」深切動人地表達感情，定要從注意風的感化力量開始；反覆推敲地運用文辭，沒有比注意骨更重要了。所以文辭的需要有骨，好像形體的需要樹起骨架；表達感情的需要有風，好像形體裏含有生氣。措辭端莊正直，那是文骨的成就；意氣快利豪爽，那是文風的清新。這就是說，正確健康的思想內容是文章的生命，它不僅蘊含於內，而且還表現於外，使語言挺拔，富有光彩，從而產生教育作用和美感作用。

只有「爲情而造」「率志」而爲的文章，才能眞正感染人，感動人，鼓舞人。而一些文章不能感動人，寫的怪誕，文風浮靡，這些就是劉勰所說的缺乏「風」的作品。

學生習作，要做到「風清而不雜」，關鍵在於保持內心的清純、脫俗，將自己的思想感情和志向追求融入到語言文字中，既有眞摯、深切的情感，又有清新積極的內容，才會寫出鮮活、明朗的文章。

三、事信而不誕

「事信而不誕」，事：支撐文章內容的事實或事例。在這裏，「事」有兩層含義：一是指寫作時引用的事例，即「舉事」「引事」；二是指文章中記敘的事實，即「記事」「敘事」。信：眞實可信。誕：荒誕虛僞。事信而不誕：文章中描寫的事實或引用的事例，眞實而不虛妄。

《事類》篇中說：「校練務精，捃理須核」，考覈提煉力求精當，採摘理論須要核實。事理經過核實之後，才能寫入文章，這樣才能使文章令人信服，讓人容易接受。劉勰不滿「采濫忽眞」（《情采》），強調「誇而有節，飾而不誣」（《誇飾》）；誇張得有節制，這才不失誇張的本質；增飾得不虛假，這才不失事理的眞實。《議對》篇主張「事以明核爲美」，《銘箴》篇主張「取其事也，必核以辨」，均強調引用事例要眞實。而對於引據失當，則加以批評。如在《事類》篇中，劉勰就批評曹植《報孔璋書》中「葛天氏之樂，千人唱，萬人和」的說法是「引事之實謬也，按葛天之歌，唱和三人而已」。《辨騷》篇中認爲《楚辭》中「康回傾地，夷羿蔽日，木夫九首，土伯三日」是「譎怪之談」，認爲「豐隆求宓妃，鴆鳥媒娀女」是「詭異之辭」，因爲它們都不是眞實的事件。陸侃如說：「劉勰要求文學創作必須『寫眞』（《情采》），要『事信而不誕』（《宗經》）。這種有別於客觀現實的藝術的眞實，是通過眞實的情來實現的。懷著虛假的情感便不可能寫出眞實的內容。所以，他又要求『志足』、『情信』（《徵聖》），要求『情深而不詭異』（《宗經》）。」〔註4〕

「事」既包括議論、說明類文體中引用的事例，也包括記敘類文體中所敘寫的事件，這些構成了文章的材料。材料的眞實是文章的第一生命。只有眞實的材料，才能成爲眞摯情感的載體。寫作時選用的材料，應符合客觀事物的本來面貌和社會眞實。

對於學生習作來說，「事信而不誕」就是要表達眞實：眞實的思想（「義」）、眞實的情感（「情」）、眞實的生活（「事」）。只有材料眞實，才會有作者主觀態度反映的眞實。不論是寫作紀實作文，還是想像作文，都不能憑空虛構、弄虛作假、移花接木。即使是想像作文，也要有現實的依據，符合科學的原理。

〔註 4〕陸侃如、牟世金：《劉勰創作論》（修訂本），安徽人民出版社，1982 年 4 月第 2 版，第 21 頁。

四、義直而不回

「義直而不回」，義：文章中的義理、作者所要表達的思想。直：正直、中正。回：邪曲、邪僻。義直而不回：文章的主旨雅正而不邪僻。這是劉勰針對文章思想意義提出的規範，只有作者的思想感情純正不邪惡，才能寫出「義直而不回」的作品。「事」是客觀的，外在的；「義」則是主觀的，內在的。如果「事」能做到「信而不誕」，那麼「義」才可以「直而不回」。無論採用何種體裁、何種手法寫作，「義直」都是重要的寫作要求，而且與「情深」「風清」「事信」密不可分。

劉勰一貫主張創作要原道、徵聖、宗經，認為「矩式經典」是創作的正道；「矩式經典」也是貫穿《文心雕龍》的一條主線。劉勰在《史傳》篇中說：「是立義選言，宜依經以樹則，勸誡與奪，必附聖以居宗；然後詮評昭整，苛濫不作矣。」在樹立主旨、選擇文辭方面，應該依靠經書來做準則，在勸勉、鑑戒、獎勵、貶斥方面，一定要以聖人的理論為主；然後評價才能明確完整，不會做出苛刻浮濫的評論了。否則，便是「莫有準的」，即沒有可作標準的條例。可見，「義直而不回」的本質，就是要求文章的內容依傍經典，不離正道。

「義直而不回」是提倡文章之「義」要歸於「無邪」，也就是說，文章的主題思想應該具有能夠陶冶性情的積極意義。「義直而不回」是「情深」「風清」的又一個具體深化。只有文章的思想意義正確、不偏邪，才能真正實現劉勰所追求的「情深」「風清」的藝術境界。文章「情深」「風清」了，其「義」自然會「直」；「義直」也自然會帶來文章之「情深」「風清」。

「義直」才能「不回」。要想寫出好文章，必須具備健康的思想感情，還要有對現實生活的正確理解。文章中所表達的作者對現實生活和客觀事物的情感、態度，決定了文章立意的高下、格調的雅俗和思想的深淺，這只有注重對寫作主體道德情操和思想修養的培養，才能奏效，不是僅靠語言運用和寫作技巧的訓練就能實現的。我國傳統寫作教學歷來主張文道統一，因為文與德是相互關聯的。

五、體約而不蕪

「體約而不蕪」，體：體制，指文章的篇體結構。約：精鍊、簡約、簡潔。蕪：蕪雜、繁雜。體約而不蕪：文章篇體結構要簡明扼要而不繁雜。講的是

文章篇體制結構的組織編排的問題。劉勰認爲，各種文體都要貫徹「約而不蕪」的精神。《徵聖》篇說：「《書》云『辭尚體要，弗惟好異』。故知正言所以立辯，體要所以成辭；辭成無好異之尤，辯立有斷辭之義。雖精義曲隱，無傷其正言；微辭婉晦，不害其體要。體要與微辭偕通，正言與精義並用；聖人之文章，亦可見也。」《書經》裏說：「文辭注重在體察要義，不只是愛好奇異。」因此知道使言辭正確所以用來確立論點，體察要義所以構成文辭。這樣寫成的文辭不會有獵奇的毛病，這樣確立的論點有措辭明斷的好處。縱使精妙的意義寫得曲折深隱，也並不會妨礙論述的正確；雖然文辭含蓄婉轉，也並不會損害它的體察要義。體察要義和文辭含蓄是相通的，正確的論點和精妙的意義是並存的。這些在聖人的文章裏都可以看到。在這裏，「體要」與「體約」的意思相通，這是對「體約」的具體解釋。

「體約」是對作品的篇體結構提出的要求。進入到寫作的具體過程中，構思選材、謀篇佈局的重要性，則凸顯出來。劉勰在《神思》篇中談到其重要性時認爲是「馭文之首術，謀篇之大端」。在《熔裁》篇中說：「裁則蕪穢不生，熔則綱領昭暢，譬繩墨之審分，斧斤之斫削矣。」經過裁辭，文辭不再拖沓冗長，經過熔意，全篇的綱領明白曉暢，好比在木材上用墨線來審量曲直，又用斧子來砍削一樣。可見，要想使文章主題明確、思路清晰，就應做到結構合理、詳略得當。劉勰在《附會》篇中，對謀篇佈局的理論做了概括性的論述：「何謂『附會』？謂總文理，統首尾，定與奪，合涯際，彌綸一篇，使雜而不越者也。」由此可見，劉勰的謀篇佈局理論包含以下四個原則：

一是「總文理」，就是把文章的思路綜合起來，確定主題，使文章各部分內容安排在最恰當的位置上。概言之，即依據主題安排段落。劉勰認爲結構佈局時，要「務總綱領」《附會》，因此，教師指導學生進行結構佈局時，必須讓其抓住主題來統籌全局，然後再對文章各部分的內容做層次分明的安排。

二是「統首尾」，就是指整篇文章從頭到尾要保持統一、連貫。概言之，即文章結構要連貫、統一。「統首尾」若處理得不好，就會影響文章內容的表達，也會損害文章形式的完美。正如劉勰所說：「若統緒失宗，辭味必亂，義脈不流，則偏枯文體」（《附會》）。倘使各種頭緒失去主宰，文辭的意味一定紊亂；意義的脈絡不貫通，那麼文體就顯得是半邊癱瘓了。

三是「定與奪」，就是作者在謀篇佈局時，對各部分的內容應加以取捨，

把文章中有用的成份保留，把不必要的成份揚棄。概言之，即文章內容要適當取捨。劉勰指出，安排篇章結構時，要防止「統緒失宗」「尺接以寸附」（《附會》）的毛病。所謂「統緒失綜」，就是全篇的頭緒失去統帥。「尺接以寸附」就是想一段寫一段，想一句寫一句，不是在主題的統帥下，這樣寫出來的文章必有拼湊之感，語句混亂，文脈不暢。怎樣糾正這種毛病呢？劉勰認為：「夫能懸識湊理，然後節文自會，如膠之黏木，石之合玉矣。」（《附會》）能夠深切認識文章的肌肉紋理，然後章節結構自會合理，像膠的黏木，玉和石的結成璞玉。就是說，認清串聯文章的思路，抓住主線，那段落層次的安排就會自然合理了。

四是「合涯際」，就是文章的層次、段落之間過渡要自然，銜接要順暢，文氣要貫通。劉勰在《章句》篇中說：「啓行之辭，逆萌中篇之意，絕筆之言，追媵前句之旨；故能外文綺交，內義脈注，跗萼相銜，首尾一體。」開頭的話，已經含有中篇意思的萌芽；結尾的話，呼應前文的意思；所以能夠做到文字像織綺的花紋那樣交接，意義像脈絡那樣貫通，像花房和花萼一般相銜接，首尾成一體。「外文綺交」「內義脈注」是「合涯際」的兩條基本原則。所謂「外文綺交」，是指文章結構的外在銜接，即使用過渡性詞語或句子、段落等，使文章緊密相連。所謂「內義脈注」，是指文章內在意義的銜接，即思想內容的前後關聯、照應，使文章的起承轉合環環相扣。

六、文麗而不淫

「文麗而不淫」，文：文辭。淫：過分、浮靡。文麗而不淫：文章辭采華美而又不過分，以致淫濫。劉勰在《序志》篇中對當時流行的形式主義作品嚴加抨擊：「去聖久遠，文體解散，辭人愛奇，言貴浮詭，飾羽尚畫，文繡鞶帨，離本彌甚，將遂訛濫。」離開聖人太遙遠，文章的體制遭到破壞，作家愛好新奇，看重浮靡詭異的語言，好比在彩色鮮明的羽毛上塗上顏色，在不用刺繡的皮帶上去刺繡，離開根本越來越遠，將要造成乖謬和浮濫。但是，劉勰不反對華采麗辭，只是認為必須從表現特定的內容出發，而且要運用得當，「必使理圓事密，聯璧其章。迭用奇偶，節以雜佩，乃其貴耳。」（《麗辭》）即是說，講究文采，一定要使對偶的句子理論圓轉，用事貼切，像一對璧玉呈顯文采。再加上交錯地運用單句和偶句，像用各種佩玉來調節，這才可貴。可見，劉勰是注重文采的，他反對的是過分追求新奇和靡麗。劉勰提倡為文

重視文采的同時，勿使「繁體損枝，膏腴害骨」(《詮賦》)，即「麗」而又不太過淫濫，這便是「文麗而不淫」的要求。他要求文章的文辭「麗」，同時又「不淫」，即「麗」得不要過分。

劉勰在《詮賦》篇中論述了「文麗」的好處：「情以物興，故義必明雅；物以情觀，故辭必雅麗。麗詞雅義，符采相勝，如組織之品朱紫，畫繪之著玄黃，文雖新而有質，色雖糅而有本，此立賦之大體也」。情思因外物興起，所以含義一定要明顯雅正；外物通過情思來觀察，所以文辭一定要巧妙豔麗，巧麗的文辭，雅正的含義，如同玉的美質和文采互相爭勝；含義分邪正，像絲織品的分正色間色，文辭求藻采，像繪畫的顯玄色黃色，文辭雖新而有內容，色彩雖繁複而有正色，這是作賦的大概要求。

「文麗而不淫」也可以給當今作文教學提供借鑒。由於年齡和閱歷等各種原因，現在的中學生的生活積累還很貧乏，內心情感還很幼稚，空泛，於是，作文自然只能靠堆砌辭藻、賣弄所謂文采來博取老師的青睞。運用一些華而不實的所謂優美的辭藻，做無病之呻吟，從而掩飾淺薄、空洞、無聊的思想認識。這樣的語言，是「淫」而「不麗」的，是蒼白的、沒有生命力的語言，因此，必須在作文中加以克服。

劉勰在「六義」中，從「情」「風」「事」「義」「體」「文」六個方面，提出了具體要求，作為衡量文章的最高標準。其中，「情深而不詭」「事信而不誕」「義直而不回」，是思想內容方面的要求；「風清而不雜」「體約而不蕪」，是屬於風格方面的要求；「文麗而不淫」，是屬於語言文字方面的要求。總之，思想內容要深刻、真實、正確，風格要清朗、簡潔而不混雜，文字要華麗而不淫濫。

第三節 「三準」說與作文構思

三準說，是《文心雕龍》創作論的一個重要觀點。其《熔裁》篇說：「凡思緒初發，辭采苦雜，心非權衡，勢必輕重。是以草創鴻筆，先標三準：履端於始，則設情以位體；舉正於中，則酌事以取類；歸餘於終，則撮辭以舉要。然後舒華布實，獻替節文；繩墨以外，美材既斫，故能首尾圓合，條貫統序。若術不素定，而委心逐辭，異端叢至，駢贅必多。」

從「履端於始」至「撮辭以舉要」六句，是劉勰對「三準」說的具體闡

述。「履端於始」「舉正於中」和「歸餘於終」，語出《左傳・文公元年》：「先王之正時也，履端於始，舉正於中，歸餘於終。履端於始，序則不愆。舉正於中，民則不惑。歸餘於終，事則不悖。」〔註5〕意思是，先王端正時令，年曆的推算從冬至開始，春分、秋分、夏至、冬至的月份為正四時的中月，把剩餘的日子歸總在最後。年曆的推算從冬至開始，四時的次序就不會錯亂。以春分、秋分、夏至、冬至的月份為正四時的標準，百姓就不會疑惑。把剩餘的日子歸總在最後，事情就不會謬誤。這是古人「步曆」的三個階段，開始要推步，即測星象，稱履端；其次定月份，稱舉正；最後把多餘的日子置閏月，稱歸餘。劉勰只是借用來指第一、第二、第三，與談創作無涉。雖有先後、輕重之分，但並無深意。所謂「三準」，基本內容是「設情以位體」「酌事以取類」和「撮辭以舉要」。

　　要合理解釋「三準」說，必須首先明確「三準」是指創作過程的哪個階段。大致劃分，創作過程可分為三個階段：第一階段是搜集材料，第二階段是醞釀構思，第三階段是寫作成文。按照劉勰的理論體系，一篇文章由「情」「事」「辭」三要素構成。在創作中，「情」「事」「辭」三要素是貫穿始終的。但是，在不同階段，對這三要素的創造加工的方式和具體任務是不同的。

　　「三準」中的「情」，是「設情」，即給「情」設立一定的「位體」。具體地說，就是按照作者的情志（即「內容」）來安排體裁。這顯然不屬於創作第一階段的任務，也不屬於第三階段，而是屬於第二階段醞釀構思的工作。所謂「酌事」，即在「事」（文章所用的材料）有了準備之後，對它進行斟酌取捨。所謂「撮辭」，即對文章所運用的語言的撮取。「酌事」要取其「類」，「撮辭」要舉其「要」，這些當然是醞釀構思時確定大關目。所以「酌事」「撮辭」也不屬於第一階段和第三階段，而是屬於創作的第二階段，即構思階段。

　　結合《文心雕龍》的原文考察，《熔裁》篇說：「凡思緒初發，辭采苦雜，心非權衡，勢必輕重」。如何擺脫這一困境呢？就要在「草創鴻筆」時，「先標三準」，從「情」「事」「辭」三方面加以整理和提煉。經過艱苦的醞釀構思之後，「舒華布實，獻替節文」，又說：「三準既定，次討字句」。所謂「舒華布實，獻替節文」，就是具體的寫定工作。「華」指文采，「實」指內容。「舒華布實」就是在文章中具體地舒寫辭采，鋪排內容，把頭腦中的構思變成文章。「獻替」即取捨，「節文」指文章的語言辭采。「獻替節文」就是選擇和運

<hr>

〔註5〕王守謙等：《左傳全譯》，貴州人民出版社，1990年11月第1版，第379頁。

用語言來表現思想內容，也就是「討字句」。可見，「三準」在創作過程中的適用範圍，起於「思緒初發」之後，而終於「舒華布實，獻替節文」或「討字句」之前。由此可見，儘管創作的三個階段互相滲透，但「三準」的適用範圍，劉勰交代得十分清楚，屬於創作的構思階段。

一、設情以位體

「設情以位體」，設：籌劃、布置。位：安排、放置。體：文章風格。

劉勰所說的「情」，就是《易經‧繫辭下》中的「書不盡言，言不盡意」的「意」，孟子論詩「不以文害辭，不以辭害志」（《孟子‧萬章上》）的「志」。情，是情志，就是思想內容。「情」在文章中是最重要的，是決定因素，是靈魂。因此，「設情」（即安排思想內容）是非常重要的問題。劉勰認為，「設情」必須能「位體」。「體」的含義是什麼，有不同的解釋。尋求對「體」的合理的解釋，應當從《文心雕龍》中尋找答案。《文心雕龍》中有《體性》篇，是專講「情性」和「體」的關係的，「體」的含義便可從中找尋。劉勰歸納出「八體」：「若總其歸途，則數窮八體：一曰典雅，二曰遠奧，三曰精約，四曰顯附，五曰繁縟，六曰壯麗，七曰新奇，八曰輕靡。」劉勰認為，各種「體」與「情性」關係密切：「若夫八體屢遷，功以學成，才力居中，肇自血氣；氣以實志，志以定言，吐納英華，莫非情性。」意思是說，至於八種風格的屢次變化，其功效要靠學力實現，個人內蘊的才能，最初由於氣質造成；氣質用來充實情志，情志確定文辭，表達上的精彩，沒有不是同性情有關的。在劉勰看來，作家的「情性」，決定作品的「體」。他還列舉大量事實，證明「情性」和「體」為裏表關係；「表裏必符」，故「情性」不同，「體」貌異趣。這裏，「體」就是風格。至於「情性」，劉勰則說：「才有庸雋，氣有剛柔，學有淺深，習有雅鄭，並情性所鑠，陶染所凝」，又說：「若夫八體屢遷，功以學成，才力居中，肇自血氣；氣以實志」，則「情性」是「學」「才」「氣」「志」的綜合。細緻說來，劉勰所說的「情性」，實際係以「才」「氣」為主體，兼及「學」「習」「志」的一個概念。在他看來，「吐納英華，莫非情性」，各種藝術風格都是作家才力、氣質、學養、習染以及由此而形成的情志的反映；作家應當根據個人的「情性」，去選擇、確定作品的藝術風格。

風格和「情性」是表裏關係。劉勰所歸納的「八體」，即八大類風格，是內容和形式統一的藝術特點的概括。劉勰論「體」，往往同時是論作家的「情

性」。由此看來，「設情以位體」中與「體」相關的「情」和與「情」相關的「體」，便只能是《體性》中「吐納英華，莫非情性」的「情性」和「八體」的「體」了。「設情以位體」也就是要求作家根據個人的「情性」，才力、氣質、學養、習染、情志，去尋求與之相適應的「體」，使作品達到「情性」和體貌的統一。

從「設情以位體」可以得出兩個基本的認識：第一，它要求作品基本內容具有鮮明的特徵。因為「情」和「體」裏表相符了，「披文以入情」(《知音》)，反映在作品裏的經過提煉的「情性」，必然「昭暢」而不雜亂。第二，它是風格多樣化的主張。許多風格迥異的作家、作品，都得到劉勰的肯定。這正如黃侃所說：「彥和之意，八體並陳，文狀不同，而皆能成體，了無輕重之見存於其間」。〔註6〕

若將「設情以位體」施用於學生作文以及教師的作文教學，則於構思階段特別注意學生的個人的才智與作文之內容，在施之筆端，成於文字之時，選擇適當的風格。當然學生的習作，言之風格，似乎用詞不當。將「風格」換成「筆調」更為恰當。只有「筆調」與內容相配，形式與內容才算完美。

二、酌事以取類

「酌事以取類」，斟：斟酌、考慮。事：材料。取類：選取與「事」有關的材料。

對「事」的解釋有：素材、題材、事件、事例、典故，頗有分歧，需要考證。劉勰在《文心雕龍》中所論及的文章，有非文學作品，也有文學作品。在章、表、奏、議等非文學作品中，「事」指歷史故事、成語典故、重要事件等。在賦、歌、詩等文學作品中，「事」的含義就擴大了，除了上述意思外，還指神話傳說和現實生活。可見，各種不同的文體所用的「事」是不同的。劉勰在《文心雕龍》中把各種性質不同的文體所用的材料，統稱為「事」。根據《文心雕龍》的實際，適用於各種文體而且是作為文章構成要素之一的「事」，應該泛指文章所用的材料。

對「取類」的解釋有：與體裁成類；與內容（中心思想、論點）成類；事件、典故相互成類；意象。解釋頗有分歧，需要考證。在非文學作品中，所用之「事」為「人事」「成辭」之類，那麼所謂「取類」，就是取「事」所

〔註6〕黃侃：《文心雕龍札記》，中華書局，2014年9月第1版，第84頁。

含之義與作者所要表達之意二者之間成類了。《事類》篇所說的「舉事以類義」，就是指這種情況。爲了寫好這類文章，作者要在自己所掌握的大量材料中，用「事」要切當，要「得其要」。在文學作品中，情況就不同了，可以引用成事、成語，但更重要的是反映現實生活。在文學作品中，「事」主要指現實生活，那麼，所謂「取類」，就與非文學作品不同。在賦、歌、詩等文學作品中，「取類」就不只指與作者的思想感情成類，而且要求所描寫的「事」相互成類，以至在此基礎上經過類比、綜合、概括，產生出新的豐富的意象。

綜上所述，「事」指文章所用的材料；「取類」指文章所用的材料應當與作者所要表達的思想成類或這些材料相互成類。「酌事以取類」的意思是說，研究斟酌文章所用的材料，使之符合思想內容的要求，或者在創作文學作品時使之形成新的意象。

「酌事以取類」，就是作者斟酌選擇事例來說明問題的時，要選取類似的，與文章內容貼切的材料來表現主題。選擇的材料服務於主題，才能使主題充實、豐富、深化，使文章的思想內容更好地表現出來。

學生作文中常見的毛病就是羅列材料。對繁雜的、自以爲好的材料，往往不會選取，看哪一個材料都好，難以割捨。把一大堆有用的、用處不大的，甚至沒有用的材料，都放到文章中去，致使文章枝蔓橫生、臃腫蕪雜，造成主題的不集中、不鮮明。糾正這種弊病的方法就是要圍繞主題選材。對於那些表面看似很好，但與表達主題關係不大、軟弱無力、缺少個性、彼此簡單重複的材料，要毫不留情地剔除掉，而把那些確實能充分表現和突出主題的材料留下來。

魏巍在《我怎樣寫〈誰是最可愛的人〉》一文中說：「在朝鮮時，我曾寫了一篇《自豪吧，祖國》的通訊，裏邊寫了二十多個我認爲最生動的例子。帶回來給同志們看了看，感到不好，就沒有拿出去發表。因爲例子堆得太多了，好像記賬，哪一個也說得不清楚，不充分。以後寫《誰是最可愛的人》，就只選擇了幾個例子，在寫完後又刪掉了兩個。事實告訴我：用最能代表一般的典型例子，來說明本質的東西，給人的印象是清楚明白的，也會是突出的。」〔註7〕可謂經驗之談。

作者在充分掌握寫作素材的基礎上，初步形成主題，便可以「酌事以取類」。而在「酌事以取類」的過程中，又能不斷深化主題，同時，捨棄那些與

〔註7〕魏巍：《我怎樣寫〈誰是最可愛的人〉》，載《人民日報》1951年8月19日。

主題游離的、無關的材料。材料與主題的辯證關係是相輔相成的：一方面，作者要根據主題的要求來組織材料；另一方面，要通過選擇材料來表現主題。

　　教師在作文指導時，應引導學生善於甄別材料，捨棄那些冗雜、多餘的材料，以便使文章主題突出、精練充實。選擇的材料要緊扣文章的主題，要分清主次輕重。對主題能起突出烘託作用的材料，就堅決選用；對那些不能突出主題的材料，則應堅決捨棄，毫不可惜。

三、撮辭以舉要

　　「撮辭以舉要」，撮辭：撮取語言辭藻。舉要：列舉出其中的重要者。語言是思維的物質材料。在構思階段，隨著作品所要表達的思想內容的確立，所用材料的選定，相應的語言辭采也隨之而來。為了防止辭采的繁雜，就要把湧入腦際的重要的辭采確定下來。劉勰所處的時代，不論哪種文體的文章，多是短篇之作，作者在構思的時候，有必要也有可能考慮到文章的辭采。《文鏡秘府論》說：「凡作文之道，構思為先，覊將用心，不可偏執。」〔註8〕這裏所說的構思，既指構思內容，也指構思語言。作者認為：「大略而論，建其首，則思下辭而可承：陳其末，則尋上義不相犯；舉其中，則先後須相依附。」語言與事理緊密聯繫，贅辭和事理的駢枝一樣，必須在構思時加以汰除，以免寫作時造成禍患。所以《文鏡秘府論》強調，「與其終將致患，不若易之於初」，〔註9〕並特別對那些在構思時被一兩個漂亮文句所迷惑而不忍割愛的文人提出批評：「或有文人，昧於機變，以一言可取，殷勤戀之，勞於用心，終是棄日（云）。」〔註10〕《文鏡秘府論》的這些論述，和劉勰《熔裁》篇的精神是一致的，對我們正確理解「撮辭以舉要」的含義是有幫助的。

　　「撮辭」是構思階段的重要工作，「撮辭」以舉其要，是構思中提煉語言的一個重要原則。劉勰在提出「三準」的時候，就明確告訴我們要解決「思緒初發，辭采苦雜」的問題。「撮辭以舉要」，正是解決這一問題的一條準則。

　　「撮辭以舉要」是用辭的原則，是剪裁文章辭采的標準。作者選擇的文辭要足以表達內容。辭采是外在的形式，如何撮辭要根據內容來決定。無論選擇什麼「辭」，都必須以能夠表達內容的要義為原則。作文時除了對材料進

〔註8〕（日）遍照金剛：《文鏡秘府論》，人民文學出版社，1975年5月第1版，第25頁。
〔註9〕同〔註8〕。
〔註10〕同〔註8〕。

行選擇之外，還要對文辭進行取捨。對那些不能很好表現內容的辭采，應當予以刪除，「同辭重句」也應該刪除，做到「情周而不繁，辭運而不濫」。

語言運用是表達主題思想的重要手段。在創作中，任何主題材料都要通過語言來表達。主題內容確定了，就會產生適當的表現形式，有了合適的表現形式，主題內容也就能充分的表達。內容與形式是互相依存，不可或缺的。關於文章內容與文辭的關係，劉勰在《熔裁》篇中說：「情理設位，文采行於其中，剛柔以立本，變通以適時。」文章內容有了一定的布置，然後再運用文采來表達它。這是寫作的一般原則。在一篇文章中，內容是主體，而「辭」是表現這個主體的外在形式。教師在指導學生擇詞遣句時，要根據主題內容來決定選用什麼辭語，要把所要表達的意思充分表達出來，辭采的選擇至為關鍵。

第五章　周興嗣編次的《千字文》

　　《千字文》作爲我國傳統蒙學教材之一，流傳最廣，使用最久，影響最大，在我國教育史上佔有重要地位。

第一節　關於作者、集字和編纂時間、經過

　　我國很早就出現了專門用於啓蒙的識字課本，如《倉頡篇》《爰歷篇》《凡將篇》《勸學篇》《急就篇》等，均產生了一定的影響，但是，到了南北朝時期，它們的影響已經大不如從前了，而這一時期出現的啓蒙課本，如《庭誥》之類，可讀性有限。這就急需新的啓蒙讀物問世，於是，《千字文》應運而生。

一、關於作者的不同記載

　　在《隋書・經籍志》中，著錄有六種《千字文》：「《千字文》一卷，梁給事郎周興嗣撰。《千字文》一卷，梁國子祭酒蕭子雲注。《千字文》一卷，胡肅注。《篆書千字文》一卷。《演千字文》五卷。《草書千字文》一卷。」〔註1〕其中，有兩種是《千字文》的注本，一種是梁國子祭酒蕭子雲注的《千字文》，另一種是胡肅注的《千字文》。有兩種是不同書體的《千字文》，即《演千字文》和《草書千字文》。屬於原創性質的，只有梁給事郎周興嗣撰的《千字文》。這樣，根據《隋書・經籍志》的記載，周興嗣是《千字文》的作者，應該沒有問題。但是，自明清以來，關於《千字文》的作者與文本，卻成了一個聚

〔註 1〕（唐）魏徵、令狐德棻：《隋書・經籍志》，中華書局，1973 年 8 月第 1 版，
　　　　第 942 頁。

訟紛紜的問題，莫衷一是。

這裏把幾種主要的說法，羅列如下：

明代郎瑛《七修類稿》云：

　　《玉溪（壺）清話》云：梁武帝得鍾繇破碑，愛其書，命周興嗣次韻成文。或又云：武帝欲學書，命殷鐵石選二王千文，召周興嗣次韻。二說不同，然皆武帝時事也，似當以前說為是。舊聞詹仲和云：在蘇常某家，見唐刻《千字文》一帙，儼然鍾繇筆法，但子昂後跋以為東坡書，不知何也。余又以《淳化帖》上千文，亦類鍾繇，其王著因海鹹河淡等字，以為章草，誤指漢章帝之書，則米南宮、黃長睿辯之明矣。其楊公《談苑》云：敕員外郎某人撰，敕字是梁字。余意戒敕雖興於漢，至唐顯慶中，始云不經鳳閣、鸞坡，不得稱敕。此非稱敕，一也。況前無武帝說話，用敕字亦無謂；且梁字既通，草書又似敕字，必然傳寫之訛，二也。據此，則楊公之言，可信無疑。余又云：武帝既命周興嗣以成文矣，又何云次韻，殊不知當時蕭子範有《千字文》一卷，武帝集成千文。故云：若重字者，「女慕貞潔」與「紈扇圓潔」，同「潔」字。吳枋《野乘》云：宜改造清貞。予意「清」字亦有夙興溫凊矣，不若改為貞烈。人以華亭張東海看出，非也。「布射遼丸」之「遼」，當作「僚」，蓋宜僚非此「遼」也；「並皆佳妙」從上文對讀來，當作「並佳皆妙」，庶幾文理方通，或者初時三字皆不錯亂，後或刊寫之訛，遂至如此。惜今若文徵明亦未改正，至若閩中所刊童蒙之本，所差尤多，固非養蒙之道，此等未足為辯也。〔註2〕

清代顧炎武《日知錄》云：

　　《千字文》原有二本。《梁書·周興嗣傳》曰：「高祖以三橋舊宅為光宅寺，敕興嗣與陸倕製碑。及成，俱奏，高祖用興嗣所製者。自是《銅表銘》、《柵塘碣》、《北伐檄》、《次韻王羲之書千字》，並使興嗣為之。」《蕭子範傳》曰：「子範除大司馬南平王戶曹屬從事中郎，使製《千字文》，其辭甚美，命記室蔡薳注釋之。」《舊唐書·經籍志》：「《千字文》一卷，蕭子範撰；又一卷，周興嗣撰。」是興

〔註2〕（明）郎瑛著，安越點校：《七修類稿》，文化藝術出版社，1998 年 8 月第 1 版，第 317～318 頁。

嗣所次者一《千字文》，而子範所製者又一《千字文》也。（顧炎武原注：《陳書·沈眾傳》：「是時梁武帝製《千字詩》，眾為之注解。」是又不獨興嗣、子範二人矣。）乃《隋書·經籍志》云：「《千字文》一卷，梁給事郎周興嗣撰。《千字文》一卷，梁國子祭酒蕭子雲注。」《梁書》本傳謂子範作之，而蔡薳為之注釋。今以為子雲注。子雲乃子範之弟，則異矣。《宋史·李至傳》言：「《千字文》乃梁武帝得鍾繇書破碑千餘字，命周興嗣次韻而成。」（顧炎武原注：《山堂考索》同。）本傳以為王羲之，而此又以為鍾繇，則又異矣。《隋書》、《舊唐書·志》，又有《演千字文》五卷，不著何人作。（顧炎武原注：《隋書·文苑傳》：「秦王俊令潘徽為《萬字文》。」）

　　《淳化帖》有漢章帝書百餘字，皆周興嗣《千字文》中語。《東觀餘論》曰：「此書非章帝，然亦前代人作，但錄書者集成《千字》中語耳。」歐陽公疑以為漢時學書者多為此語，而後村劉氏遂謂《千字文》非梁人作，誤矣。黃魯直《跋章草千字文》曰：「章草言可以通章奏耳，非章帝書也。」〔註3〕

清代翟灝《通俗編》云：

　　千字文　《南史·周興嗣傳》：帝次韻王羲之書千字，使興嗣為文，奏帝稱善。按：字為羲之所書，而《玉溪清話》云：梁武帝得鍾繇破碑，愛其書，命周興嗣次韻成文。《尚書故實》亦云：武帝命殷鐵石於鍾王書拓千字，召周興嗣韻之，一日綴成，則其中兼有鍾繇書矣。詹和仲言，見唐刻千文，儼然鍾繇筆法，不謬也。時梁武帝，亦嘗自製千文。《南史·沈旋傳》「璇子眾，仕梁為太子舍人，武帝製千文詩，眾為注解」，是也。梁武前，先有為千字文者。《齊書·宗室傳》「南平王稱子範奇才，使製千字文，其辭甚美」，是也。梁武後，復有為千字文者。《舊唐書·袁朗傳》「朗製千字詩，當時以為盛作」，是也。又隋時秦王俊，令潘徽為萬字文，見《北史》徽傳。〔註4〕

〔註3〕（清）顧炎武著，黃汝成集釋，欒保群、呂宗力校點：《日知錄集釋》（下），上海古籍出版社，1985年6月第1版，第480頁。

〔註4〕（清）翟灝著，陳志明編校：《通俗編》（上冊），東方出版社，2013年1月第1版，第127頁。

清代梁章鉅《歸田瑣記》云：

> 《千字文》有三本，齊蕭子範之作不傳，梁周興嗣所次，據《梁
> 書》、《南史》，皆以爲王羲之書，乃《尚書故實》云：「武帝命殷鐵
> 石於鍾、王書中搨千字，召興嗣韻之，一日綴成。」《玉溪清話》亦
> 云：「梁武得鍾繇破碑，愛其書，命興嗣次韻成文。」所說不同。《宋
> 史·李至傳》亦言是鍾繇破碑，而盛百二《柚堂筆談》云：「右軍所
> 書即鍾《千文》也。」金壇王氏《鬱岡齋帖題》曰：「魏太尉鍾繇《千
> 字文》，右軍將軍王羲之奉敕書，起四句云：『二儀日月，雲露嚴霜，
> 夫貞婦潔，君聖臣良。』」結二句與周氏同，是周興嗣所次亦有二本
> 不同也。余偶爲人書《千字文》，「律呂調陽」作「律召調陽」，觀者
> 或以「召」字爲誤，請削易之。余曰：「『召』字不誤，『呂』字乃誤
> 也。」宋吳坰《五總志》云：「隋智永禪師居長安西明寺，自七十至
> 八十歲寫眞草《千文》八百本，人爭取之。但作『律召調陽』者，
> 皆是。按閏餘與律召，正是偶對，不知何時誤作『呂』字。」余齋
> 藏董香光手書冊亦作「呂」矣。〔註5〕

根據以上四家說法，當時命名爲《千字文》的，有三種：

一種是所謂鍾繇的《千字文》。梁章鉅《歸田瑣記》記載：「金壇王氏《鬱
岡齋帖題》曰：『魏太尉鍾繇《千字文》，右軍將軍王羲之奉敕書，起四句云：
『二儀日月，雲露嚴霜，夫貞婦潔，君聖臣良。』結二句與周氏同，是周興
嗣所次亦有二本不同也。」關於「鍾繇《千字文》」的說法語焉不詳，因此，
這本《千字文》的文字是由鍾繇撰寫的，還是鍾繇只是以書法的形式抄寫了
《千字文》，我們不得而知。「右軍將軍王羲之奉敕書」一句，句意明確：這
本《千字文》不是王羲之撰寫的文字，它只是「奉敕」抄寫了文本。有一點
非常明確：這本《千字文》產生在周興嗣之前。周興嗣在創作《千字文》之
前，肯定借鑒了這本《千字文》，因爲「結二句與周氏同」。「是周興嗣所次亦
有二本不同也」，則說錯了。既然這本《千字文》至少是王羲之「奉敕」書寫
過，則它的產生遠在周興嗣之前，怎麼能說是「周興嗣所次」的呢？張志公
的看法與我們略有不同：「日本存有一種李暹注本《千字文》。序裏說，原有
鍾繇《千字文》，晉末播遷，載書遇雨，幾至糜爛，《千字文》亦在其中。於
是命王羲之重爲編綴繕寫。但是文理、音韻不順。至梁武帝，乃命周興嗣重

〔註5〕（清）梁章鉅：《歸田瑣記》，中華書局，1981年8月第1版，第114頁。

為次韻。這本書沒有刊刻年號，李邏也不知何許人。〔註6〕不知材料出處，更不知記載是否準確。

　　二種是蕭子範撰的《千字文》。《梁書》卷三十五《蕭子範傳》的記載：「（蕭子範）出為（出任）建安太守，還除（還京師授任）大司馬（官名，主要掌管軍政，統帥軍隊）南平王戶曹（戶曹，官署名，掌管土地人民等事，其長官稱尚書）屬，從事中郎（從事中郎，為將帥的幕僚）。王愛文學士（有文才的人），子範偏被恩遇（蒙受特殊恩遇），嘗曰：『此宗室（皇族）奇才也。』使製《千字文》，其辭甚美，王命記室（官名，掌章表書記文檄等）蔡薳注釋之。」〔註7〕蕭子範是梁武帝的異母弟。《小學考》曰：「蕭子雲兄弟一作《千文》，一注《千文》，自是兩事。《隋志》遺子範《千文》一卷，故顧氏疑之，然非有錯誤也。」〔註8〕《隋書‧經籍志》有「《千字文》一卷，梁國子祭酒蕭子雲注」的記載。但蕭子範所撰《千字文》未能流傳。

　　三種是周興嗣撰的《千字文》。這在《隋書‧經籍志》中也有記載。《舊唐書‧經籍志》記載：「《千字文》一卷，蕭子範撰；又一卷，周興嗣撰。」〔註9〕顧炎武《日知錄》謂「《千字文》原有二本」，大概根據在此，沒有計算所謂鍾繇的那本《千字文》。

　　對上述四家說法中存在的疑點問題，需要做出辨析。

　　一是梁武帝蕭衍撰的《千字詩》。據《陳書‧沈眾傳》記載：「是時，梁武帝制《千字詩》，（沈）眾為之注解。」〔註10〕《千字詩》即《千字文》，但它不是另外一個版本的《千字文》，而就是周興嗣所撰《千字文》。據《梁書‧周興嗣傳》記載，《千字文》是梁武帝下令編撰的，（詳見下文）雖然按照慣例，這篇《千字文》名屬梁武帝，亦未嘗不可，因為它是承梁武帝之命而作，但真正的寫手卻是周興嗣。鑒於此，不能將《千字詩》看作另一版本的《千字文》，它們是同一文本。把《千字文》稱作《千字詩》，亦是一種習慣的說

〔註6〕　張志公：《傳統語文教育教材論——暨蒙學書目和書影》，中華書局，2013 年10 月第 1 版，第 14～15 頁。

〔註7〕　（唐）姚思廉：《梁書‧蕭子範傳》，中華書局，1973 年 5 月第 1 版，第 510 頁。

〔註8〕　（清）謝啓昆：《小學考》，轉引自：（清）姚振宗：《隋書經籍志考證》，清華大學出版社，2014 年 4 月第 1 版，第 441 頁。

〔註9〕　（後晉）劉昫等：《舊唐書‧經籍志》，中華書局，1975 年 5 月第 1 版，第 1986 頁。

〔註10〕　（唐）姚思廉：《陳書‧沈眾傳》，中華書局，1972 年 3 月第 1 版，第 243 頁。

法，因爲《千字文》是押韻的，很像一首普通的詩。正如清代翟灝《通俗編》所云：「梁武后，復有爲千字文者。《舊唐書・袁朗傳》『朗製千字詩，當時以爲盛作』，是也。」

二是所依據的是「鍾繇破碑千餘字」，還是「取王羲之手跡以成文」。此詳見下文。

二、關於集字的不同說法

關於周興嗣的《千字文》是集王羲之的字，還是集鍾繇的字，歷史上有不同的說法。

第一種說法是，《千字文》所集的是王羲之的字。如《梁書・周興嗣傳》認爲，千字是取自王羲之的書法作品，唐代李綽的《尚書故實》的說法與此相同。（引文詳下）

第二種說法是，《千字文》所集的是鍾繇的字。如宋代王應麟的《玉海》說：「太祖謂近臣曰：『千文蓋梁得鍾繇破碑千餘字，周興嗣次韻而成，詞理無可取。』」《宋史・李至傳》也說：「上（宋太宗）嘗臨幸秘閣，出草書《千字文》爲賜，（李）至（請）勒石，上曰：『《千字文》乃梁武得破碑鍾繇書，命周興嗣次韻而成，理無足取。若有資於教化，莫《孝經》，若也。』乃書以賜至。」〔註11〕比《宋史》稍早的北宋僧人釋文瑩所撰《玉壺清話》也有同樣的記載：「及賜書《千字文》，（李）至請勒石，上曰：『《千字文》本無稽，梁武得鍾繇破碑，愛其書，命周興嗣次韻而成之，文理無足取。』」〔註12〕明代郎瑛傾向於此說。他在《七修類稿》中說：「《玉溪（壺）清話》云：梁武帝得鍾繇破碑，愛其書，命周興嗣次韻成文。或又云：武帝欲學書，命殷鐵石選二王千文，召周興嗣次韻。二說不同，然皆武帝時事也，似當以前說爲是。」但他的根據有誤。他說：「舊聞詹仲和云：在蘇常某家，見唐刻《千字文》一帙，儼然鍾繇筆法，但子昂後跋以爲東坡書，不知何也。余又以《淳化帖》上千文，亦類鍾繇，其王著因海鹹河淡等字，以爲章草，誤指漢章帝之書，則米南宮、黃長睿辯之明矣。」唐刻《千字文》，現在無法見到，所以不能驗證他的判斷。不過「子昂後跋以爲東坡書」，是可以確信的，因爲趙孟頫（字子昂）是元代大書法家，其所做的鑒定即爲定論，這其實已經否定了郎瑛的

〔註11〕　（元）脫脫等：《宋史・李至傳》，中華書局，1977年1月第1版，第9176頁。
〔註12〕　（宋）文瑩：《玉壺清話》，中華書局，1984年7月第1版，第56頁。

看法。「《淳化帖》上千文，亦類鍾繇」的說法，也不準確；因為《淳化帖》的《千字文》有刻本傳世，說它「亦類鍾繇」，後世無人相信。

對於這兩種說法，明代的閻若璩辨析說：「《千字文》本有二篇，一周興嗣，一蕭子範。子範製久失傳。而所次韻之書，《梁書》以為羲之，《宋史》以為鍾繇。要《梁書》近而得其真。」此言極是。清代的趙翼在《陔餘叢考》中與閻若璩持有相同的看法：「釋文瑩《玉壺清話》及《宋史·李至傳》載：宋太宗曰：『《千字文》本梁武帝得鍾繇破碑，愛其書，命周興嗣次韻為之。』然《南史·文學傳》則謂『梁武帝有王羲之書，命興嗣次韻為之』，則所謂鍾繇書者，蓋宋人傳記之誤。」〔註13〕

三、周興嗣本的編纂時間與經過

今天所見《千字文》，就是周興嗣所撰的《次韻王羲之書千字》，這在《梁書》和《尚書故實》中有清楚的記載。

根據《梁書·周興嗣傳》記載，周興嗣，字思纂，陳郡項縣人，他是漢太子太傅周堪的後人。他的高祖父周凝，晉時任征西府參軍、宜都太守。周興嗣世代居住在姑孰。他十三歲的時候，前往京城求學，一共度過十餘年，廣泛閱讀通曉歷史書籍，善於寫文章。周興嗣曾經從姑孰出行，在旅店投宿，夜間有人對他說：「你的才學超越當代人，最初被貴臣賞識，最終又被英主賞識。」話說完之後，說話人就不知到哪裏去了。齊隆昌年間，侍中謝朏任吳興太守，只是與周興嗣談談文史而已。到謝朏免去太守職務回到京城，就大力稱頌極力薦舉周興嗣。本州把周興嗣舉為秀才，周興嗣又被除授為桂陽郡丞，太守王嶸一向賞識他，用隆厚的禮遇對待他。高祖更換天命，建立梁朝，周興嗣進獻《休平賦》，文字很美，高祖十分讚美。周興嗣被拜為安成王國侍郎，直華林省。那一年河南進獻舞馬，高祖下詔周興嗣與待詔到沆、張率寫賦讚頌這事，三人完稿後，高祖認為周興嗣的賦最為精巧。周興嗣被擢拔為員外散騎侍郎，進直文德、壽光省。關於撰寫《千字文》，《梁書·周興嗣傳》是這樣記載的：

> 是時，高祖以三橋舊宅為光宅寺，敕興嗣與陸倕各製寺碑，及
> 成俱奏，高祖用興嗣所製者。自是《銅表銘》、《柵塘碣》、《北伐檄》、
> 《次韻王羲之書千字》，並使興嗣為文，每奏，高祖輒稱善，加賜金

〔註13〕　（清）趙翼：《陔餘叢考》，河北人民出版社，1990年1月第1版，第357頁。

帛。〔註14〕

當時，高祖把位於三橋的舊宅改建爲光宅寺，命周興嗣與陸倕各自撰寫寺廟的碑文，寫完之後兩人一同進呈高祖，高祖選用了周興嗣所寫的碑文。從此以後，《銅表銘》《柵塘碣》《北伐檄》《次韻王羲之書千字》，都命周興嗣撰寫，每次寫完進呈，高祖都稱讚文辭之美，加賜金帛。《次韻王羲之書千字》就是一般所稱的《千字文》。

天監九年，周興嗣被除授爲新安郡丞，任職期滿，又任員外散騎侍郎，佐撰國史。天監十二年，周興嗣遷任給事中，佐撰國史之職不變。周興嗣兩隻手原先患有風疽病，這年又染上了疫病，左眼失明，高祖撫摸著他的手，嗟歎說：「這麼好的人竟然患上這樣的病！」親手一條條抄寫治療疽病的藥方賜予周興嗣。他被高祖看重竟到了這種程度。任昉又十分喜愛周興嗣的才能，常常說：「周興嗣假如沒有病，十天之內將要升爲御史中丞。」天監十四年，周興嗣被除授爲臨川郡丞。天監十七年，他又任給事中，直西省。左衛率周舍奉高祖命爲高祖撰寫的《歷代賦》作注，周舍啓奏請周興嗣幫助自己。普通二年，周興嗣去世。所撰寫的《皇帝實錄》《皇德記》《起居注》《職儀》等共有百餘卷，有文集十卷。

從《梁書》本傳可以看出，周興嗣是名門之後，天資聰穎，博通古今，擅長詩文，佐撰國史。最初被貴臣賞識，最終又被英主賞識。官至員外散騎侍郎。

《梁書》本傳中對周興嗣編撰《千字文》的記載，不夠詳細。唐代李倬的《尚書故實》對其編撰過程記載得較爲詳細：

> 《千字文》，梁周興嗣編次，而有王右軍書者，人皆不曉。其始
> 乃梁武教諸王書，令殷鐵石於大王書中，搨一千字不重者，每字片
> 紙，雜碎無序。武帝召興嗣，謂曰：「卿有才思，爲我韻之。」興嗣
> 一夕編綴進上，鬢髮皆白，而賞賜甚厚。右軍孫智永禪師自臨八百
> 本，散與人間，江南諸寺各留一本。〔註15〕

這段記載雖與《梁書》詳略有別，但大意相同，即《千字文》是梁武帝蕭衍爲了教諸王書，命令殷鐵石從王羲之所寫的字中，搨了一千個不同的字，

〔註14〕（唐）姚思廉：《梁書·周興嗣傳》，中華書局，1973 年 5 月第 1 版，第 698 頁。

〔註15〕（唐）李綽：《尚書故實》，中華書局，1985 年版，第 13 頁。

每字片紙，彼此孤立，不成文句，然後交給周興嗣，編為韻文。一夕之間鬢髮皆白的說法，是誇張，以周興嗣的才華，不至於此，這樣寫，不過是說心力極於此文而已。

梁武帝蕭衍於公元 502 年至 549 年在位，在位 48 年。周興嗣的卒年是公元 521 年，生年不詳。據《梁書》本傳記載，周興嗣撰《千字文》應在公元 510 年之前。綜上，《千字文》的編撰時間，應在 502 年至 510 年之間。

李國文說：「《千字文》用一千個不同的漢字，組成詞句和成語，不但字數有限制，內容也有要求，概括中華文化的精髓，負擔薪火相傳的使命。因此，這是一本煞費工夫的教科書，難度是很大的。謂予不信，你不妨試試，任你挑選一千個常用漢字，能將中國數千年來的歷史變遷，社會倫常，自然現象，道德修養，統統囊括其中嗎？所以，我很欽佩梁武帝時的周興嗣，用了實際不足一千漢字，寫成這樣一篇合轍押韻，琅琅上口的縮微版中國小百科全書。自問世以來，一千多年間，還沒有第二個才子，嘗試另編一本《千字文》。這足以說明其編纂難度，以及其權威性質。」

第二節　內容和體例

《千字文》在內容上包羅萬象，涵蓋天文、博物、社會、歷史、倫理、教育等多方面知識，且結構嚴謹，體例獨特。既可以識字、學書、習文，又可以增廣見聞，兼能啟蒙儒家倫理思想，成為綜合性蒙學讀物的開山之作。

一、內容

根據清代汪嘯尹、孫謙益的觀點，《千字文》可以分為四個部分。

第一部分，從第一句「天地玄黃」，至第三十六句「賴及萬方」。這一部分重在講述自然萬物和人類的早期歷史。從天地開闢講起，既講了天地雲雨、日月星辰、四時寒暑的變化，又講了天地萬物、江河湖海，以及飛鳥遊魚，還涉及人和時代的變遷。「天地玄黃，宇宙洪荒。」古人傳說，混沌初開，氣之輕清，上浮者為天；氣之重濁，下凝者為地。在那無窮無盡是遠古時代，在那無涯無際的空間，一切都處在蒙昧狀態。有了天地，就有了日月、星辰、雲雨、霜霧和四時寒暑的變化。「日月盈昃，辰宿列張。」天地開闢之後，天之精華便凝結而為日月星辰。「寒來暑往，秋收冬藏。」隨著地球的運轉，便有了春夏秋冬、四時和節氣。「閏餘成歲，律呂調陽。」有了四時和節氣，便

產生了歲時、曆法。「雲騰致雨，露結爲霜。」古人認爲這是陰陽之氣的調和，陽氣爲雲雨，以生萬物；陰氣爲霜露，以成萬物。這裏是談氣溫。說完天時，在言地利：「金生麗水，玉出崑岡。劍號巨闕，珠稱夜光。」黃金、玉石是天然的珍寶，巨闕劍、夜光珠是人造的寶物。「果珍李奈，菜重芥薑。」是地上生長的珍貴水果和蔬菜。以上六句是描寫陸地的情況。「海鹹河淡，鱗潛羽翔。」描寫的是江河大海和空中的情況。

有了天時和地利，還必須要有人事，才能構成天、地、人三才。接著便講述了人類早期的歷史和商湯、周武王時期的盛世景象。「龍師火帝，鳥官人皇。」中國人向來尊稱三皇、五帝，歌頌其豐功偉績，以爲後世楷模。「始制文字，乃服衣裳。」文字和服裝是人類的文化創造。「推位讓國，有虞陶唐。弔民伐罪，周發殷湯。」堯、舜、周武王、商湯，都是人們頌揚的古代帝王，他們「坐朝問道，垂拱平章」，以德化人，政治清明。「愛育黎首，臣伏戎羌。遐邇一體，率賓歸王。」愛護、撫育百姓，使邊疆的少數民族歸順臣服。他們施行德政，「鳴鳳在竹，白駒食場。」就連飛禽走獸也各得其所。「化被草木，賴及萬方。」教化披及草木，萬方皆獲利益。

第二部分，從第三十七句「蓋此身髮」，至第一百零二句「好爵自縻」。這一部分主要講「仁、義、禮、智、信」五種封建道德教條，以及貫穿其中的「父子、夫婦、兄弟、朋友、君臣」之間的關係，闡述忠、孝和人的言談舉止、交友等方面的標準和原則。「蓋此身髮，四大五常。恭惟鞠養，豈敢毀傷。」因爲要談修身，所以先談身體的重要。「女慕貞絜，男效才良。」男女雖然有別，但修身卻同樣重要。做人要「知過必改，得能莫忘。罔談彼短，靡恃己長」。要講信用，修身要純潔，保持本眞狀態，樹立良好形象和信譽：「信使可覆，器欲難量。墨悲絲染，詩贊羔羊。」「景行維賢，克念作聖。德建名立，形端表正。」人要追慕聖賢，才能進入聖賢之境，樹立德行和聲名。「空谷傳聲，虛堂習聽。」運用比興手法，用空谷中回聲傳得久遠，大堂中說話容易聽清作比，說明惡有惡報、善有善報的道理：「禍因惡積，福緣善慶。」正如陶淵明所說的那樣：「大禹聖人，乃惜寸陰，至於眾人，當惜分陰。」要想擁有聖德，培養才能，就必須通過學習；而要想學有所成，就必須抓緊時間：「尺璧非寶，寸陰是競。」就忠、孝而言，即要忠於國君，孝敬父母：「資父事君，曰嚴與敬。孝當竭力，忠則盡命。臨深履薄，夙興溫凊。」擁有如此高尚的美德，便「似蘭斯馨，如松之盛」，又如「川流不息，淵澄取映」。

就言談舉止而言，要「容止若思，言辭安定」，處事要「篤初誠美，慎終宜令」，這些是「榮業所基」，有了這種基礎，才能「籍甚無竟」。學童發憤學習，才能走上仕途：「學優登仕，攝職從政。」為官要為民興利，關心民瘼，才能像召公那樣得到百姓的愛戴：「存以甘棠，去而益詠。」禮樂是維持統治秩序的手段：「樂殊貴賤，禮別尊卑。」要懂得「上和下睦，夫唱婦隨」的禮教；要遵守「外受傅訓，入奉母儀」的儀範；在處理家庭親屬關係上要「諸姑伯叔，猶子比兒。孔懷兄弟，同氣連枝」。要交益友：「交友投分，切磨箴規。」要懷有憐愛之心：「仁慈隱惻，造次弗離。」為人要懂禮儀：「節義廉退，顛沛匪虧。」「性靜情逸」才能保持真純，否則「心動神疲」「守真志滿」，就不會「逐物意移」。「堅持雅操，好爵自縻。」堅守這些美德，自然就會有好的爵位。

第三部分，從第一百零三句「都邑華夏」，至第一百六十二句「巖岫杳冥」。這一部分主要講京都之大，宮闕之壯，典籍之盛，英才之眾，土地之廣，借「王者之事」，宣揚華夏歷史之悠久，文明之燦爛，形勝之壯觀，疆域之遼闊，用以突出歷代人君賢傑的文治武功。京城所據，山河頗為壯觀：「都邑華夏，東西二京。背邙面洛，浮渭據涇。」宮殿、樓觀等建築高大華麗：「宮殿盤鬱，樓觀飛驚。圖寫禽獸，畫彩仙靈。丙舍傍啓，甲帳對楹。」君王接見臣子的場面壯觀：「肆筵設席，鼓瑟吹笙。升階納陛，弁轉疑星。」宮內各殿彼此連通：「右通廣內，左達承明。」「既集墳典，亦聚群英。」京城中彙集了豐富的典籍和大批英才。宮內藏書豐富：「杜稿鍾隸，漆書壁經。」其中有草書的，有隸書的，有漆書的，還有「壁經」之類的古經。帝王手下聚集著許多文武大臣：「府羅將相，路俠槐卿。」天子封賜給臣子封地和兵馬：「戶封八縣，家給千兵。」官員們威風凜凜：「高冠陪輦，驅轂振纓。」生活豪奢，立有功勞：「世祿侈富，車駕肥輕。策功茂實，勒碑刻銘。」華夏歷史英才輩出，有殷之伊尹、傅說，周之周公、呂望，漢之四皓；還有五霸、七雄之謀臣策士，任名法者之韓非、蕭何，武將之白起、王翦、廉頗、李牧等：「磻溪伊尹，佐時阿衡。奄宅曲阜，微旦孰營？桓公匡合，濟弱扶傾。綺回漢惠，說感武丁。俊乂密勿，多士寔寧。晉楚更霸，趙魏困橫。假途滅虢，踐土會盟。何遵約法，韓弊煩刑。起翦頗牧，用軍最精。宣威沙漠，馳譽丹青。」舉此諸人，藉以概括歷代無數英才俊傑。中國疆土遼闊，風光壯美，統有九州、百郡；山河雄偉，有名山、大澤、城關、要驛、險塞：「九州禹跡，百郡秦併。嶽宗

泰岱，禪主云亭。雁門紫塞，雞田赤城。昆池碣石，鉅野洞庭。曠遠綿邈，岩岫杳冥。」這幾句是說地靈，與前面談人傑的英才輩出一段相呼應。

第四部分，從第一百六十三句「治本於農」，至第二百四十八句「愚蒙等誚」。這一部分主要講述治家處身之道，是作者提出的告誡、希望和勉勵。作者認為治國之本在於發展農業：「治本於農，務茲稼穡。俶載南畝，我藝黍稷。」對於那些勸農有利的地方官員，要予以陞遷，反之就要被降職：「稅熟貢新，勸賞黜陟。」為政的人，要以孟子的敦素、史魚的秉直為榜樣，要掌握不偏不倚、無過無不及的中庸之道，時時注意勤勞、謙虛、謹慎：「孟軻敦素，史魚秉直。庶幾中庸，勞謙謹敕。」「聆音察理，鑒貌辨色。貽厥嘉猷，勉其祗植」，是應酬之方。「省躬譏誡，寵增抗極。殆辱近恥，林皋幸即。」是御患之術。「兩疏見機，解組誰逼。」以「兩疏」為例，轉而描寫閒居生活。獨處閒居，可以修身養性：「索居閒處，沉默寂寥。求古尋論，散慮逍遙。欣奏累遣，感謝歡招。」田園四時美景，足以供人欣賞享受：「渠荷的歷，園莽抽條。枇杷晚翠，梧桐蚤凋。陳根委翳，落葉飄搖。遊鵾獨運，淩摩絳霄。」「耽讀玩市，寓目囊箱」，是承前「求古尋論」而說的。為人處事要謹言慎行，因為「易輶攸畏，屬耳垣牆」。「具膳餐飯，適口充腸。飽飫烹宰，饑厭糟糠。」是說飲食宜適當。對親朋故舊要分別加以資助照顧：「親戚故舊，老少異糧。」家中的妻妾，應「妾御績紡，侍巾帷房」。「紈扇圓潔，銀燭煒煌。晝眠夕寐，藍筍象床。」是描寫寢處之高貴。「絃歌酒宴，接杯舉觴。矯手頓足，悅豫且康。」是寫宴會的歡樂。「嫡後嗣續，祭祀烝嘗。稽顙再拜，悚懼恐惶。」是展現祭祀禮節之隆重。「箋牒簡要，顧答審詳。」是說應酬之方。「骸垢想浴，執熱願涼。」是表達生活享受之願望。「驢騾犢特，駭躍超驤。」用六畜之興旺，喻社會之富裕安寧。而要維持社會安定，就要做好治安保衛工作：「誅斬賊盜，捕獲叛亡。」「布射僚丸，嵇琴阮嘯。恬筆倫紙，鈞巧任釣。釋紛利俗，並皆佳妙。」列舉蒙恬、馬鈞等人的奇特本領和創造發明，藉以勉勵人們要為社會、為百姓做貢獻。用「毛施淑姿，工顰妍笑」，警告人們不可沉迷美色。「年矢每催，曦暉朗曜。璇璣懸斡，晦魄環照。指薪修祜，永綏吉劭。」以時光流轉，稍縱即逝，敦促人們努力向上，積極進取，表達勸勉學習之意。「矩步引領，俯仰廊廟。束帶矜莊，徘徊瞻眺。」提醒學童平時要儀表端莊，以良好的精神面貌來學習文化知識，否則，「孤陋寡聞，愚蒙等誚。」

最後兩句「謂語助者，焉哉乎也」，只是幾個虛字，沒有特別意義，故將

其單列出來。作者寫上這八個字，以湊成名副其實的千字文。

二、體例

　　《千字文》作為中國古代流傳最廣的蒙學教材，體例上獨具特色，具備以往蒙學教材沒有的優勢。具體來說，有如下特點：

　　（一）四字為句，句式整齊。中國早期的很多經典作品，像《詩經》以四言為主，兼有雜言。《楚辭》則是雜言體。《千字文》則一改以往的行文特點，以整齊劃一的句式，開創了中國蒙學教材的先河，為後世蒙學教材建設提供了典範，以致後來的《百家姓》《三字經》等，在句式上均受其影響，採用整齊劃一的句式。這種句式的優勢在於便於閱讀，便於記憶，形式上錯落有致，閱讀時朗朗上口，抑揚頓挫盡在其中。

　　（二）注重押韻，講究聲律。《千字文》兩句一組；開頭兩句，句句押韻；結尾兩句，因為是虛詞，所以不用韻；其餘均偶句押韻，韻腳有125個。《千字文》還注意到平仄問題。除了開頭兩句和結尾兩句外，其它每組的末一字，一般偶句為平聲，單句就為仄聲；偶句為仄聲，單句就是平聲。例如，「日月盈昃（仄），辰宿列張（平）。」又如，「存以甘棠（平），去而益詠（仄）。」再如，「雲騰致雨（平平仄仄），露結為霜（仄仄平平）。」這種對聲律的追求，和律詩、駢文極為相似。

　　（三）講究對仗，相互映襯。全文125組，對偶句有85組，占全文總量的68%。它是把同類或對立概念的詞語放在相對應的位置上，使之出現相互映襯的狀態，使語句更具韻味，增加詞語表現力。多數是組內兩句自為對偶，例如，「金生麗水，玉出昆岡。」又如，「劍號巨闕，珠稱夜光。」再如，「果珍李奈，菜重芥薑。」也有兩組互為對偶的，例如，「推位讓國，有虞陶唐；弔民伐罪，周發殷湯。」又如，「仁慈惻隱，造次弗離；節義廉退，顛沛匪虧。」

第三節　用韻和用典

　　從南北朝到清末，《千字文》一直是傳統語文教育的教材，成為中國教育史上使用時間最長的識字課本。這其中的原因，除了它選用的多是常用字，比較實用外，還應該有兩個重要原因，一是它整齊押韻，朗朗上口，二是融彙了大量典故，內容厚重，豐富。

一、用韻

《千字文》採用四句韻語的形式，在句式上繼承《詩經》的傳統，它通常是隔句押韻，即偶句的末尾用韻。其用韻情況如下：

第 1 句到第 50 句，即從「天地玄黃，宇宙洪荒」到「墨悲絲染，詩讚羔羊」。韻腳分別是：黃、荒、張、藏、陽、霜、岡、光、薑、翔、皇、裳、唐、湯、章、羌、王、場、方、常、傷、良、忘、長、量、羊，均屬於上古韻部中的「陽」部。

第 51 句到第 80 句，即從「景行維賢，克念作聖」到「存以甘棠，去而益詠」。韻腳分別是：聖、正、聽、慶、競、敬、命、清、盛、映、定、令、竟、政、詠，其中，慶、競、映、竟、詠，屬於上古韻部中的「陽」部，其餘屬於「耕」部。

第 81 句到第 102 句，即從「樂殊貴賤，禮別尊卑」到「堅持雅操，好爵自縻」。韻腳分別是：卑、隨、儀、兒、枝、規、離、虧、疲、移、縻，其中，卑、兒、枝、規，屬於上古韻部中的「支」部，其餘屬於上古韻部中的「歌」部。但是，在《廣韻》中，這些韻腳用字，均屬於「支」部，從中可以看出過渡時期韻部合併的趨勢。

第 103 句到第 162 句，即從「都邑華夏，東西二京」到「曠遠綿邈，岩岫杳冥」。韻腳分別為：京、涇、驚、靈、楹、笙、星、明、英、經、卿、兵、縷、輕、銘、衡、營、傾、丁、寧、橫、盟、刑、精、青、併、亭、城、庭、冥，其中，京、明、英、卿、兵、衡、橫、盟，屬於上古韻部中的「陽」部，其餘屬於上古韻部中的「耕」部。「陽」部與「耕」部的韻字交錯出現，從中可以看出過渡時期韻部合併的趨勢。

第 163 句到第 182 句，即從「治本於農，務茲稼穡」到「兩疏見機，解組誰逼」。韻腳分別為：穡、稷、陟、直、敕、色、植、極、即、逼，其中，穡、稷、陟、直、敕、色、植、極、逼，屬於上古韻部中的「職」部，即，屬於上古韻部中的「質」部。但是，在《廣韻》中，這些韻腳用字均屬於「職」部，從中可以看出過渡時期韻部合併的趨勢。

第 183 句到第 196 句，即從「索居閒處，沉默寂寥」到「遊鵾獨運，凌摩絳霄」。韻腳分別為：寥、遙、招、條、凋、搖、霄，其中，寥、條、凋，屬於上古韻部中的「幽」部，其餘屬於上古韻部中的「宵」部。

第 197 句到第 228 句，即從「耽讀玩市，寓目囊箱」到「誅斬賊盜，捕

獲叛亡」。韻腳分別爲：箱、牆、腸、糠、糧、房、煌、床、觴、康、嘗、惶、詳、涼、驤、亡，均屬於上古韻部中的「陽」部。

　　第 229 句到第 249 句，即從「布射僚丸，嵇琴阮嘯」到「孤陋寡聞，愚蒙等誚」，末句「謂語助者，焉哉乎也」，是虛詞，不入韻。韻腳分別爲：嘯、釣、妙、笑、曜、照、劭、廟、眺、誚，其中，嘯，屬於上古韻部中的「幽」部；釣、曜，屬於上古韻部中的「藥」部；其餘屬於上古韻部中的「宵」部。但是，在《廣韻》中，這些韻腳用字均屬於「宵」部，從中可以看出過渡時期韻部合併的趨勢。

二、用典

　　何謂用典？羅積勇給出了這樣的定義：「爲了一定的修辭目的，在自己的言語作品中明引或暗引古代故事或有來歷的現成話，這種修辭手法就是用典。」〔註16〕現代修辭書，也有將用典稱爲「引用」。古代文學批評著作習稱用典爲「用事」。如鍾嶸《詩品》云：「夫屬詞比事，乃爲通談。若乃經國文符，應資博古；撰德駁奏，宜窮往烈。至乎吟詠情性，亦何貴於用事？」值得注意的是，「用事」，既包括引用故事，也包括引用現成話；用典，則稱爲「事類」。《文心雕龍・事類》云：「事類者，蓋文章之外，據事以類義，援古以證今者也。」〔註17〕引用典故，不論是引用故事，還是引用現成話，可以明引，也可以暗引。所謂明引，是有明顯識別標記的引用；所謂暗引，則是沒有明顯標記的引用。《千字文》中的引用，均屬於暗引。《千字文》中的用典，有以下若干句：

　　「劍號巨闕，珠稱夜光。」

　　巨闕：春秋時越王句踐的寶劍名。《越絕書・越絕外傳記寶劍》載：「昔者，越王句踐有寶劍五，聞於天下。」「一日湛盧，二日純鈞，三日勝邪，四日魚腸，五日巨闕。」〔註18〕一說爲越王允常的寶劍名。《藝文類聚》引《吳越春秋》日：「越王允常，聘區冶子作名劍五枚：一日純鈞，二日湛盧，三日豪曹，或日盤郢，四日魚腸，五日巨闕。」〔註19〕《博物志・卷六》載：「寶

〔註16〕羅積勇：《用典研究》，武漢大學出版社，2005 年 11 月第 1 版，第 2 頁。
〔註17〕周振甫：《文心雕龍今譯》，中華書局，1986 年 12 月第 1 版，第 339 頁。
〔註18〕張仲清：《越絕書譯注》，人民出版社，2009 年 5 月第 1 版，第 225 頁。
〔註19〕（唐）歐陽詢撰，汪紹楹校：《藝文類聚》，上海古籍出版社，1999 年 5 月新 2 版，第 1078 頁。

劍名：鈍鈎、湛盧、豪曹、魚腸、巨闕，五皆歐冶子所作。」〔註20〕

夜光：夜明珠。傳說夜間能發光，為珍珠中的精品。又稱隋侯珠。《墨子‧耕柱》云：「和氏之璧，隋侯之珠，三棘六異，此諸侯之所謂良寶也。」〔註21〕《莊子‧讓王》云：「今且有人於此，以隨侯之珠，彈千仞之雀，世必笑之。是何也？則其所用者重而所要者輕也。」〔註22〕《呂氏春秋‧貴生》亦云：「今有人於此，以隨侯之珠彈千仞之雀，世必笑之。是何也？所用重，所要輕也。」〔註23〕漢代以後，將隋侯珠的故事記載得更詳細。如晉干寶《搜神記》載：「隋縣溠水側，有斷蛇丘。隋侯出行，見大蛇被傷中斷。疑其靈異，使人以藥封之，蛇乃能走。因號其處『斷蛇丘』。歲餘，蛇銜明珠以報之。珠盈徑寸，純白，而夜有光明，如月之照，可以燭室，故謂之『隋侯珠』，亦曰『靈蛇珠』，又曰『明月珠』。」〔註24〕隋侯，是西周初分封諸侯國隋國君，姬姓，封國在今湖北隨州。

「龍師火帝，鳥官人皇。」

龍師：即龍官。師，官名，古時凡專掌一職之官皆稱「師」。此指伏羲。《漢書‧百官公卿表》顏師古注引張晏曰：「庖羲將興，神龍負圖而至，因以名師與官也。」「春官為青龍，夏官為赤龍，秋官為白龍，冬官為黑龍，中官為黃龍。」又引應劭曰：「師者長也，以龍紀其官長，故為龍師。」〔註25〕

火帝：一般指鑽木取火的燧人氏，他教人取火，用火照明，燒烤食物。另一種說法指太陽神炎帝。

鳥官：指少昊氏，又名金天氏，是黃帝的兒子，因為學會了太昊伏羲氏的學問，所以人稱少昊氏。少昊以「鳥」命名手下的百官，如鳳鳥官、玄鳥

〔註20〕（晉）張華撰，范甯校證：《博物志校證》，中華書局，1980 年 1 月第 1 版，第 75 頁。

〔註21〕周才珠、齊瑞端譯注：《墨子全譯》，貴州人民出版社，1995 年 8 月第 1 版，第 541 頁。

〔註22〕曹礎基：《莊子淺注》（修訂重排本），中華書局，2007 年 3 月第 3 版，第 340 頁。

〔註23〕張雙棣等譯注：《呂氏春秋譯注》，吉林文史出版社，1993 年 1 月第 1 版，第 38 頁。

〔註24〕（晉）干寶著，黃滌明譯注：《搜神記全譯》（修訂版），貴州人民出版社，2008 年 9 月第 1 版，第 413 頁。

〔註25〕（漢）班固撰，（唐）顏師古注：《漢書‧百官公卿表》，中華書局，1962 年 6 月第 1 版，第 722 頁。

官、青鳥官等，他也因此被稱爲「鳥官」。

人皇：古帝名。上古稱「三皇」，即天皇、地皇、人皇。此處只舉人皇，未舉天皇、地皇，乃省文之故。

「始製文字，乃服衣裳。」

製文字：相傳上古結繩紀事，黃帝時史官倉頡開始製造文字。《荀子‧解蔽》云：「好書者眾矣，而倉頡獨傳者」。〔註26〕《韓非子‧五蠹》載：「古者蒼頡之作書也，自環者謂之『厶』，背厶謂之『公』。公私之相背也，乃蒼頡固以知之矣。」〔註27〕《淮南子‧本經訓》載：「昔者蒼頡作書，而天雨粟，鬼夜哭。」〔註28〕文字是在社會長期實踐中逐步產生的，不可能是一個人創造的，倉頡應該是古代文字最早的搜集與整理者。

服：穿。衣裳：上爲衣，下爲裳。上古之民，披獸皮樹葉以蔽體。黃帝命其臣胡曹製作衣裳。《呂氏春秋‧勿躬》云：「胡曹作衣」。〔註29〕又據《史記‧五帝本紀》記載：「黃帝居軒轅之丘，而娶於西陵之女，是爲嫘祖。」〔註30〕嫘祖是黃帝的妻子，她擅長織布，並教會了婦女養蠶織衣。

「推位讓國，有虞陶唐。」

推位：推掉君位。有虞：即舜。舜的祖先部落居虞，故稱舜爲有虞氏。舜選拔治水有功的禹爲繼承人。陶唐：即堯，祁姓，陶唐氏，名放勳，起初被封於陶，後遷徙到唐，所以又稱唐堯。堯選擇舜爲其繼任人，死後由舜繼位。堯、舜都是把政權讓給德才兼備的接班人，所以稱爲「推位讓國」。

「弔民伐罪，周發殷湯。」

弔：慰問。伐罪：討伐有罪的人。周發：周武王姬發，姬姓，名發，諡武，史稱周武王。西周王朝開國君主，周文王次子。《史記‧周本紀》記載：「居二年，（姬發）聞紂昏亂暴虐滋甚，殺王子比干，囚箕子。太師疵、少師彊抱其樂器而犇周。於是武王徧告諸侯曰：『殷有重罪，不可以不畢伐。』

〔註26〕張覺：《荀子譯注》，上海古籍出版社，1995 年 12 月第 1 版，第 462 頁。

〔註27〕（戰國）韓非著，張覺譯注：《韓非子全譯》，貴州人民出版社，1992 年 3 月第 1 版，第 1044 頁。

〔註28〕陳廣忠注譯：《淮南子譯注》，吉林文史出版社，1990 年 6 月第 1 版，第 348 頁。

〔註29〕同〔註23〕，第 566 頁。

〔註30〕（漢）司馬遷：《史記‧五帝本紀》，中華書局，1982 年 11 月第 1 版，第 10 頁。

乃遵文王，遂率戎車三百乘，虎賁三千人，甲士四萬五千人，以東伐紂。」
〔註31〕商朝末年，周武王率領各地武裝力量誅滅商紂，建立了周朝。殷湯：
即商湯，成湯，商王朝的開國君主。姓子，名履。夏朝末期，國勢日衰，商
湯看到夏桀的腐敗，決定興兵滅夏，夏桀的軍隊很快被打敗，桀也遭到流放。
於是，夏朝被新建立的商朝所代替。商朝立國後多次遷都，到盤庚時遷到殷，
故又稱殷商。

「墨悲絲染，詩讚羔羊。」

墨：墨子，名翟。春秋戰國之際的著名思想家，墨家學派的創始人。《墨
子·所染》載：「子墨子言見染絲者而歎，曰：『染於蒼則蒼，染於黃則黃，所
入者變，其色亦變，五入必，而已則為五色矣！故染不可不慎也！』」〔註32〕
墨子說，他曾見人染絲而感歎說：「絲染了青顏料就變成青色，染了黃顏料就
變成黃色。染料不同，絲的顏色也跟著變化。經過五次之後，就變為五種顏色
了。所以染絲是不可不謹慎的。」這個故事暗喻人的本性像生絲一樣潔白，一
旦受到污染，被染了色，再想恢復本性的質樸純潔，就很難了。

羔羊：指《詩經·召南·羔羊》：「羔羊之皮，素絲五紽。退食自公，委
蛇委蛇。羔羊之革，素絲五緎。委蛇委蛇，自公退食。羔羊之縫，素絲五總。
委蛇委蛇，退食自公。」〔註33〕讚美羔羊全身潔白，不受外物所染，也是感
歎人的本性像羔羊的皮毛一樣潔白。人應該永遠保持這種純善的、沒有污染
的本性才好。

「存以甘棠，去而益詠。」

存：保留。甘棠：甘棠樹。此處指《詩經·召南·甘棠》。去：離開。益：
更加。詠：用詩來詠歎、頌揚。《史記·燕召公世家》載：「周武王之滅紂，封
召公於北燕。」「召公之治西方，甚得兆民和。召公巡行鄉邑，有棠樹，決獄政
事其下，自侯伯至庶人各得其所，無失職者。召公卒，而民人思召公之政，懷
棠樹不敢伐，哥詠之，作《甘棠》之詩。」〔註34〕周代的召公，勤政愛民，曾

〔註31〕（漢）司馬遷：《史記·周本紀》，中華書局，1982年11月第1版，第121頁。
〔註32〕同〔註21〕，第15頁。
〔註33〕程俊英：《詩經譯注》，上海古籍出版社，1985年2月第1版，第30頁。
〔註34〕（漢）司馬遷：《史記·燕召公世家》，中華書局，1982年11月第1版，第1549～1550頁。

在甘棠樹下處理政事，召公去世後，人們感懷他的政績，保留下甘棠樹不忍砍伐，以示紀念。《詩經‧召南‧甘棠》云：「蔽芾甘棠，勿翦勿伐，召伯所茇。蔽芾甘棠，勿翦勿敗，召伯所憩。蔽芾甘棠，勿翦勿拜，召伯所說。」〔註35〕全詩純用賦體鋪陳排衍，物象簡明，而寓意深遠，眞摯懇切，體現了人民對召公的讚美和懷念。「甘棠」成爲稱讚地方官政績的詞語。

「磻溪伊尹，佐時阿衡。」

磻溪：水名。在今陝西省寶雞市東南。傳說爲呂尚（姜太公）未遇文王時垂釣處。亦借指呂尚。《韓詩外傳》記載：「太公望少爲人婿，老而見去，屠牛朝歌，賃於棘津，釣於磻溪。文王舉而用之，封於齊。」〔註36〕《續博物志》卷八：「汲縣，舊汲郡，有硤水爲磻溪，太公釣處，有太公泉、太公廟。」〔註37〕伊尹：商朝初年的大臣。因住在伊水，以地爲姓。原爲奴隸，後爲商湯所賞識、起用，輔佐商湯伐桀滅夏，執掌國政。佐時：輔佐朝政。阿衡：商朝的官名。伊尹曾任此職，總理國家大政。後泛指主持國事的宰相。

「奄宅曲阜，微旦孰營？」

奄：商末周初山東曲阜之東的一個小國，其國都爲山東曲阜。周成王時，周公旦、姜太公平定了郯、奄十七國的叛亂。宅：以……爲宅，居住。微：如果沒有。旦：即周公，姓姬名旦。周文王之子，周武王之弟。

「桓公匡合，濟弱扶傾。」

桓公：即齊桓公，姓姜，名小白，春秋時齊國之君，春秋五霸之一。匡：匡正。合：會合（諸侯）。《論語‧憲問》說：「桓公九合諸侯，不以兵車，管仲之力也。」「管仲相桓公，霸諸侯，一匡天下」。〔註38〕桓公安定東周王室的內亂，多次大會諸侯，訂立盟約；幫助弱小的燕國，打敗北戎，營救邢、衛兩國，制止了戎、狄對中原的進攻。

「綺回漢惠，說感武丁。」

綺回：綺里季，秦漢之際的隱士，與東園公、夏黃公、甪里先生隱居在

〔註35〕同〔註33〕，第27頁。

〔註36〕魏達純：《韓詩外傳譯注》，東北師範大學出版社，1993年5月第1版，第289頁。

〔註37〕（宋）李石：《續博物志》，載《景印文淵閣四庫全書》（第560冊），（臺北）商務印書館，1983年版，第213頁。

〔註38〕楊伯峻譯注：《論語譯注》，中華書局，1980年12月第2版，第151頁。

陝南商山，被稱爲「商山四皓」。漢惠：漢惠帝劉盈，漢高祖劉邦之子。漢高祖劉邦想廢太子劉盈，而另立太子，張良請來商山四皓幫助劉盈，劉邦感到「羽翼已成，難以動矣」，遂保住了劉盈的太子地位。

說：傅說，殷商時期著名賢臣，爲商王武丁丞相。傅說本是奴隸，傅岩地方築城。武丁求賢臣良佐，夢得聖人，醒來後將夢中的聖人畫影圖形，派人尋找，最終在傅岩找到傅說，舉以爲相，國乃大治，遂以傅爲姓。

「晉楚更霸，趙魏困橫。」

晉、楚：指春秋時的晉國、楚國。趙、魏：指戰國時的趙國、魏國。橫：指連橫。戰國時期，諸侯爭雄。魏國人張儀遊說東方各國，主張「事一強以攻眾弱」，即各國分別與秦國聯合以圖自保，稱爲「連橫」。蘇秦亦遊說東方各國，主張「合眾弱以攻一強」，即聯合各國力量以抵抗強秦，稱爲「合縱」。秦國採取遠交近攻的策略，首先滅掉與其接壤的韓、趙、魏，所以說「趙魏困橫」。

「假途滅虢，踐土會盟。」

虢：戰國時的諸侯國。《左傳・僖公二年》載：「晉荀息請以屈產之乘，與垂棘之璧，假道於虞以伐虢。」〔註39〕晉獻公爲了奪取崤函要地，決定南下進攻虢國。但虞國緊鄰虢國的北境。晉獻公害怕兩國聯合抗晉，遂採用大夫荀息各個擊破之計，先向虞借道攻虢，再伺機滅虞。晉獻公派荀息攜帶美女、駿馬等貴重禮品獻給虞公，請求借道攻虢。虞公貪利，又被荀息花言巧語所迷惑，遂不聽大臣勸阻，不但應允借道，還自願作攻虢先鋒。後來，晉故計重演又向虞借道。虞公拒不聽勸，再度應允。晉滅虢後，乘虞不備，發動突然襲擊，俘虞公，滅其國。

踐土：古地名。舊址在今河南榮陽。僖公二十八年（公元前632年），晉國打敗楚國的消息傳到周都洛邑，周襄王和大臣都認爲晉文公立了大功，周襄王還親自到踐土慰勞晉軍。晉文公也趁此機會，在踐土召集諸侯會盟。參加會盟的有晉、魯、齊、宋、蔡、鄭等國。就這樣，晉文公憑藉自己的實力，繼齊桓公之後，成爲五霸的第二位。

「何遵約法，韓弊煩刑。」

〔註39〕王守謙等譯注：《左傳全譯》，貴州人民出版社，1990年11月第1版，第187頁。

何：指蕭何。西漢的開國功臣，漢初任宰相。漢高祖劉邦入關滅秦，與父老約法三章，曰：「殺人者死，傷人及盜抵罪。」後來蕭何又遵奉這個約法，作《漢律》九章。

韓：指韓非，戰國時韓國人，法家思想的集大成者。主張嚴刑苛法，反對禮樂教化。與李斯同師荀卿，向韓王建議變法，不為所用。後使於秦，李斯因忌其才，譖害之，死於秦獄。韓非主張嚴刑苛法，卻做法自弊，丟了性命。

「起翦頗牧，用軍最精。宣威沙漠，馳譽丹青。」

起：指白起。翦：指王翦。兩人都是戰國時秦國的良將。頗：指廉頗。牧：指李牧。兩人皆為戰國時趙國的良將。白起、王翦、廉頗、李牧，都善於用兵，立下戰功，於沙漠邊遠地方顯示軍威。他們的美名長留史冊，容貌繪成圖畫，代代傳揚。

「九州禹跡，百郡秦并。」

禹：又稱夏禹、大禹。因治水有功，舜讓位於他，成為炎黃部落聯盟首領。大禹治水成功後，把天下分為九個區域，以利於人們居住，稱為九州，即冀州、兗州、青州、徐州、揚州、荊州、豫州、梁州、雍州。九州為夏禹所立，都是他足跡所到的地方。

百郡：秦朝統一中國前，天下有一百零三個郡。秦統一後，實行郡縣制，將中國分為三十六個郡。到了漢代，又將全國分為一百個郡。

「嶽宗泰岱，禪主云亭。」

嶽宗泰岱：即五嶽之首泰山。禪：古代帝王祭地的活動，在泰山下的小山上進行。在泰山上祭天的活動稱作「封」。此處講「禪」未講「封」，是為了行文簡練。云、亭：指云云山、亭亭山。為泰山東南的兩座小山，為歷代帝王祭地之處。《史記‧封禪書》云：「昔無懷氏封泰山，禪云云；……黃帝封泰山，禪亭亭。」〔註40〕

「孟軻敦素，史魚秉直。」

孟軻：字子輿，戰國中期鄒國人。思想家、政治家，儒家學派的代表人物。主張法先王，行仁政，提出「民貴君輕」的民本思想。宣揚性善，認為

〔註40〕（漢）司馬遷：《史記‧封禪書》，中華書局，1982年11月第1版，第1361頁。

人生而即有仁義禮智等善德的萌芽，即所謂「善端」。

史魚：春秋時衛國大夫。名佗，字子魚，也稱史鰌。衛靈公時任祝史，負責衛國對社稷神的祭祀，故稱祝佗。多次向衛靈公推薦蘧伯玉。臨死囑家人不要「治喪正室」，以勸誡衛靈公進賢（蘧伯玉）去佞（彌子瑕）。史稱「屍諫」。《論語・衛靈公》載：「子曰：『直哉史魚！』」〔註41〕稱讚他秉性耿直。

「兩疏見機，解組誰逼。」

兩疏：指西漢宣帝時的疏廣、疏受叔侄二人。解組：辭去官職。解，解開。組，組授，繫官印的綬帶。疏廣，字仲翁，蘭陵人。少好學，精通《春秋》。疏受是疏廣哥哥的兒子。地節三年（公元前 67 年），疏廣被任命為太子太傅，疏受被任命為太子少傅。任職五年，成績斐然，經常受到皇帝和太子的嘉獎。但是，在沒有人逼迫的情況下，疏廣卻主動求退。一天，「（疏）廣謂（疏）受曰：『吾聞『知足不辱，知止不殆』，『功遂身退，天之道』也。今仕官至二千石，宦成名立，如此不去，懼有後悔，豈如父子相隨出關，歸老故鄉，以壽命終，不亦善乎？』（疏）受叩頭曰：『從大人議。』」疏廣稱病，上書請求辭官退休。漢宣帝答應了他們的請求。「公卿大夫故人邑子設祖道，供張東都門外，送者車數百兩，辭決而去。及道路觀者皆曰：『賢哉二大夫！』或歎息為之下泣。」〔註42〕其後，在家鄉安度晚年。疏廣成為歷史上功成則退的典範。

「耽讀玩市，寓目囊箱。」

耽：沉迷。玩市：市場。寓目：注目，留意。囊箱：書箱。《後漢書》載：「（王）充少孤，鄉里稱孝。後到京師，受業太學，師事扶風班彪。好博覽而不守章句。家貧無書，常遊洛陽市肆，閱所賣書，一見輒能誦憶，遂博通眾流百家之言。後歸鄉里，屏居教授。」〔註43〕王充，東漢著名學者。字仲任，會稽上虞人。他家境貧寒，無錢購書，就經常到洛陽的書市去看書。雖身處鬧市，卻仍能全神貫注的閱讀。所讀之書，過目成誦，後來終於成為博覽群

〔註41〕同〔註38〕，第 163 頁。

〔註42〕（漢）班固撰，（唐）顏師古注：《漢書・雋疏于薛平彭傳》，中華書局，1962年 6 月第 1 版，第 3039～3040 頁。

〔註43〕（南朝宋）范曄撰，（唐）李賢等注：《後漢書・王充王符仲長統列傳》，中華書局，1965 年 5 月第 1 版，第 1629 頁。

書、知識淵博的大學者。

「**布射僚丸，嵇琴阮嘯。**」

布射：呂布射箭。呂布，三國時名將。據《三國志》記載：劉備與袁術交戰，呂布從中調解。呂佈在轅門之外豎立一戟，呂布約定說：「諸君觀布射戟小支，一發中者諸君解去，不中可留決鬥。」「（呂）布舉弓射戟，正中小支。諸將皆驚，言：『將軍天威也。』」〔註44〕劉備與袁術遂罷兵，避免了一場廝殺。

僚丸：熊宜僚弄丸。熊宜僚，春秋時魯國人，善玩彈丸，一丸在手，八丸拋空，隨接隨拋，無一落地。王先謙《莊子集解》引司馬云：「宜僚，楚勇士也，善弄丸。白公將作亂，殺子西。子期、石乞曰：『市南有熊宜僚者，若得之，可以當五百人。』往告，不許；承之以劍，不動，弄丸如故，曰：『吾亦不泄子。』白公遂殺子西。子期歎息兩家而已，宜僚不預其患。」〔註45〕

嵇琴：嵇康彈琴。嵇康：三國時期魏音樂家、文學家。字叔夜。譙郡銍縣人。為「竹林七賢」的精神領袖。官中散大夫，世稱嵇中散。嵇康通曉音律，尤愛彈琴，著有音樂理論著作《琴賦》《聲無哀樂論》。《晉書·嵇康傳》記載：「初，（嵇）康嘗遊於洛西，暮宿華陽亭，引琴而彈。夜分，忽有客詣之，稱是古人，與康共談音律，辭致清辯，因索琴彈之，而為《廣陵散》，聲調絕倫，遂以授康，仍誓不傳人，亦不言其姓字。」〔註46〕

阮嘯：阮籍長嘯。阮籍：三國時期魏詩人。字嗣宗。陳留尉氏人。竹林七賢之一。曾任步兵校尉，世稱阮步兵。崇奉老莊之學，政治上則採取謹慎避禍的態度。《晉書·阮籍傳》記載：「（阮籍）嗜酒能嘯，善彈琴。當其得意，忽忘形骸。」〔註47〕相傳，今河南百泉蘇門山嘯臺是其長嘯處。

「**恬筆倫紙，鈞巧任釣。**」

恬筆：蒙恬造筆。蒙恬，姬姓，蒙氏，名恬，祖籍齊國人，秦朝著名將領。秦統一六國後，蒙恬率三十萬大軍北擊匈奴。收復河南地（今內蒙古河

〔註44〕　（晉）陳壽撰，（南朝宋）裴松之注：《三國志》，中華書局，1982年7月第2版，第135頁。

〔註45〕　（清）王先謙：《莊子集解》，中華書局，1954年12月第1版，第234頁。

〔註46〕　（唐）房玄齡等：《晉書·嵇康傳》，中華書局，1974年11月第1版，第1374頁。

〔註47〕　（唐）房玄齡等：《晉書·阮籍傳》，中華書局，1974年11月第1版，第1359頁。

套南鄂爾多斯市一帶），修築西起隴西的臨洮（今甘肅岷縣），東至遼東（今遼寧境內）的萬里長城，征戰北疆十多年，威震匈奴。據傳，蒙恬改良過毛筆。《太平御覽》引《博物志》曰：「蒙恬造筆。」崔豹在《古今注》中也說：「自蒙恬始造，即秦筆耳。以枯木爲管，鹿毛爲柱，羊毛爲被。所謂蒼毫，非兔毫竹管也。」但出土文物證明，毛筆遠在蒙恬造筆之前很久就有了。不過，蒙恬作爲毛筆製作工藝的改良者，亦功不可沒。

倫紙：蔡倫造紙。蔡倫，東漢人，字敬仲，桂陽人。漢明帝永平末年入宮給事，章和二年（公元 88 年），蔡倫因有功於太后而升爲中常侍，蔡倫又以位尊九卿之身兼任尙方令。《後漢書·蔡倫傳》記載：「自古書契多編以竹簡，其用縑帛者謂之爲紙。縑貴而簡重，並不便於人。倫乃造意，用樹膚、麻頭及敝布、魚網以爲紙。元興元年奏上之，帝善其能，自是莫不從用焉，故天下咸稱『蔡侯紙』。」〔註48〕蔡倫總結以往人們的造紙經驗，革新造紙工藝，創造了用樹皮、麻頭、破布、舊漁網等爲原料的造紙之法，使紙的產量和質量都明顯提高。元興元年（公元 105 年）奏報朝廷，漢和帝下令推廣他的造紙法。因蔡倫曾經擔任龍亭侯，所造之紙便被稱爲「蔡侯紙」。

鈞巧：馬鈞之巧。馬鈞，字德衡，三國時期魏國扶風人。在手工業、農業、軍事等方面有很多發明創造，如新式織綾機、指南車、龍骨水車、水轉百戲、輪轉式發石車等，被譽爲「天下之名巧」，「馬先生之巧，雖古公輸般、墨翟、王爾，近漢世張平子，不能過也。」〔註49〕

任釣：任公子釣魚。任公子，任國的公子，爲傳說中的人物。任國，是春秋時的諸侯國。《莊子·外物》記載：「任公子爲大鈞巨緇，五十犗以爲餌，蹲乎會稽，投竿東海，旦旦而釣，期年不得魚。已而大魚食之，牽巨鈞，錎沒而下鶩，揚而奮鬐，白波若山，海水震蕩，聲侔鬼神，憚赫千里。任公子得若魚，離而臘之，自制河以東，蒼梧已北，莫不厭若魚者。」〔註50〕

「毛施淑姿，工顰妍笑。」

毛：毛嬙，古代美女。施：西施，春秋時越國美女。淑姿：優美的體態。

〔註48〕 （南朝宋）范曄撰，（唐）李賢等注：《後漢書·蔡倫傳》，中華書局，1965年 5 月第 1 版，第 2513 頁。

〔註49〕 （晉）傅玄：《馬先生傳》，載《全晉文》，商務印書館，1999 年 10 月第 1 版，第 521 頁，第 523 頁。

〔註50〕 同〔註22〕，第 320 頁。

工：善於。矉：皺眉。妍：美好。《管子‧小稱》云：「毛嬙、西施，天下之美人也」。〔註51〕《慎子‧威德》云：「毛嬙、西施，天下之至姣也」。〔註52〕《韓非子‧顯學》云：「故善毛嬙、西施之美，無益吾面；用脂澤粉黛，則倍其初。」〔註53〕《莊子‧天運》云：「西施病心而矉（通「矉」）其里，其里之醜人見而美之，歸亦捧心而矉其里。其里之富人見之，堅閉門而不出；貧人見之，挈妻子而去走。」〔註54〕

第四節　倫理道德教育理念

　　貫穿《千字文》的核心思想，是儒家的道德觀念和價值觀念。因為是面對幼兒，它還充分考慮到寓教於樂的原則。《千字文》並不是板起面孔，空洞、抽象地說教，而是把道理和故事生動地結合起來。例如「桓公匡合，濟弱扶傾。綺回漢惠，說感武丁。俊乂密勿，多士寔寧。」春秋時期，齊桓公多次糾合諸侯，救濟弱小的國家，扶持將要傾倒的周王室。漢惠帝作太子時，依靠商山四皓，才幸免被廢黜；商君武丁因夢境所感而得賢相傅說。這些人物才能出眾，勤勉努力；正是依靠這樣的賢才，國家才得以富強安寧。又如，「起翦頗牧，用軍最精。宣威沙漠，馳譽丹青。」白起、王翦、廉頗、李牧，用兵作戰最為精通。他們的聲威遠揚到北方的沙漠，美名和肖像永遠流傳在史冊之中。由此看來，《千字文》寫得並不枯燥、乏味。周興嗣把僅僅一千個不重複的字，精心編排，組合成一篇內容包含天文、地理、自然、歷史、人物、典章制度、道德倫理以及修身、齊家、治國、平天下的儒家思想的文章，其中有對治世的渴望，對人情的嚮往，也流露出對人生、世界、宇宙的思考。

一、忠孝教育

　　儒家思想是以忠孝為核心的。所謂「仁、義、禮、智、信」「溫、良、恭、

〔註51〕謝浩範、朱迎平譯注：《管子全譯》，貴州人民出版社，1996年6月第1版，第437頁。
〔註52〕高流水、林恒森譯注：《慎子、尹文子、公孫龍子全譯》，貴州人民出版社，1996年1月第1版，第21頁。
〔註53〕同〔註27〕，第1081頁。
〔註54〕同〔註22〕，第170頁。

儉、讓」「忠、恕、孝、悌」都是從不同側面詮釋著以「忠孝」爲中心內容的思想道德文化體系。「爲臣者忠，爲子者孝」的思想在《千字文》多有體現。茲舉幾例：

「蓋此身髮，四大五常。」人的身體和頭髮是由地、水、火、風四種物質構成的，人的行爲應當遵循仁、義、禮、智、信五種道德。「五常」是處理家庭關係和各種社會人際關係的道德準則，是修身的重要內容。孔子將這種倫理道德概括爲「長幼之節」「君臣之義」〔註55〕孟子更爲重視人倫道德的重要性，他說：「飽食、暖衣、逸民而無教，則近於禽獸。」他爲人倫關係規定了具體內容：「父子有親，君臣有義，夫婦有別，長幼有敘，朋友有信。」〔註56〕西漢董仲舒在孔孟的基礎上，明確提出五常的內容：「夫仁、誼（義）、禮、智、信五常之道，王者所當修飾也。」〔註57〕正式把五常的內容規定下來。他還根據韓非子的思想提出三綱，即君爲臣綱、父爲子綱、夫爲妻綱，與五常一起被稱爲三綱五常，成爲封建社會規範人們思想和行爲的道德標準。

「女慕貞絜，男效才良。」女子要堅守貞節，男子要效法那些德才兼備的人，這是對男女修生養性的具體要求。封建禮法對女性做出種種不合理、不人道的規定，要求女子必須堅守三從四德。三從是：未嫁從父，已嫁從夫，夫死從子，取消了婦女獨立生活的權利。四德爲：婦德、婦容、婦言、婦功。意思爲婦女要有堅貞的道德、姣好的容貌，得體的語言，嫻熟的手工。四德的最終目的是取悅於男性，並爲男性服務。封建禮法還要求女子要堅守貞操，從一而終，絕對忠於丈夫，所謂「忠臣不事二君，好女不嫁二男」，竟將女性的貞節與忠於國君的政治問題相提並論。

「資父事君，曰嚴與敬。」孝敬父母和侍奉君主，既要敬重仰慕，又要心存畏懼。《尚書》提出「惟忠惟孝」，要人們對國盡忠，對父盡孝。所以，忠與孝一直是我國傳統道德中極爲重要的兩個內容。古人還專門寫了《忠經》與《孝經》闡述其內容和重要性，稱：「天之所覆，地之所載，人之所履，莫大乎忠。」認爲「忠」是天、地、人共同遵守的道德原則。同樣，稱「孝」是「天之經，地之義，民之行」，把「孝」看成是天經地義、人人必須遵守的

〔註55〕同〔註38〕，第196頁。

〔註56〕金良年：《孟子譯注》，上海古籍出版社，1995年12月第1版，第112～113頁。

〔註57〕（漢）董仲舒：《元光元年舉賢良對策》，載《全漢文》，商務印書館，1999年10月第1版，第231頁。

道德。對待君、父「嚴」與「敬」的要求，雖然有其合理性，但也有很大的不民主因素，無疑爲後代的愚忠、愚孝觀念的形成做了鋪墊。

「孝當竭力，忠則盡命。」應當竭盡全力去孝敬父母，拼盡性命去報效君王。君王在家天下的古代也是國家的象徵或代稱，忠君從某種意義上包含愛國思想。忠與孝是中國傳統道德的核心。作者在這裏提出一個竭忠盡孝的原則：「孝當竭力，忠則盡命。」對待父母的贍養侍奉要盡心盡力，對待君王要竭忠盡智，勉勵人們在家要孝順父母，在外要忠於君王，赤心爲國。當君王與國家遇到危難時，應挺身而出，奮力赴難。

二、從政教育

從政教育，在《千字文》中體現爲德化、愛民思想。這一思想主要源於儒家的「仁政」「法治」觀念。德治是儒家的基本思想和政治主張。所謂德治，就是反對嚴刑峻法，要求統治者用封建倫理道德觀，從思想上實行對人民的統治，用教化方法和懷柔政策，來治理國家。茲舉幾例：

「愛育黎首，臣伏戎羌。遐邇一體，率賓歸王。鳴鳳在竹，白駒食場。化被草木，賴及萬方。」主要講述的是周王的功績，他以仁愛之心，愛育萬民，從而使天下臣服，萬民景仰，周邊的戎、羌等野蠻的少數民族，也都歸順周王朝統治。西周是先秦儒家們最嚮往的時代，表達了人們對理想社會的追求。

「何遵約法，韓弊煩刑。」丞相蕭何遵照「約法三章」，制定了漢朝的法律；韓非子主張法制，卻被嚴酷的刑法逼迫自殺身亡。這兩句實際上是要求統治者減輕刑法，遠離酷刑。

從政教育，在《千字文》中還體現爲使賢任能的思想。周興嗣認爲，明君推行德治並能夠治理天下，關鍵在於使賢任能。茲舉幾例：

「磻溪伊尹，佐時阿衡；奄宅曲阜，微旦孰營；桓公匡合，濟弱扶傾；綺回漢惠，說感武丁；俊乂密勿，多士寔寧。」講的就是賢士爲國效力，爲國出謀劃策，國家才得以富強安寧。古代輔政的官員，忠誠者往往能夠爲皇帝分憂，爲天下百姓擔責，爲國家的興盛而勞心勞力。這是中國古代儒生的理想，表現了個人在品格上的完善。

「堅持雅操，好爵自縻。」堅持高尚的情操，美好的爵位自然就會降臨到你的身上。中國古代形成了一套以道德、才能爲基礎的選拔與考覈官吏的辦法。這兩句話是告訴蒙童，只有具備良好的品德，才能做官爲民。

三、道德教育

　　《千字文》非常重視道德教育。在我國傳統文化中，傳統道德教育佔有十分重要的地位。《千字文》雖然誕生在玄學盛行的魏晉南北朝時代，但其道德教育的內容依然以儒學爲核心。在《千字文》的四部分中，每一部分都蘊涵著儒家思想的內容。道德教育本身就是儒家教育思想的核心內容，而在《千字文》中，道德教育是自始至終要體現的主旋律，這是由封建社會和我國蒙學教育的性質所決定的。《千字文》對個人道德修養問題談論較多，主要在第二部分，包括事父、慕才、改過、言談、交友、念賢、留芳、性情、孝悌等。茲舉幾例：

　　「罔談彼短，靡恃己長。」不要私下裏議論別人的短處，更不要因爲自己有某些長處就炫耀張揚。謙虛謹慎，寬以待人，是我們中華民族優秀的傳統美德，也一直是修身養性的重要內容。謙虛是人的最基本的美德。謙虛，就是要嚴於責己，寬以待人。善待別人也是一種美德。人前誇己，人後說人，是傳統道德所不允許的。

　　「信使可覆，器欲難量。」與人交往要誠實守信，能經得起檢驗；胸懷要開闊，氣度要寬廣。這是告訴人們做人要言而有信，要有容人的大度器量。

　　「景行維賢，克念作聖。」仰慕聖賢者的道德行爲並努力傚仿，就可以使自己的道德同聖人一樣。

　　「德建名立，形端表正。」良好的道德形成之後，美好的名聲就會樹立起來；行爲端正了，就可以成爲世人學習的典範。道德修養同一個人的聲望密切相連，有了良好的道德和行爲，必然會樹立崇高的社會聲望。古人十分重視個人的名聲，因爲名聲往往是道德行爲和社會評價的反映。做官的時時想著名留史冊，普通人希望在鄉親鄰里之間留下一個好的口碑。許多人一生都在爲博得好的名聲孜孜追求，努力奮鬥。

　　「仁慈隱惻，造次弗離。」對別人要懷有仁愛之心和惻隱之情；別人遇到危難，萬不可輕易離開，在一旁觀望。安常處順時，並不能眞正看出一個人是否有慈悲的胸懷，只有在危急關頭，才可檢驗他的道德是否穩固。在沒有危險、不需要付出的情況下，有的人拿慈愛來作秀，有的人用同情心換取別人的信任，有的人假關愛弱小以騙取名譽，但是，一旦到了利害相關或生命攸關的時候，道義根基不牢的人就會產生動搖，或遠禍保身，或背義而行，甚至喪義敗德，賣友求榮。「仁慈隱惻，造次弗離」，帶有明顯的勸善思想。

「節義廉退，顛沛匪虧。」節操、正義、廉潔、謙遜這些美德，就是在情勢危急時也要保持和發揚，不能虧欠。進德修身，堅守節操，需要堅強的意志和獻身精神，尤其在緊急時刻更應如此。歷史上那些志節高尚之人，永遠垂範後世。

四、禮儀教育

我國自古為禮儀之邦。孔子說：「非禮勿視，非禮勿聽，非禮勿言，非禮勿動。」〔註58〕人應通過「禮」來修身養性，從而與既定思想文化和諧一致。以宣揚儒家思想為主的《千字文》，自然少不了對禮儀的倡導和弘揚。茲舉幾例：

「容止若思，言辭安定。」道德高尚的人容貌舉止沉穩靜穆，談吐措辭高雅安詳。一般來說，道德越高尚，人的器宇度量就越寬廣，容貌舉止也越加平和沖淡。這是因為道德不僅可以使人開闊胸襟，增長見識，而且還可使人心安理得，氣定神閒，說起話來也辭氣平緩，態度和藹。

「樂殊貴賤，禮別尊卑。」音樂是用來區分身份的貴賤，禮儀是用來區別地位的高低。禮和樂是古代賴以維持正常秩序的道德規範。禮用來維繫社會等級制度，其內容是充分承認社會各個階級、階層存在的尊卑、親疏、長幼差異的合理性，肯定這種差異是正常的社會秩序。要使這種秩序長存不衰，每個人都必須遵守符合禮的行為規範，做到孔子提出的「非禮勿視，非禮勿聽，非禮勿言，非禮勿動」。禮對各種人都提出了道德原則：「父慈，子孝，兄良，弟弟（悌），夫義，婦聽，長惠，幼順，君仁，臣忠」。〔註59〕樂則是在禮儀活動中的詩歌、音樂、舞蹈，配合禮對人進行教化、改造。樂必須以禮為本，不合於禮的樂是「淫樂」。所以，樂也有明顯的等級觀念。孔子認為，不斷用禮樂對百姓進行教化，就可以使他們人格完美。

「上和下睦，夫唱婦隨。」地位高的人和地位低的人要和睦親善；丈夫倡導於前，妻子應緊隨其後。上和下，夫和婦，都是禮樂的重要內容。尊貴與卑賤，丈夫與妻子，是社會各個層面都必然存在的人與人之間的關係。這兩種關係的穩定，直接關係到全社會的穩定，較之君臣關係又比較容易述說，所以作者拿來提倡。在各種人際關係都不平等的古代社會，提倡「上和下睦，夫唱婦隨」，有一定的民主傾向，還是有積極意義的。

〔註58〕同〔註38〕，第123頁。
〔註59〕楊天宇：《禮記譯注》，上海古籍出版社，1997年4月第1版，第376頁。

「外受傅訓，入奉母儀。」在外邊要接受老師的教誨，在家裏要遵循家中的規矩，處處以母親爲榜樣。在古代，男孩子生下不久，家長就開始爲之物色老師。稍稍懂事之後，便送出去求學。好老師的標準，就像孔子的學生顏淵稱讚自己的老師那樣：「夫子循循然善誘人，博我以文（用文化知識使我們廣博多識），約我以禮（用規矩約束我的行爲），欲罷不能（想停止學習都不可能）。」〔註60〕在老師的教導與薰陶下，培養經世致用的能力。回到家裏，就要接受家規的約束。古代許多大家族都根據統治者制定的禮儀制度，定出適合於本族的家訓或家規，以約束本族的成員。家族的女主人首先要模範地遵守家規，稱爲「母範」或「母儀」。回到家裏的孩子就應該以母爲師，循規蹈矩，繼續學習。

「諸姑伯叔，猶子比兒。」對待姑姑、伯伯、叔叔，如同對待父母那樣孝敬；關愛兄弟的孩子，就同自己親生的一樣。伯、叔、姑是父親的骨肉同胞，理應事之如父；兄弟之子雖不是自己親生，但和自己血脈相近，也應該視同親生。作者的本意並不在此，而是由此擴大到齊家、治國的問題上。《大學》說：「所謂治國必先齊其家，其家不可教，而能教人者無之。故君子不出家而能成教於國。孝者所以事君也，弟者所以事長也，慈者所以使眾也。」〔註61〕是說一個人要參與治理國家的事，首先要把自己的家治理好，連家裏的人都教育不好，要教育好別人是不可能的。孝敬長者之心是用來侍奉君主的，尊敬兄長之心是用來侍奉長官的，慈愛之心是用來對待眾人的。把治家同治國的道理等同起來。孔子稱這種思想爲「泛愛眾」〔註62〕，孟子將這種思想概括爲「老吾老以及人之老，幼吾幼以及人之幼」〔註63〕。意思爲尊敬自己的老人，進而要尊敬別人的老人；愛護自己的兒女，進而要愛護別人的兒女。

「矩步引領，俯仰廊廟。」舉止要大方，表情要肅穆，俯仰之間要像在宮廷太廟中供事那樣端莊、小心。古人十分注意自己的儀容，認爲首先要有威儀，如果沒有威儀，就失去了生存的價值。其次，舉止要端莊，風度要優雅，走路要不疾不徐，說話要不慌不忙，看人目光要平順柔和。尤其是在朝廷和公署衙門，更應謹慎，注意風度。因爲孟浪常常由輕薄引發，只有小心安靜才可以使人認眞細緻。

〔註60〕同〔註38〕，第90頁。
〔註61〕同〔註59〕，第1040頁。
〔註62〕同〔註38〕，第4頁。
〔註63〕同〔註56〕，第15頁。

「束帶矜莊，徘徊瞻眺。」穿戴要整齊，目光要集中，始終注視著前方。這兩句是要求人們從穿衣、走路等日常行爲中，注意儀態的端莊大方。人的容貌、身材、膚色、聲音的美，屬於人體的自然美，是靠先天稟賦得來的。而服飾、髮式、神采、舉止、動作、談吐等所構成的儀態、風度的美，則屬於行爲美、社會美的範疇，是靠後天的學習、自律形成的，是人的思想品質、志趣理想、學識道德、精神氣質等素養的外在表現，由心靈美所決定。

五、惜時勸學教育

《千字文》用於蒙童的識字教育，同時兼有思想品德教育，因此，惜時勸學成爲它不可或缺的內容之一。茲舉幾例：

「尺璧非寶，寸陰是競。」碩大的美玉算不上是什麼寶物，分分秒秒才是最可珍貴的。晉代陶侃說：「大禹聖者，乃惜寸陰，至於眾人，當惜分陰」。〔註64〕惜時是中華民族的優良傳統，俗話說：「一寸光陰一寸金，寸金難買寸光陰。」人們常用它來激勵自己珍惜時間，發憤學習和工作。事實證明，幾乎所有成功者的成就，都是分秒必爭，努力拼搏才取得的。

「學優登仕，攝職從政。」學業優良就可以獲得官職，有了職權就能參與政治，治國安邦。中國吏治基本上是奉行「學而優」的原則。歷代統治者和學者，無不勉勵後進們發憤忘我，努力學習。荀子說：「積微，月不勝日，時不勝月，歲不勝時。」〔註65〕意爲學習要抓緊時間，按年計不如按月計，按月計不如按日計，按日計不如按時計。

附錄：《千字文》原文及箋注

千字文

周興嗣

天地玄黃（1），宇宙洪荒（2）。日月盈昃（3），辰宿列張（4）。寒來暑往，秋收冬藏。閏餘成歲（5），律呂調陽（6）。雲騰致雨（7），露結為霜。金生麗水（8），玉出崑岡（9）。劍號巨闕（10），珠稱夜光（11）。果珍李柰（12），菜重芥薑。海鹹

〔註64〕　（唐）房玄齡等：《晉書·陶侃傳》，中華書局，1974 年 11 月第 1 版，第 1774 頁。
〔註65〕　同〔註26〕，第 341 頁。

河淡，鱗潛羽翔（13）。龍師火帝（14），鳥官人皇（15）。始制文字（16），乃服衣裳（17）。推位讓國（18），有虞陶唐（19）。弔民伐罪（20），周發殷湯（21）。坐朝問道（22），垂拱平章（23）。愛育黎首（24），臣伏戎羌（25）。遐邇一體（26），率賓歸王（27）。鳴鳳在竹（28），白駒食場（29）。化被草木（30），賴及萬方（31）。蓋此身髮（32），四大五常（33）。恭惟鞠養（34），豈敢毀傷（35）。女慕貞絜（36），男效才良（37）。知過必改（38），得能莫忘（39）。罔談彼短（40），靡恃己長（41）。信使可覆（42），器欲難量（43）。墨悲絲染（44），詩讚羔羊（45）。景行維賢（46），克念作聖（47）。德建名立（48），形端表正（49）。空谷傳聲（50），虛堂習聽（51）。禍因惡積（52），福緣善慶（53）。尺璧非寶（54），寸陰是競（55）。資父事君（56），曰嚴與敬（57）。孝當竭力（58），忠則盡命（59）。臨深履薄（60），夙興溫凊（61）。似蘭斯馨（62），如松之盛（63）。川流不息（64），淵澄取映（65）。容止若思（66），言辭安定（67）。篤初誠美（68），慎終宜令（69）。榮業所基（70），籍甚無竟（71）。學優登仕（72），攝職從政（73）。存以甘棠（74），去而益詠（75）。樂殊貴賤（76），禮別尊卑（77）。上和下睦（78），夫唱婦隨（79）。外受傅訓（80），入奉母儀（81）。諸姑伯叔，猶子比兒（82）。孔懷兄弟（83），同氣連枝（84）。交友投分（85），切磨箴規（86）。仁慈隱惻（87），造次弗離（88）。節義廉退（89），顛沛匪虧（90）。性靜情逸（91），心動神疲（92）。守真志滿（93），逐物意移（94）。堅持雅操（95），好爵自縻（96）。都邑華夏，東西二京（97）。背邙面洛（98），浮渭據涇（99）。宮殿盤鬱（100），樓觀飛驚（101）。圖寫禽獸，畫彩仙靈。丙舍傍啟（102），甲帳對楹（103）。肆筵設席（104），鼓瑟吹笙。昇階納陛（105），弁轉疑星（106）。右通廣內（107），左達承明（108）。既集墳典（109），亦聚群英。杜稿鍾隸（110），漆書壁經（111）。府羅將相（112），路俠槐卿（113）。戶封八縣（114），家給千兵（115）。高冠陪輦（116），驅轂振纓（117）。世祿侈富（118），車駕肥輕（119）。策功茂實（120），勒碑刻銘（121）。磻溪伊尹（122），佐時阿衡（123）。奄宅曲阜（124），微旦孰營（125）？桓公匡合（126），濟弱扶傾（127）。綺回漢惠（128），說感武丁（129）。俊乂密勿（130），多士寔寧（131）。晉楚更霸（132），趙魏困橫（133）。假途滅虢（134），踐土會盟（135）。何遵約法（136），韓弊煩刑（137）。起翦頗牧（138），用軍最精。宣威沙漠（139），馳譽丹青（140）。九州禹跡（141），百郡秦併（142）。嶽宗泰岱（143），禪主云亭（144）。雁門紫塞（145），雞田赤城（146）。昆池碣石（147），鉅野洞庭（148）。曠遠綿邈（149），巖岫杳冥（150）。治本於農（151），務茲稼穡（152）。俶載南畝（153），我藝黍稷（154）。稅熟貢新（155），勸賞黜陟（156）。孟軻敦素（157），史魚秉直（158）。庶幾中庸（159），

勞謙謹敕（160）。聆音察理（161），鑒貌辨色（162）。貽厥嘉猷，（163），勉其祗植（164）。省躬譏誡（165），寵增抗極（166）。殆辱近恥（167），林皋幸即（168）。兩疏見機（169），解組誰逼（170）。索居閒處（171），沉默寂寥。求古尋論（172），散慮逍遙（173）。欣奏累遣（174），感謝歡招（175）。渠荷的歷（176），園莽抽條（177）。枇杷晚翠（178），梧桐蚤凋（179）。陳根委翳（180），落葉飄搖。遊鵾獨運（181），淩摩絳霄（182）。耽讀玩市（183），寓目囊箱（184）。易輶攸畏（185），屬耳垣牆（186）。具膳餐飯（187），適口充腸（188）。飽飫烹宰（189），饑厭糟糠（190）。親戚故舊（191），老少異糧（192）。妾御績紡（193），侍巾帷房（194）。紈扇圓潔（195），銀燭煒煌（196）。晝眠夕寐，藍筍象床（197）。絃歌酒宴，接杯舉觴。矯手頓足（198），悅豫且康（199）。嫡後嗣續（200），祭祀烝嘗（201）。稽顙再拜（202），悚懼恐惶（203）。箋牒簡要（204），顧答審詳（205）。骸垢想浴（206），執熱願涼（207）。驢騾犢特（208），駭躍超驤（209）。誅斬賊盜，捕獲叛亡。布射僚丸（210），嵇琴阮嘯（211）。恬筆倫紙（212），鈞巧任釣（213）。釋紛利俗（214），並皆佳妙。毛施淑姿（215），工顰妍笑（216）。年矢每催（217），曦暉朗曜（218）。璇璣懸斡（219），晦魄環照（220）。指薪修祜（221），永綏吉劭（222）。矩步引領（223），俯仰廊廟（224）。束帶矜莊（225），徘徊瞻眺（226）。孤陋寡聞，愚蒙等誚（227）。謂語助者（228），焉哉乎也。

【箋注】

（1）玄：黑色，蒼天的顏色。黃：土地的顏色。

（2）洪荒：指遠古時代宇宙初開時混沌蒙昧的情形。洪，大；荒，草昧荒遠。

（3）盈：圓滿。昃：太陽偏西。

（4）辰宿：星辰，星宿。列張：陳列，布列。

（5）閏餘成歲：調整一年中因閏月多出的時日合成一歲。閏餘，指農曆一年與地球繞太陽公轉一周相比，差十餘日，叫做閏餘；成歲，將數年閏餘積累日數置一閏月，以使每年農曆與公曆大體一致；歲：年。

（6）律呂：古代樂律的總稱。樂律共有十二，陰陽各六。陽稱爲律，陰稱爲呂。陰陽調和，律呂協美，才能奏出動聽的音樂。調陽：調和陰陽，意爲大自然的陰陽協調與音樂中律呂和諧一樣重要。

（7）雲騰：指雲氣向上陞騰。致：導致，形成。

（8）麗水：在荊州之南，水中有金。

（9）崑岡：崑崙山岡。崑崙山在新疆、青海、西藏一帶，古人傳說那裏盛產美玉。

（10）巨闕：寶劍名。春秋時越王句踐命鑄劍名將歐冶子鑄造五把寶劍，分別是巨闕、鈍鉤、湛盧、莫邪、魚腸。以後巨闕、莫邪就成了寶劍的通稱。

（11）夜光：珍珠中的上品，夜晚可以發光。

（12）柰：一種果樹，俗名花紅。

（13）鱗潛：鱗甲類的動物在水中游動。鱗，指有鱗的動物，這裏泛指魚類；潛，在水裏游動。羽翔：鳥兒在空中自由飛翔。羽，指長有羽毛的鳥類。

（14）龍師：即伏羲。火帝：即炎帝。

（15）鳥官：即少昊。人皇：三皇之一。關於三皇說法不一。一說指天皇、地皇、人皇，一說指伏羲、神農、黃帝。前文說了伏羲、神農、少昊，此處人皇當指黃帝。

（16）始制文字：開始創造文字。《尚書》上說伏羲時開始畫八卦。創造「書契」以代替結繩記事。

（17）乃服衣裳：又穿上了衣服。服：穿上。古人稱上面穿的衣服爲衣，下面穿的衣服叫裳。

（18）推位讓國：把君位和國家讓給別人。推位，推掉君位；讓國，讓去國家的管理權。這是指堯、舜、禹三代時的「禪讓制」。

（19）有虞：指舜，原始社會後期部落聯盟首領。陶唐：指堯，舜之前的部落聯盟首領。

（20）弔民：安撫慰勞百姓。伐罪：討伐有罪惡的人。

（21）周發：周武王姬發。殷湯：商朝開國君王成湯。

（22）坐朝問道：坐在朝堂上探求治國之道。

（23）垂拱：拱手，垂衣拱手的簡稱，彬彬有禮的樣子。指國君態度謙遜，以德治國。平章：辨別明白。

（24）愛育黎首：愛護教育百姓。

（25）臣伏戎羌：戎族和羌族都願意臣服。

（26）遐邇一體：遠近的百姓都融合在一起。

（27）率賓歸王：全都歸順朝廷。

（28）鳴鳳在竹：鳳凰在竹林裏鳴唱。

（29）白駒：白色的小馬駒。場：草場。

（30）化被草木：恩澤及於一草一木。

（31）賴及萬方：恩澤到達四面八方。

（32）蓋：句首發語詞。

（33）四大：佛教以地、水、火、風爲「四大」。五常：儒家的倫理道德規範，指仁、義、禮、智、信。

（34）恭惟鞠養：恭恭敬敬地想著自己的身體是由父母生育和撫養的。

（35）豈敢毀傷：怎麼敢損傷？

（36）慕：思慕，嚮往。貞絜：貞節，貞操。

（37）男效才良：男子要向那些德才兼備的人學習。

（38）知過：認識自己的過錯。

（39）得能：獲取了道德。

（40）罔談彼短：不要談論他人的缺點。

（41）靡恃己長：不要仗著自己有長處就誇耀。

（42）信：誠實守信。可：能夠，讓。覆：審察，檢驗・驗證。

（43）器：氣度，氣量，涵養。量：度量。測量。

（44）墨：指墨子。《墨子・所染》載，他看到染房工役將白絲染上顏色，悲歎道：「染於蒼則蒼，染於黃則黃，不可不慎也。」意在告誡人們要保持善良的天性，不要被污垢沾染。

（45）詩：指《詩經》。羔羊：指《詩經・召南》中的《羔羊》篇，其中有「羔羊之皮，素絲五紽」，讚美羔羊毛色潔淨純一。

（46）景行：仰慕高尚的道德行為。維：語助詞。賢：指有道德有能力的人。

（47）克：能夠，可以。念：思念，考慮。作聖：成為賢能的聖人。

（48）德：道德，指儒家提倡的三綱五常。名：名聲，名望。

（49）形端：身子端正。表正：可以成為儀表、法式。

（50）空谷：空曠的山谷。

（51）虛堂：高大的殿堂。習聽：聽得清楚。

（52）禍：禍害，災殃。惡：敗德穢行，損害他人的壞事。

（53）福：富貴，幸福。緣：因為，由於。善慶：善行得到的回報。

（54）尺璧：直徑一尺的美玉。

（55）寸陰：一寸長的光陰，喻很短暫的時間。競：爭逐，抓住。

（56）資父事君：像孝敬父母那樣對待君主。

（57）曰：助詞，無實際意義。嚴：畏懼，害怕。敬：尊敬。

（58）孝：善事父母為孝。竭力：竭盡全力。

（59）忠：忠誠。舊時多用於對君主、國家的忠貞。盡命：拼盡性命，全力以赴。

（60）臨深履薄：臨深淵、履薄冰的簡稱，意為態度十分小心謹慎。

（61）夙：早晨。興：起床。溫：使……變溫暖。清：使……變涼。

（62）斯：這，這樣。馨：香氣。

（63）盛：高大旺盛。

（64）川流不息：像河水那樣永不止息地奔流。

（65）淵澄取映：潭水清澈照人。

（66）容：容貌。止：言談舉止。若思：好像在思考問題。

（67）言辭安定：談吐靜雅持重。

（68）篤初：良好的開端。誠美：的確很好。

（69）慎終：謹慎地對待結束。宜：應當。令：好，美好。

（70）榮業：光榮的事業。基：基於，依靠。

（71）籍甚：名譽盛大。無竟：沒有止境。

（72）學優：學業優異。登仕：步入仕途。

（73）攝職：擔任職務。

（74）存以甘棠：保留下甘棠樹。

（75）去：離開。益詠：更加歌頌。

（76）樂：音樂。殊：不同。貴賤：指地位的尊卑不同。

（77）禮：規範社會行為的法則、儀式的總稱，一般指禮樂制度。尊卑：指人身份
　　　的尊貴與低賤。

（78）上：在上者，尊貴者，一般指統治者。下：劣等，次，指身份低下的人。

（79）夫唱婦隨：丈夫說什麼，妻子就幹什麼。

（80）外：出外，到社會上。傅訓：師傅的教訓。

（81）入：進入家內。奉：承接，遵循。母儀：指為母親者的典範。

（82）猶子比兒：兄弟的兒子與自己的兒子一樣。

（83）孔懷：深深地關懷。

（84）同氣：同是父母骨血，同受父母養育。連枝：連理枝，同根同幹的樹枝。常
　　　用於比喻兄弟、夫妻關係。

（85）投分：情投意合。

（86）切磨：切磋磨礪。箴規：勸告規諫。

（87）仁慈：仁愛慈惠。隱惻：憐惜，同情。

（88）造次：倉促，輕易。此處引申為突然遇到禍患。弗：不。

（89）節義：節操與義行。廉退：廉潔謙遜。

（90）顛沛：顛簸流離，遭受挫折。匪虧：不可虧缺。

（91）性：人本來的品質、性格。情：由性格、品質所產生的情感。逸：安逸，開
　　　適。

（92）心動：內心受外物影響而浮躁不安。神疲：精神疲憊。

（93）守真：保持自然本性。志滿：意志充盈，

（94）逐物：追逐物欲。意移：意志動搖，節操敗壞。

（95）雅操：高尚的情操。

（96）好爵：美好的爵位，指高官厚祿。縻：繫住，綁住。

（97）東西二京：指東京洛陽（今河南洛陽市東）和西京長安（今陝西西安市西北）。

（98）背邙面洛：洛陽背靠邙山，面向洛水。

（99）浮渭據涇：長安城浮在渭水之上，北面靠著涇水。

（100）盤鬱：曲折幽深，美麗壯觀。

（101）樓觀：高大的宮殿。飛驚：（宮殿的高大）連飛鳥都感到驚奇。

（102）丙舍：漢代正室兩旁的房屋，因次於甲乙兩等，故稱爲丙，又叫廂房。旁啓：從旁邊開門。

（103）甲帳：史書記載，漢武帝用上等珠玉裝飾的帳幕稱甲帳，用次一等珠玉裝飾的帳幕稱乙帳。甲帳供神使用，乙帳自用。對楹：指甲帳面對漢武帝住的宮殿。

（104）肆筵設席：擺設筵席。肆，陳列。

（105）昇階納陛：登上臺階。

（106）弁轉疑星：帽子晃動，猶如天上閃動著的星星。弁，古代男子穿禮服時戴的帽子。

（107）廣內：漢代宮中殿名，位於建章宮內，爲皇家藏書之所。

（108）承明：未央宮內的一座宮殿，是帝王讀書的地方。

（109）墳典：《三墳》《五典》的合稱，記載上古時期的典章著作。這裏用來代指所有的書籍。

（110）杜稿：東漢書法家杜度書寫的草書。鍾隸：三國著名書法家鍾繇書寫的隸書。

（111）漆書：用油漆寫的書。壁經：藏在牆壁中的經書。

（112）府羅將相：宮中有文武大臣排列。

（113）路：宮中的道路。俠：同「夾」，從兩旁相持。槐卿：代指三公九卿。

（114）戶封八縣：把八個縣的百姓封給某一個官吏。

（115）家給千兵：每個官吏家給一千個士兵，爲他們服役。

（116）高冠：高高的官帽，指達官顯貴。陪輦：陪著皇帝的車駕。

（117）驅轂：驅趕車子飛奔。振纓：振動了帽子上的飄帶。

（118）世祿：世代享有的祿位。侈富：非常豪富。

（119）車駕：原意爲馬駕的車，後來作帝王的代稱。肥輕：肥的馬，輕的車。

（120）策功：爲國謀劃的功勞。茂實：功業卓著，道德美盛。

（121）勒碑刻銘：刻文字於碑石，以銘記功業。

（122）磻溪：水名，在陝西寶雞市東南，從南山流出，入於渭水。傳說姜太公未遇文王時，常在這裏垂釣。伊尹：商初大臣，因住在伊水，以地爲姓。曾幫助商湯王討伐夏桀，被封爲「阿衡」，職權有類於後來的宰相。

（123）佐時：輔助朝政。阿衡：商代官名，泛指掌握國家權力的宰相。

（124）奄宅曲阜：奄國居住在曲阜一帶。

（125）微旦孰營：要不是周公旦，誰還能經營？

（126）桓公：齊桓公姜小白。匡合：集合力量，匡定天下。

（127）濟弱：幫助弱小。扶傾：輔助傾危、弱小。

（128）綺回漢惠：綺里季扭轉了漢惠帝的處境。

（129）說感武丁：傳說使武丁在夢中有所感應。

（130）俊乂：有才能，有道德的人。密勿：勤勉努力。

（131）多士：眾多的人才，天下的才俊。寔寧：實在能得到安寧。

（132）晉楚：春秋時的晉國和楚國。更霸：交替稱霸。

（133）趙魏：戰國時的趙國和魏國。困橫：被連橫策略所困。

（134）假途：借助道路。滅虢：消滅了虢國。

（135）踐土：春秋時鄭國地名，在今河南滎陽。會盟：古代諸侯間聚會盟誓。

（136）何遵約法：蕭何遵守劉邦的「約法三章」。

（137）韓弊煩刑：韓非子學說的要害是刑罰嚴酷，結果他自己也為酷刑所害。韓，韓非子；弊，弊端；煩，苛刻；刑，刑律。

（138）起翦頗牧：指戰國時秦國名將白起、王翦，與趙國名將廉頗、李牧。

（139）宣威：顯示軍威，宣揚國威。沙漠：北方的蠻荒之地，指北方匈奴等少數民族居住的地方。

（140）馳譽：聲譽傳播得很遠。丹青：繪畫用的朱紅色和青色的顏料。

（141）九州禹跡：九州之內，到處是禹王的足跡。

（142）百郡秦併：天下所有的郡都被秦國吞併。

（143）嶽：此指五嶽。宗：尊崇，尊重。泰岱：指東嶽泰山；岱：泰山別名。

（144）禪主云亭：帝王們封禪都在云云山和亭亭山。

（145）雁門：即雁門關，在今山西省代縣雁門山。紫塞：指長城。

（146）雞田：又名雞州田，在今寧夏靈武縣。赤城：地名，在今河北省宣化縣。

（147）昆池：雲南昆明的滇池，又名昆明池。碣石：山名，在今遼寧省綏中縣東南。

（148）鉅野：地名，在山東省鉅野縣，其處有大野澤。洞庭：湖水名。在湖南。

（149）曠遠：空曠遼遠。綿邈：廣闊無際。

（150）岩岫：山洞。杳冥：深邃昏暗。

（151）治本：治國的根本；本，事物的根基或主體。

（152）務茲稼穡：做好種植與收穫。

（153）俶載：開始從事。南畝：向陽的田畝。

（154）藝：耕種，種植。黍稷：古人把最早發現和培育的五種糧食作物稱為五穀，即稻、黍、稷、麥、菽，這裏以黍稷代指五穀。

（155）稅熟貢新：莊稼熟了要交納賦稅。

（156）勸賞：激勵獎賞。黜陟：官吏的降級或升級。

（157）敦素：敦厚樸素。

（158）史魚：春秋末期衛國大夫，名鰌，字子魚，史為其官職名。秉直：秉持公正。

（159）庶幾：接近，差不多。中庸：儒家的最高道德準則；不偏謂之中，不變謂之庸。

（160）勞謙：勤勞謙遜。謹敕：謹慎而整飭。

（161）聆音：聽說話的聲音。察理：分辨道理，

（162）鑒貌：察看容貌。辨色：辨別臉上的表情。

（163）貽：遺留，贈予。厥：那，那個。嘉：美好的，正確的。猷：計謀，策略，方法。

（164）勉：勉勵，鼓勵。祇：恭敬，謹慎。植：種植，建立。

（165）省躬：省察自身，自我警戒。譏誡：譏諷，勸誡。

（166）寵增抗極：寵愛增加到極點。

（167）殆辱近恥：恥辱和危險將要臨近。

（168）林皋：山林澤畔。幸即：僥倖引退。

（169）兩疏：指西漢宣帝時的疏廣、疏受叔侄二人。見機：看到微小的動靜。

（170）解組誰逼：沒人逼迫，他們就解開繫印綬的繩子。組，繫印綬的繩子，引申為官印或做官，去官則稱為解組。

（171）索居閒處：恬淡地獨居。

（172）求古：搜求古代的典籍。尋論：探究書中的道理。

（173）散慮：排除心中的憂愁。逍遙：無憂無慮，自由自在。

（174）欣：高興地，愉快地。奏：通「走」，進行，意為生活下去。累：牽掛，憂慮。遣：排除，驅之使去。

（175）感謝：語序應為謝感，意為謝絕憂慮。歡招：語序應為招歡，招來歡樂。

（176）渠荷：渠水中的蓮荷。的歷：光彩絢爛之貌。

（177）園莽：園中草木茂盛。抽條：長出新的枝條。

（178）枇杷：指枇杷樹。晚翠：樹木經多枝葉仍保持綠色；晚，指年末歲尾。

（179）蚤，通「早」。

（180）陳根：草木的老根。委翳：枯萎，衰蔽，腐爛。

（181）遊鵾：到處飛翔的鵾。獨運：獨自在萬里長空飛翔。

（182）凌摩：接近，迫近。絳霄：紅色的高天。

（183）耽：沉溺。玩：玩味，體會。

（184）寓目：注目，留意。囊箱：書袋，書箱。

（185）易輶：輕率，輕忽，輕微。攸畏：所懼怕的，所畏懼的。

（186）屬耳：以耳附牆竊聽。垣：原意為矮牆，泛指牆、城牆。

（187）具膳：準備飯菜。餐飯：吃飯。

（188）適口：適合口味。充腸：填飽肚子。

（189）飫：吃飽，滿足。烹宰：煮熟宰殺的牲畜。

（190）饑厭糟糠：用糟糠滿足飢餓的肚子。厭，飽，滿足。

（191）故舊：故交，老友。

（192）老少異糧：根據年齡，吃不同的食物。

（193）妾：小妻。御：侍奉，從事。績紡：紡棉織布。

（194）侍巾：送上手巾。帷房：內室，夫妻住的房子。

（195）紈扇：用細絹做成的團扇。圓潔：團扇圓而潔白。

（196）銀燭：蠟燭燃燒的銀白色的光輝。煒煌：燭光明亮。

（197）藍筍：藍色的竹筍。象床：用象牙裝飾的床。

（198）矯手：舞動著雙手。頓足：用腳踏地，此處指踏著舞點跳。

（199）悅豫且康：愉快而又安康。

（200）嫡後：宗法社會中家庭的正妻生的大兒子；又稱嫡子，與妾生的庶子相對。
　　　　嗣續：世代繼承延續。

（201）祭祀：祭神、祭祖舉行的儀式。烝嘗：祭祀。

（202）稽顙：古代一種隆重的跪拜禮，雙膝下跪，以額觸地，十分虔誠。

（203）悚懼：恐懼，害怕。恐惶：驚慌，恐懼。

（204）箋：書信。牒：簡箚。

（205）顧答：回答。審：周密，慎重。詳：詳盡，全面。

（206）骸：骨骸，骨骼，指身體。垢：污穢，污垢。浴：洗浴，洗澡。

（207）執熱：受熱。願涼：希望得到涼爽。

（208）犢：小牛。特：大公牛。

（209）駭躍：牲畜受驚嚇跳起。超驤：騰跳奔馳。

（210）布：即呂布。僚：即熊宜僚。

（211）嵇：即嵇康。阮：即阮籍。

（212）恬：即蒙恬。倫：即蔡倫。

（213）鈞：即馬鈞。任釣：任公子善於釣魚。

（214）釋紛：消解矛盾。利俗：方便世人。

（215）毛：毛嬙，古代著名美女。施：西施。淑姿：美好的容貌，優美的姿態。

（216）工顰：善於皺眉頭。妍笑：美麗動人的微笑。

（217）年矢：歲月流逝。每催：頻繁催促。

（218）曦暉：陽光。朗曜：光明照耀。

（219）璇璣：北斗七星中的第四顆星。懸斡：高懸在空中不停地運轉。

（220）晦魄：月夜。環照：月亮在陽曆每月初出，月末落，迴環照耀。

（221）指薪：用手劈柴燒火，柴可盡而火種不滅。修祜：修福。

（222）永綏：永遠順綏平安。吉劭：吉祥美好。

（223）矩步：方步。引領：伸長脖子。

（224）俯仰：低頭為俯，抬頭為仰，引申為舉止行動。廊廟：宮廷，神廟。

（225）束帶：繫上衣服的帶子。矜莊：神情莊穆。

（226）徘徊：來回走動，意為小心謹慎地邁著步子。瞻眺：目光嚴肅，看得高，看得遠。

（227）愚蒙：愚昧不學。等誚：無異於讓別人恥笑。

（228）謂：稱為，叫做。語助：即語助詞。

第六章　《昭明文選》編輯思想對現代閱讀教材編寫的影響

　　《文選》是現存最早的詩文總集。選錄先秦至梁代作者一百三十人，另有不知作者的古樂府三首和古詩十九首；總計收錄作品七百多篇，多種文體名作俱集。其書是在梁太子蕭統主持下完成的，因蕭統諡號爲「昭明」，故此書亦被後世稱爲《昭明文選》。從《文選序》和蕭統的其它文章及《文選》中，可見其編輯思想。因爲《文選》是現存最早的詩文總集，且影響大，研究的人多，唐代以後，逐漸形成「文選學」；又因爲我國的語文課本多爲文選型，其間，《文選》對語文課本的編寫頗有影響。

第一節　編輯宗旨對閱讀教材編製理念的影響

　　《文選》是一部大型詩文總集，蕭統董其事，劉孝綽等人負責具體選編，大約歷時十餘年完成。其編撰程序完備而縝密。

一、編輯宗旨

　　關於《文選》的編輯宗旨，代表性的觀點有二：一是顧農在《〈文選〉的三重背景》中談及的：（1）爲解決「覽者之勞倦」。（2）爲讀者提供各類文體的精品範本；（3）爲宣傳蕭統的折衷派文藝政策服務。〔註1〕二是傅剛《論〈文選〉的編輯宗旨、體例》所說的：「蕭統的編輯宗旨就在於編選一部古今代表作品的精華文集」，以對前代文學進行總結，同時用來「辨別文體，以指導寫

〔註 1〕顧農：《〈文選〉的三重背景》，載《天津師大學報》（社會科學版）1994 年第
　　　　5 期。

作」。〔註2〕總之，其編輯宗旨，如清水凱夫所說：「旨在向世間開陳明示可以做爲詩文創作所依據的標準和規範。」〔註3〕

（一）總結前代文學，提供臨摹範本

六朝時期，選學之風興盛，一些著名文人均編有詩文選本。通過總集的形式「採擷孔翠，芟剪繁蕪」，輯錄精華，以供人們欣賞優秀作品，藉以品評詩文，從而體現選編者的文學觀，是當時一種文學批評思潮。據《隋書·經籍志》記載，唐代以前的總集有兩類：一類是比較大的總集，如《集林》一百八十一卷，宋臨川王劉義慶撰；梁二百卷。《文苑》一百卷，孔逭撰。《賦集》九十二卷，謝靈運撰；梁又有《賦集》五十卷，宋新喻惠侯撰；《賦集》四十卷，宋明帝撰；《賦集》八十六卷，後魏秘書丞崔浩撰。《詩集》五十卷，謝靈運撰；梁五十一卷；梁又有《詩集》百卷並例、錄二卷，顏峻撰；《詩集》四十卷，宋明帝撰。它們一般以「林」「苑」「集」等字眼命名，其含義是表示這是一種文章的集合。另一類是大型總集的簡編本，一般以「××鈔」命名。如《集林鈔》十一卷。《文苑鈔》三十卷。《賦集鈔》一卷。《詩集鈔》十卷，謝靈運撰；梁有《雜詩鈔》十卷。「鈔」之類的簡編本，表明選編者的動機在於解決「覽者之勞倦」。這一動機是所有總集的編撰宗旨，《文選》自不例外。從不錄存者的體例看，《文選》收錄的作家中最晚的陸倕卒於普通七年（公元526年），因此，《文選》的最後成書當在普通末至大通初的三四年時間內。《文選》的編輯，即是從文體的角度，總結前代文學，爲寫作提供範本。如賦體中王粲的《登樓賦》、鮑照的《蕪城賦》、宋玉的《風賦》、陸機的《文賦》等，詩體中左思的《詠史》、阮籍的《詠懷詩》、曹植的《贈白馬王彪》、謝朓的《晚登三山還望京邑》等，騷體中屈原的《離騷》《九章》等，表體中諸葛亮的《出師表》、李密的《陳情表》等，上書體中李斯的《上書秦始皇》等，書體中嵇康的《與山巨源絕交書》、丘遲的《與陳伯之書》等，辭體中陶淵明的《歸去來》等，檄體中司馬相如的《難蜀父老》等，論體中賈誼的《過秦論》等，可謂名作迭出，滋不一一列舉。《文選》是一部體現了時代共識，又具有自身特色的詩文選本。「選本，顧名思義就是經過選擇的文本。從文學角度而言，

〔註2〕 傅剛《論〈文選〉的編輯宗旨、體例》，載《鄭州大學學報》（哲學社會科學版）1997年第6期。

〔註3〕 （日）清水凱夫：《從全部收錄作品的統計上看〈文選〉的基本特徵》，載《長春師範學院學報》1999年第1期。

選本是指選者按照一定的選擇意圖和選擇標準，在一定範圍內的作品中選擇相應的作品編排而成的作品集。」〔註4〕按照《中國選本批評》對於「選本」的界定，《文選》完全符合。第一，選本必須具備目的性，即有一定的選擇意圖和標準。第二，選本必須具備限定性，即在一定範圍內的作品中。第三，選本必須具備選擇性，即根據一定的選擇意圖和標準進行選擇。第四，選本必須具備群體性，即最後以作品集的形式出現。〔註5〕如此衡量，《文選》具備選本的所有特徵，是標準的文學選本。《文選》以文體分類為明線，以時代發展為暗線，明、暗兩條線索，構成全書嚴謹的結構。

　　《文選》明顯具有彰顯選者己意的作用，表明了蕭統等人對文學發展的基本看法。例如，《文選》選入《古詩十九首》、陶詩八首、鮑詩十八首，體現了蕭統對質樸文風的推重。而不錄詠物、豔情、吳歌、西曲，則反映了蕭統排斥浮豔之作、尊崇儒家道德觀。從《文選》的選編來看，它自是蕭統等人闡述文學思想、實施文學批評的媒介，但更主要的是它與文學教育相關，是一部重要的詩文選本，發揮著寫作範本的作用。從五代到民國初年，《文選》的各種版本多達二百二十餘種，充分說明了其供人學習臨摹之功用。杜甫云：「熟精《文選》理，休覓彩衣輕。」〔註6〕陸游《老學庵筆記》記載：「國初尚《文選》，當時文人專意此書……方其盛時，士子至為之語曰：『文選爛，秀才半。』」〔註7〕這些都證明《文選》作為臨摹範本的作用。作為一部供人閱讀詩文的選本，《文選》的編輯宗旨與蕭統「經世致用」的文學思想一脈相承；供人閱讀欣賞、作文臨摹，也是「致用」的重要方面。《文選》收錄大量的應用文體，如詔、冊、表、上書、啓等，也體現了這一編撰宗旨。

（二）略其蕪穢，集其清英

　　蕭統在《文選序》中說：「自姬漢以來，眇焉悠邈，時更七代，數逾千祀。詞人才子，則名溢於縹囊；飛文染翰，則卷盈乎緗帙。自非略其蕪穢，集其清英，蓋欲兼功，太半難矣！」〔註8〕由於年代久遠，作家、作品眾多，選錄

〔註4〕　鄒雲湖：《中國選本批評》，上海三聯書店，2002年7月第1版，第1頁。
〔註5〕　同〔註4〕。
〔註6〕　（唐）杜甫：《宗武生日》，載（清）彭定求等：《全唐詩》，中華書局，1960年4月第1版，第2535頁。
〔註7〕　（宋）陸游：《老學庵筆記》，中華書局，1979年11月第1版，第100頁。
〔註8〕　（梁）蕭統編，（唐）李善注：《文選》，上海古籍出版社，1986年8月第1版，第2頁。

作品必須「略其蕪穢，集其清英」，才能便於閱覽揣摩。清代朱彝尊在《曝書亭集·書〈玉臺新詠〉後》中說：「《昭明文選》初成，聞有千卷，既而略其蕪穢，集其清英，存三十卷，擇之可謂精矣。」〔註9〕肯定了《文選》「略其蕪穢，集其清英」的編輯宗旨。《文選》所收，上起東周，下訖南朝梁，歷經周、秦、漢、魏、晉、宋、齊七個朝代，歷時千餘年。其間名家輩出，佳作紛呈；錦繡詩文汗牛充棟，浩如煙海。若不刪削糟粕，集中精華，而想做到事半功倍，那大半是很難的。面對書海文山，《文選》如何選文定篇呢？俞紹初考證認為：「《文選》的編撰過程大致可分為三個階段：第一段從天監十五年（516）東宮設置十學士開始，到天監十七年（518）梁武帝《歷代賦》加注為止，可說是《文選》編撰的準備階段，主要是資料的搜集；第二階段從天監十八年（519）到普通元年（520），可稱為《文選》編撰的前期階段，其內容是經過選文定篇，編成《正序》十卷、《詩苑英華》二十卷，此二書連同梁武帝《歷代賦》十卷，從某種意義上可看作是《文選》編撰的中間環節；第三階段始於普通四年（523），以東宮新置學士為標誌，到大通三年（529）因「蠟鵝事件」暴露，昭明太子失寵而結束，則是《文選》的實際編撰階段。〔註10〕概言之，先廣泛閱讀，搜集各體作品，然後根據一定的標準甄別篩選，「略其蕪穢，集其清英」，進而選編成書。

二、對閱讀教材編製理念的影響

二十世紀前期的語文教材中，一些閱讀教材往往體現出「總結前代文學，提供臨摹範本」的編輯宗旨。具體而言，就是以時代為序編排課文，並配有相應文字，勾勒文學發展概況。茲舉幾例。

《中學堂用　國文教科書》（1～5 集）（吳增祺評選，商務印書館，1908～1911 年出版），是我國語文教育獨立設科以來作為中學堂使用的第一套正式「國文教科書」。在全書總「例言」中針對當時語文教科書之現狀說：「學生至入中學堂，多讀經書，漸悉故事，此時急宜授以作文之法。古來文之佳者，不能遍讀。而選本存者，頗少適用，高者曲究於氣味之微，下者或越乎義法之外，二者工拙迥殊，而於教人之道，均有所未備。」為此，這套教科書編

〔註9〕朱彝尊：《曝書亭集》，載《景印文淵閣四庫全書》（第820冊），（臺北）商務印書館，1983年版，第235頁。

〔註10〕俞紹初：《〈文選〉成書過程擬測》，載《文學遺產》1998年第1期。

選主旨爲：「專以助人精神興趣，而仍不戾於繩尺者爲主」。教科書的編排結構採用文學史時期逆推選文：「凡分爲五集：國朝爲第一集，金元明爲第二集，五代末爲第三集，自晉及唐爲第四集，周秦漢魏爲第五集。五集統計，約 700 餘篇，共 30 餘萬言。一年讀一集，五年可讀畢。沿流以溯源，由近以及遠，既未敢慕好古之名，亦不敢蹈囿今之誚。」各集的選篇具體統計爲：初集所選「國朝」即「當朝」清代文 143 篇，第二集選明代文 97 篇，元代文 20 篇，金代文 10 篇，第三集選詩文 140 篇（首），第四集選詩文 176 篇（首），第五集選詩文 139 篇（首）。在每集的卷首，均有一篇「例言」，綜論其時文學之淵源，文章之優劣，較爲詳備地闡述各冊選文的理由。在每篇選文中，書眉、文間略作評述，筆墨不多，旨在啓發學生，有所裨益。編者主要偏重教材的文學性，選取文學史上有地位的作家的代表作。在此基礎上注重文章的「道」，儘量選取對學生有一定教化功能的作品。

《中學國文讀本》（1～10 冊）（林紓選編，商務印使館，1908 年初版，1913～1915 年修訂版），是清末最有影響的中學語文教科書之一。按照文學史逆推選文，由近及遠，第一冊、第二冊，爲國朝（清朝）文，第三冊爲元明文，第四冊、第五冊爲宋文，第六冊、第七冊爲唐文，第八冊爲六朝文，第九冊、第十冊爲周秦漢魏文。在每一階段的首冊，均有序，對該階段文學概況，以及選文特點、依據等，進行概要評述。選文的分析，採用中國傳統的辦法：精彩的文句加圈點，有眉批，就文章講做法。這也是本書比較突出的特色。林紓是古文高手，他爲每篇文章所作的評議甚爲精當。評議的內容包括文義和做法。

《中學校用　共和國教科書　國文讀本》（許國英編，上海商務印書館，1913 年初版），編寫體例與清末的教科書基本相同，亦爲按文學史逆推選文，但選文時期有若干重疊：第一冊選清至宋文，第二冊選明至唐文，第三冊、第四冊選唐漢以上至周秦經史爲主。

孫俍工根據自身經歷，對「五四」運動以前的語文教材作了如下概括：「單以中學而論，據我自己所經歷的，大都不外以下四種的文章：（一）《古文辭類纂》，（二）《昭明文選》，（三）《經史百家雜鈔》，（四）《唐宋各家底詩》。」由此也可見《昭明文選》對當時語文教材編輯的影響。

「總結前代文學，提供臨摹範本」編輯宗旨的影響，一直延及二十世紀五十年代。其間由人民教育出版社出版的《初級中學課本　文學》（1～6 冊）

（張畢來、王微、蔡超塵主編）和《高級中學課本　文學》（1～4 冊）（張畢來、蔡超塵主編），是較有代表性的一套教材。

　　《初級中學課本　文學》（1～6 冊），1955～1957 年第 1 版。這套教材按照《初級中學文學教學大綱》規定的教學內容和教材編排體系編寫。「教學內容」包括文學作品和文學常識（結合文學作品講授的文學理論常識和文學史常識）兩類。關於教材的編排體系，第一，文學作品的排列原則：一年級的教材著重選編各種事物、人物、風景的作品，原則上根據思想內容組織單元。二年級的教材選編歷代著名的文學作品，按作家和作品年代的先後排列。三年級的教材比較系統地介紹文學作品的各種體裁。第二，文學常識課文和作家介紹課文的編排：前者按教學原則，有計劃有重點地分別在各年級講授；後者只在二年級講授，分別編在一系列有關作品的課文後面。

　　《高級中學課本　文學》（1～4 冊），1956～1957 年第 1 版。各冊教材基本包括兩部分：文學作品、文學史概述。依據教學大綱，教材編寫的教學內容包括中國文學（中國文學作品和結合作品講授的系統的中國文學史基本知識）、外國文學、文學理論基本知識。文學作品依據文學史發展順序，由古至今分階段選編。由若干篇文學作品與相應的文學史概述構成一個專題，每一課是該專題教學內容的一部分。例如，第一冊的目錄：一、《詩經》：六篇，二、《論語》：九章，三、《左傳》：《晉公子重耳出亡》，四、《孟子》：《莊暴見孟子》《孟子謂戴不勝曰》，五、屈原：《國殤》《涉江》，六、《戰國策》：《觸龍說趙太后》《馮諼客孟嘗君》，七、文學史概述（一）秦代以前的文學，八、司馬遷：《信陵君列傳》《荊軻傳》，九、漢樂府：《陌上桑》《羽林郎》《十五從軍征》《孔雀東南飛》，十、《古詩十九首》：《行行重行行》《青青陵上柏》《庭中有奇樹》《迢迢牽牛星》，十一、曹植：《白馬篇》《野田黃雀行》《七步詩》，十二、陶淵明：《歸去來辭》《飲酒二首》《移居二首》《詠荊軻》，十三、《搜神記》：《李寄》《干將莫邪》，十四、《世說新語》：《荀巨伯》《管寧》《郗超》《周處》，十五、南北朝樂府：《子夜歌四首》《華山畿四首》《隴頭歌辭三首》《李波小妹歌》，十六、文學史概述（二）兩漢魏晉南北朝的文學。當時的《高中文學教學大綱》規定：「高級中學第一學年和第二學年的四個學期要按中國文學史的系統分期學習各個時代的文學，第一學年第一學期學習秦代以前的文學和兩漢魏晉南北朝的文學，第二學期學習唐代和宋代的文學；第二學年第一學期學習元代到五四的文學，第二學期學習五四以來的文學。」從第一

冊的目錄可以看出，選文都是傳統名篇，課本採用從古到今的編排體例，以《詩經‧關雎》開始，《論語》《左傳》和《孟子》等繼之。兩篇文學史常識課文，深入淺出，簡潔明白。

這套教材給當時的學生留下深刻而久遠的影響。有的學生後來回憶說：「那時的中學語文教材按照中國文學史的順序編寫，從《詩經》開始，依次是楚辭、唐詩、宋詞、元曲、明清小說。《詩經》中的《關雎》《伐檀》，小說中的『三言二拍』、《紅樓夢》選段都令我百讀不厭。當時語文教材的分量很足，一此基礎好的學生拿到教材就情不自禁地自讀。」〔註11〕

語文閱讀教材，與《文選》一樣，具有選本性質，因此，編寫閱讀教材，也是從眾多的作品中篩選，同樣應該貫徹「略其蕪穢，集其清英」的編輯宗旨。

劉半農在《應用文之教授》中論及選材的「選」與「不選」：「1.凡文筆自然，與語言之辭氣相近者選；矯揉做作者，不選。2.凡駢儷文及堆砌典故者，不選。3.凡違逆一時代文筆之趨勢，而極意摹倣古人者，──如韓愈《平淮西碑》之類──不選。4.凡思想過於頑固，不合現代生活，或迷信鬼神，不脫神權時代之習氣者，均不選。5.凡思想學說，適於現代生活，或能與西哲學說互相參證者選；其陳義過高，已入於學哲的專門研究之範圍者，不選；意義膚淺，而故爲深刻怪僻之文以欺世駭俗者，如揚子《法言》之類，亦不選。6.卑鄙齷齪之應酬文、干錄文，一概不選。7.諛墓文不選；其爲友朋或家屬所撰，確有至性語者選。8.意興枯索，及故爲恬淡之筆，而其實並無微辭奧義者，不選。9.小品文字，即短至十數言，而確能自成篇幅者，亦選。10.文章內容，與學生專習之科目有關係者選。11.記事文同一題目，而內容有詳略或時代之不同；論辨文同一題目，而內容有全部或一部之反對；或題目雖不同，而所記所論，可以互相參證者；酌選一篇爲主篇，餘爲附篇，用較小一號之鉛字排印。12.凡長篇文字，僅選一節者，即以此節爲主，其餘爲附；用字體分別，庶無任意割裂，首尾不完之弊。」〔註12〕《應用文之教授》是劉半農在北京大學預科以文學革命爲宗旨進行國文教學改革試驗的一篇實況記錄。舉凡國

〔註11〕黃耀紅：《我們那時的語文課──中國現代語文教育的思想掃描與課堂回憶》，載《湖南教育》2003年第16期。
〔註12〕劉半農：《應用文之教授》，載顧黃初、李杏保主編：《二十世紀前期中國語文教育論集》，四川教育出版社，1991年9月第1版，第63頁。

文教學中的一些主要問題，記錄中大都涉及，且提出了不少新穎獨創的見解，列出了許多切實可行的措施。這些見解和措施，在當時不僅有振聾發聵的作用，而且有開闢新徑的意義，不說「國文之教授」而說「應用文之教授」，旗幟鮮明，鋒芒畢現。「選」與「不選」的標準，其中蘊含的「略其蕪穢，集其清英」的編輯宗旨，不言自明。

沈仲九在《初中國文教科書問題》中說：「範文，必須選擇形式很完善，確是可以當做作文模範，耐人常常閱讀的。」要選「形式很完善」，又「可以當做作文模範」的耐讀的作品，就要下一番挑選的工夫。「範文應包含四項：一、各種文體都有；二、最著名的作家的作品都有；三、關於可以當做文章材料的各種事物的文章大致都有；四、各種法則都有；就是文體、作家、內容、法則都不偏廢，那麼，學習者可以依據、可以應用的範圍較廣，得益就較多了。」〔註13〕既要「精」，又要「全」，要照顧到「文體、作家、內容、法則」四樣，這樣的教科書編寫出來，才不至於出現偏差，才可能盡善盡美。

余冠英在《坊間中學國文教科書中白話文教材之批評》中說：「白話文教材只要合於三個標準：第一、適於給學生做寫作的範本。第二、能培養學生欣賞文藝的興趣。第三、能培養學生讀書的興趣。」這是從正面立下選擇的標準，之後余冠英批評說：「坊間國文教本裏有些白話範文的內容非初中學生所能領會。如周作人的《喝茶》，所寫的是前一輩閒人的『生活藝術』，和青年人的生活是隔膜的。無論作者談得怎樣透徹微妙，青年人絕不能體味『於瓦屋紙窗之下，清泉綠茶，用素雅的陶瓷茶具，同二三人共飲』的趣味，也看不起這種趣味。（假使這種趣味能影響青年，更不是什麼可喜的事。）又如周作人的另一篇文章《沉默》，對於初中學生也不相宜，不相宜的是那『冷諷』和『玩世』的態度。這篇文章是很可欣賞的，因為其中有『幽默』。可是，『幽默』也只是成年人才能瞭解的東西。『幽默』也值不得對中學生提倡。」〔註14〕這是從反面論述，名篇不一定都能拿來選入教科書，因為教科書裏的文章既要是「名篇」，還要適合學生閱讀。

教材編撰，凡是貫徹了「略其蕪穢，集其清英」的編輯原則，就能編出適

〔註13〕沈仲九：《初中國文教科書問題》，載顧黃初、李杏保主編：《二十世紀前期中國語文教育論集》，四川教育出版社，1991年9月第1版，第372～373頁。

〔註14〕余冠英：《坊間中學國文教科書中白話文教材之批評》，載顧黃初、李杏保主編：《二十世紀前期中國語文教育論集》，四川教育出版社，1991年9月第1版，第738～740頁。

用於課堂教學、受學生喜愛的好教材，否則，良莠並存，將不利於教學，也不利於學生語文水平的提高。如1950年至1955年出版的《初級中學語文課本》《高級中學語文課本》選編了大量新聞作品和應景的急就章式的時文，使教材的藝術水準大打折扣。這些文章，「如果給一般人當雜誌般地閱讀，那差不多全是好文章，思想性及藝術性都夠水平；但是採做中學國文教材，當一種工具看，就發生了問題，就篇幅長短說，有多少是適合併且值得精讀的呢？我們的答覆是只有十分之一二是夠有樣品資格，能起示範作用，值得精讀的。其它的不是太長，就是太深，不是結構鬆弛，就是內容枯燥，都不大適合中學青年的心理、生理條件而值得他們去琅琅傳誦，孜孜學習的。」「這樣的課文只能算以類相從的文選，可以當雜誌略覽，而不可以當國文課本去精讀。」〔註15〕

「略其蕪穢，集其清英」的編輯宗旨，在語文教材的編寫中體現爲「範例性原則」。語文教材是「範例」，是學生學習語文的範例，是爲大綱服務的一些典範的例子。範例性原則就是審視教材內容能否起「憑藉」「範例」作用的原則。它的要求主要是鑒別所編內容能不能形成語文學科的科學結構，能不能有舉一反三的學習效果，能不能在現代社會生活中起語文基礎工具的作用。具體說來，教材的範例性雖然體現在讀寫聽說和基礎知識教材的各個方面，但有一個重要的前提，首要的一條是教材的語言文字要好。例如：入選的現代作品，語言文字要合乎規範，在用詞、造句、佈局、謀篇等各方面具有典範性；入選的古代作品，應是有定評的名篇，文字比較平易；入選的外國作品，譯文要在保持原著風格的同時，力求合乎現代漢語的規範。

第二節　編選標準對閱讀教材選文定篇的影響

我國現代語文教材大多是文選型的，即以選文爲教材的核心構件。此與《文選》的性質是相同的。本節即探討《文選》的編選標準對現代閱讀教材選文定篇的影響。

一、編選標準

《文選》的編選標準，可以從蕭統的《文選序》和《文選》對具體作品的選錄上體現出來。

〔註15〕吳奔星：《語文教學新論》，察哈爾文教社，1950年版，第6頁、第11頁。

（一）典麗結合，文質彬彬

蕭統在《答湘東王求文集及詩苑英華書》中說：「夫文典則累野，麗亦傷浮。能麗而不浮，典而不野，文質彬彬，有君子之致。吾嘗欲爲之，但恨未逮耳。」〔註16〕蕭統注意到典與麗、文與質兩個方面，主張典麗結合，文質彬彬，在文風上不偏不倚。這是蕭統理想的文風，也是他始終追求的。劉孝綽在《昭明太子集序》中說：「深乎文者，兼而善之，能使典而不野，遠而不放，麗而不淫，約而不儉，獨擅眾美，斯文在斯。」〔註17〕這是對蕭統文風的準確概括，它正是蕭統所追求的「文質彬彬」，也是蕭統編撰《文選》時的編選標準。在選錄作品時，蕭統既要求作品在內容上具有眞情實感，又要求在藝術上具有極高的水準。

蕭統的典麗文質論淵源於孔子。《論語・雍也》載：「子曰：『質勝文則野，文勝質則史。文質彬彬，然後君子。』」〔註18〕質：質地，質樸、樸實的內容，內在的思想感情。文：文采，華麗的裝飾，外在的禮儀。彬彬：文質兼備相稱；文與質互相融合，配合恰當。質勝文則野：內在的質樸勝過外在的文采，就未免粗野。文勝質則史：外在的文采勝過內在的質樸，就未免浮誇虛僞。文質彬彬，然後君子：只有把文采與質樸配合恰當，然後才能成爲君子。孔子對質與文的關係，沒有做進一步的論述，但與後來出現的重質輕文或重文輕質的觀點相比，其可貴之處已清楚顯現出來。質文並重成爲儒家的傳統思想。文質之說對後世文學批評影響甚爲深遠。批評家或引申指文章風格的麗采與樸質相配合，或引伸指作品的內容與形式相結合。這些都是在某種意義上發揮了孔子學說。

典麗結合，文質彬彬，就是指詩文既要有華麗的文辭、典雅的形式，又要有眞實的情感、質樸、充實的內容，兩者要互相協調，達到思想內容和藝術形式的完美融合。

需要指出的是，蕭統對儒家思想既有繼承，又有發展。儒家主張「質而有文」，內容高於形式，形式爲內容服務，對形式的要求是爲了更好地表現內容。而《文明》的編輯，則更強調「文而有質」，即在辭藻華麗、聲韻諧美的

〔註16〕蕭統：《答湘東王求文集及詩苑英華書》，載（清）嚴可均：《全梁文》，商務印書館，1999年10月第1版，第216頁。

〔註17〕劉孝綽：《昭明太子集序》，載（清）嚴可均：《全梁文》，商務印書館，1999年10月第1版，第672頁。

〔註18〕楊伯峻：《論語譯注》，中華書局，1980年12月第1版，第61頁。

同時，兼顧作品的思想內容，文學的表現形式被擺在突出的位置。蕭統《文選序》說：「若夫椎輪爲大輅之始，大輅寧有椎輪之質；增冰爲積水所成，積水曾微增冰之凜。何哉？蓋踵其事而增華，變其本而加屬。物既有之，文亦宜然。隨時變改，難可詳悉。」〔註19〕椎輪這種簡陋的車子是帝王乘坐的大輅的原始模樣，但大輅哪有椎輪的質樸？厚厚的冰層是積水凝結而成的，但積水並沒有厚冰的寒冷。爲什麼呢？大概是由於承繼那造車之事卻增加了文飾，改變了水的本來狀態卻變得更加寒冷。事物既然有這種現象，文章也應當如此。文章隨著時代的發展而變化，難以全部搞清它的變化規律。蕭統在文學思想上，是秉承一種進化與發展的取向，認爲文學是隨著時代而演化的，初時質樸，時代越向前，文章就越華美，越有文采。這個觀點是蕭統編輯《文選》的基本出發點，也是我們探求《文選》選文標準的切入點。

（二）事出於沉思，義歸乎翰藻

蕭統在《文選序》中提出《文選》的選文標準，那就是「事出於沉思，義歸乎翰藻」。清代阮元在《與友人論古文書》中說：「昭明《選序》，體例甚明，後人讀之，苦不加意。《選序》之法，於經子史三家不加甄錄，爲其以立意紀事爲本，非沉思翰藻之比也。」〔註20〕在《書梁昭明太子文選序後》中，又說：「昭明所選，名之曰『文』。蓋必文而後選也，非文則不選也。經也，子也，史也，皆不可專名之爲文也，故昭明《文選序》後三段特明其不選之故。必沉思翰藻，始名之爲文，始以入選也。」〔註21〕阮元認爲，「沉思」「翰藻」是《文選》的選錄標準，《文選》不錄經史子類篇章，是因爲「其以『立意』『紀事』爲本」，並不注重「沉思」和「翰藻」。符合「沉思」「翰藻」標準的，才能稱爲「文」；只有「文」，才能選錄。

朱自清《〈文選序〉「事出於沉思義歸乎翰藻」說》對此所做的解釋和例證較爲詳盡。概言之，朱自清認爲：「事」包含古事和成辭兩個意思。古事和成辭所含的理，通於古今，所以能夠援古證今；「義」便指這種理而言。「事出於沉思」的「事」，當解作「事義」「事類」的「事」，專指引事引言，並非泛說。「沉思」就是深思。「事義」只是一個詞。但也有「事」「義」並見，所指的卻是各不相關的東西。王逸在《離騷後敘》裏說劉向分屈原作二十五篇

〔註19〕同〔註8〕，第 1 頁。
〔註20〕（清）阮元：《揅經室集》，中華書局，1993 年 5 月第 1 版，第 610 頁。
〔註21〕同〔註20〕，第 608 頁。

為十六卷；而班固、賈逵「各作《離騷經章句》，其餘十五卷闕而不說，又以『壯』為『狀』，義多乖異，事不要括」。這裏的「義」就是下文所稱「大指之趣」，「事」就是下文所稱「稽之舊章，合之經傳」的；與後世「事義」相兼的不一樣。翰藻，昭明借為「辭采」「辭藻」之意。「翰藻」當以比類為主。但「藻」既可兼言「事類」，昭明在兩句裏又以「事」「義」對舉，在儷辭中，一聯二句，意思不妨相掩，若說「義歸乎翰藻」一語專指「比類」，也許過分明畫，未必是昭明原意。可是如說這一語偏重「比類」，而合上下兩句渾言之，不外「善於用事，善於用比」之意：那就與當時風氣及《文選》所收篇什都相合，昭明原意當也不外乎此了。〔註22〕對於朱自清的解說，學者多能認同。

殷孟倫的解說則較為通俗易懂：「『事』，指『寫作的活動』和『寫成的文章』而言，『出』是『產生』，『於』，介詞，在這裏的作用是表所從，『沉思』，猶如說『精心結構』或『創意』；『義』，指『文章所表達的思想內容』而言，『歸』，歸終，『乎』，同『於』，介詞，這裏的作用是表所向，『翰藻』，指『確切如實的語言加工』。用現代漢語直譯這兩句，應該是說：『寫作的活動和寫成的文章是從精心結構產生出來的；同時，文章的思想內容終於要通過確切如實的語言加工來體現的。』結合兩句相互關係說，又可以作進一步的理解，那便是：『就文章的設言、命意、謀篇來說，必須和所要表達的思想內容緊密結合，因為後者（沉思）是前者（事）所由來；就文章所要表達的思想內容，又必須和它的確切如實的語言加工緊密結合，因為前者（義）是賴於後者（翰藻）來體現的。〔註23〕

郭紹虞《中國歷代文論選》（第一冊）對此的解釋則簡單明瞭：「沉思，指作者深刻的藝術構思。翰藻，指表現於作者的辭采之美。二句互文見義。」「『事』是題材，描寫任何題材，必須有意義可尋；而這意義的表現，又不同於一般的哲學論文、歷史書籍和其它應用文字，必須是通過深沉的藝術構思，見出語言辭藻之美。這樣，就給文學作品與非文學作品之間劃出了一條界限。正因為有了這條界限，所以蕭統能夠在大量的古代作品中加以選擇，編選出一部規模宏大的文學選集。」〔註24〕

〔註22〕朱自清：《〈文選序〉「事出於沉思義歸乎翰藻」說》，載《朱自清古典文學論文集》，上海古籍出版社，1981 年 7 月第 1 版，第 41～51 頁。

〔註23〕殷孟倫：《如何理解〈文選〉編選的標準》，載《文史哲》1963 年第 1 期。

〔註24〕郭紹虞主編：《中國歷代文論選》（第一冊），上海古籍出版社，1979 年 8 月第 1 版，第 333～334 頁。

綜上所述,「事出於沉思,義歸乎翰藻」,直言之就是,文章的內容要做精心的構思,文章的立意要訴諸精美的語言。「沉思」指的是深刻的藝術構思,「翰藻」指的是文章華麗的辭采。用現在的話來說,就是文質兼美。

二、對閱讀教材選文定篇的影響

作為一部著名的詩文選本,《文選》對現代語文教材的編寫影響很大,現代的文選型教材都以「文質兼美」作為選文的標準。

下面,我們梳理一下語文教科書對其選文標準的表述。

1920 年,陳啓天發表《中學的國文問題》,把國文教材分為三類:一類是「模範文」,一類是「問題文」,另一類是「自修文」。「模範文,是學生需要精讀深究的文質兼美的文章。」

1923 年中華書局出版的《初級國語讀本》(沈星一編),在其編輯大意中說:「本書選材,注重下列二要點:(1)內容務求適切於現實人生。(2)文章務求富有藝術的價值。」〔註25〕

1925 年,王森然撰文,提出中等學校國文教材的選文標準,說:「以文章內容—實質—為主;以外形—形式—為輔。」〔註26〕

1934 年,葉聖陶與夏丏尊合編了《國文百八課》(開明書店出版),其《編輯大意》說:「本書選文力求個體勻稱,不偏於某一類、某一作家。內容方面亦務取旨趣純正有益於青年的身心修養的。惟運用上注重形式,對於文章體制、文句格式、寫作技術、鑒賞方法等,討究不厭詳細」。

1950 年,初中語文課本《編輯大意》說:課文「一方面求其內容充實,有血有肉,思想的發展正確而且精密;一方面求其文字跟口語一致,真實而且生動。」

從以上列舉看出,在二十世紀前期,雖然選文也是堅持「文質兼美」的標準,但大都沒有明確使用「文質兼美」這一詞語。正式提出「文質兼美」是語文教材的選文標準,是二十世紀六十年代。

葉聖陶在 1962 年曾經提出:「所選為語文教材,務求其文質兼美,堪為

〔註25〕 沈星一:《初級國語讀本》,轉引自:李杏保、顧黃初:《中國現代語文教育史》,四川教育出版社,2000 年 10 月第 1 版,第 79 頁。

〔註26〕 王森然:《中等學校國文之商榷》,載《京報》副刊,1925 年 5 月,轉引自:李杏保、顧黃初:《中國現代語文教育史》,四川教育出版社,2000 年 10 月第1 版,第 83 頁。

模式，與學生閱讀能力寫作能力之增長確有幫助，絕不宜問其文出自何人，流行何若，而惟以文質兼美爲準。」〔註27〕

1963 年《全日制小學語文教學大綱（草案）》：「課文必須是範文，入選的文章要具有革命的思想內容，準確的科學知識，語言文字合乎規範，力求各方面都足爲學生學習的典範。」

1963 年 5 月《全日制中學語文教學大綱（草案）》：「課文必須是範文，要求文質兼美，具有積極的思想內容和優美的藝術形式，足爲學生學習的典範。入選的文章，一般應該是素有定評的，膾炙人口的，特別是經過教學實踐證明效果良好的」。

1978 年 3 月《全日制十年制學校中學語文教學大綱（試行草案）》（1980 年修改本）：「課文要選取文質兼美的文章，必須思想內容好，語言文字好，適合教學。」

1986 年 12 月《全日制中學語文教學大綱》：「課文要選取文質兼美、適合教學的典範文章。」

1988 年 6 月《九年制義務教育全日制初級中學語文教學大綱（初審稿）》：「課文應該文質兼美，難易適度，適合教學，題材和體裁豐富多樣，能激發學生的學習興趣。」

1992 年 6 月《九年義務教育初中語文教學大綱（試用）》：「課文要文質兼美。內容要有助於增強學生熱愛祖國的思想感情，有助於培養學生艱苦奮鬥、爲社會主義現代化建設獻身的精神，有助於學生樹立辯證唯物主義和歷史唯物主義觀點。語言文字要合乎規範，在用詞、造句、佈局、謀篇等方面具有典範性。課文要難易適度，適合教學，應該是經過一定的努力，教師能教好，學生學得了的。題材和體裁應該豐富多樣，能激發學生的學習興趣。」

1995 年《九年義務教育全日制初級中學語文教學大綱（試用）》：「課文要文質兼美。」

2000 年《九年義務教育全日制小學語文教學大綱（試用修訂版）》：「課文要體現教學目的，具有典範性和時代氣息，文質兼美，難易適度。」

2000 年《九年義務教育全日制中學語文教學大綱（試用修訂版）》：「課文要具有典範性，文質兼美，題材、體裁、風格應該豐富多彩，富有文化內涵和時代氣。」

〔註27〕葉聖陶：《葉聖陶集》（第 16 卷），江蘇教育出版社，2004 年版，第 154 頁。

2003 年《普通高中語文課程標準（實驗稿)》：「教科書選文要具有時代性和典範性，富於文化內涵，文質兼美。」

2001 年《義務教育語文課程標準（實驗稿)》：「教材選文要具有典範性，文質兼美，題材、體裁、風格豐富多樣，難易適度，適合學生學習。」

2011 年《全日制義務教育語文課程標準》：「教材選文要文質兼美，具有典範性，富有文化內涵和時代氣息，題材、體裁、風格豐富多樣，各種類別配置適當，難易適度，適合學生學習。」

從以上勾勒看出，二十世紀六十年代以來，「文質兼美」成為語文教材選文不可變更的法定標準。雖然任何語文教材都有如何選文的問題，但在二十世紀初期，似乎很少有人有意識地將「文質兼美」作為選材的標準。陳啓天在《中學的國文問題》中說：國文教材的選文標準，「一、國文的形式要通適，不必純美。形式純美，不是中學生所要的，也不是中學生所能的；只注意他的通不通，適不適，就可以哩。通適是明白曉暢的意思，越明白越易領悟，越曉暢越易感受，這是選文應該留心的。二、國文的內容要真，不必俱精俱備。」〔註 28〕這反映出當時教材的選文標準是務實的，也是很低的，只限於明白曉暢、內容真實這最基本的水準上，如此情況，可能與當時學生的認知程度有關。即使後來明確提出選文的「文質兼美」的標準，也因為對「文質兼美」內涵理解的偏差，而出現「質勝文」「尚質棄文」的現象。

如 1962 年，在編寫《高中語文》第三冊時，選錄有這樣七篇文章，它們是《談學邏輯》（潘梓年）、《在萊比錫審訊的最後發言》（季米特洛夫）、《在法庭上》（選自高爾基的《母親》）、《工廠技術革命的新氣象》《火光》《在獄中》（節選自楊沫的《青春之歌》)、《怎樣評價〈青春之歌〉》（茅盾）。葉聖陶對此提出不同看法：「此七篇僅為粗坯，尚待加工，如其原樣，實未具語文教材之資質，我人決不宜抱『唯名主義』，以為如潘梓年、茅盾二位之文，尚有何話說。我人亦不宜盲從市場情況，以為《季米特洛夫選集》《母親》《青春之歌》行銷至廣，讀者甚眾，何妨採錄其一章一節為教材。我人首須措意者，所選為語文教材，務求其文質兼美，堪為模式，於學生閱讀能力寫作能力之增長確有助益。而此七篇者，姑謂其質皆屬精英，若論其文，則至為蕪雜。

〔註 28〕陳啓天：《中學的國文問題》，載《少年中國》第一卷第十二期、第二卷第一期，1920 年，轉引自：顧黃初、李杏保主編：《二十世紀前期中國語文教育論集》，四川教育出版社，1991 年 9 月第 1 版，第 156～157 頁。

意不明確者，語違典則者，往往而有，流行之贅言，礙口之累句，時出其間。以是爲教，寧非導學生於『言之無文』之境乎？」「以故我謂今後選文，絕不宜問其文出自何人，流行何若，而唯以文質兼美爲準。」〔註 29〕葉聖陶態度明確而堅決，堅持了「文質兼美」的選文標準。這是他幾十年對語文教材選文研究所作出的簡明而科學的概括，具有深刻的實踐與理論根據。

文質兼美的內涵是豐富的，而不是單一的，選文要有深刻的思想文化意義、人文意蘊，語言生動準確，含蓄蘊藉，清新雋永，富有個性和審美價值，做到思想內容與語言表達的有機結合。

第三節　編輯體例對閱讀教材編排方式的影響

文選型語文教材大致有三種編法：以文體爲序，以作者爲序，以年代爲序。《昭明文選》對後世以文體爲序的閱讀教材影響很大。

一、編輯體例

「次文之體，各以彙聚」是《文選》的編輯體例。蕭統在《文選序》中說：「遠自周室，迄於聖代，都爲三十卷，名曰《文選》云爾。凡次文之體，各以彙聚。詩賦體既不一，又以類分；類分之中，各以時代相次。」〔註 30〕明確指出了《文選》的編排體例：各按門類集在一起。詩賦二類體制既有多種，又按小類分別排列，每類之中，各以時代先後編次。《文選》分爲賦、詩、雜文三大類，又分爲賦、詩、騷、七、詔、冊、令、教、文、表、上書、啓、彈事、箋、奏記、書、移、檄、難、對問、設論、辭、序、頌、贊、符命、史論、史述贊、論、連珠、箴、銘、誄、哀、碑文、墓誌、行狀、弔文、祭文等，共 39 種文體。賦、詩所佔比重最多，又按內容把賦分爲京都、郊祀、耕藉、畋獵、紀行、遊覽、宮殿、江海、物色、鳥獸、誌、哀傷、論文、音樂、情等 15 門，把詩分爲補亡、述德、勸勵、獻詩、公讌、祖餞、詠史、百一、遊仙、招隱、反招隱、遊覽、詠懷、哀傷、贈答、行旅、軍戎、郊廟、樂府、輓歌、雜歌、雜詩、雜擬等 23 門。這樣的編排體例體現了蕭統對文學發展，尤其是對文體分類及源流的理論觀點。

〔註 29〕葉聖陶：《葉聖陶集》（第 16 卷），江蘇教育出版社，2004 年版，第 155～156 頁。

〔註 30〕同〔註 8〕，第 3 頁。

二、對閱讀教材編排方式的影響

《昭明文選》以文體爲序的編排體例，不僅對古代文選讀本的編排體例影響很大。即使到了現代教科書的編寫，仍然可以看出它的影響。茲舉幾例。

《中學國語讀本》（林紓編，商務印書館，1908 年版），是清末最有影響的中學語文教科書之一。共 8 冊。全書共選取古今名家的文章 309 篇。選文按時間順序編排，由近及遠，從清朝依次上溯到秦漢。各冊根據文體，以類相從，便於從寫作上做比較。選文都是文言文。各冊選文種類及時代如下：

第一冊（清文）：論辯，6 篇；序跋，5 篇；奏議，1 篇；書牘，4 篇；贈序，2 篇；傳狀，4 篇；碑誌，3 篇；雜記，11 篇；箴銘，2 篇；哀祭，2 篇。

第二冊（元明文）：論辯，2 篇；序跋，8 篇；書牘，2 篇；傳狀，5 篇；碑誌，5 篇；雜記，11 篇；箴銘，2 篇；頌贊，1 篇；哀祭，1 篇。

第三冊（宋文）：論辯，14 篇；序跋，9 篇；書牘，4 篇；贈序，8 篇。

第四冊（宋文）：碑誌，7 篇；雜記，27 篇；哀祭，2 篇。

第五冊（唐文）：論辯，16 篇；序跋，8 篇；書牘，14 篇；贈序，9 篇。

第六冊（唐文）：傳狀，6 篇；碑誌，9 篇；雜記，18 篇；箴銘，2 篇；頌贊，3 篇；哀祭，2 篇。

第七冊（六朝文）：論辯，2 篇；序跋，4 篇；奏議，9 篇；書牘，18 篇；碑誌，2 篇；雜記，2 篇；箴銘，3 篇；頌贊，1 篇；辭賦，5 篇；哀祭，2 篇。

第八冊（秦漢三國文）：論辯，4 篇；奏議，9 篇；書牘，4 篇；詔令，3 篇；傳狀，1 篇；碑誌，2 篇；雜記，1 篇；辭賦，2 篇。

所選文體，各朝代有所側重：清、元、明、宋（雜記）；唐（雜記、論辯）；六朝文（書牘）；秦、漢、三國（奏議）。整套書選文的文體篇數位於前三位的是，雜記類，70 篇；書牘類，46 篇；論辯類，44 篇。

《新制國文教本》（謝無量編，上海中華書局 1914 年初版），共 4 冊。第一冊選近世至宋之文，第二冊選近世至唐文，第三冊選近世至漢文，第四冊選宋至三代文。所選之文，總體上以歷史爲序，但並非按時代先後順序編排，而是逆向上溯，由近及遠。細化到每一冊，甚至每一編也均如此。例如，第一冊共五編，總體來看，選近世至宋之文，細化到每一編也均爲近世至宋的順序。每冊文章數量不等，一般而言，按「體制」把不同文章放在一組，組成若干「編」，每編均以體制命名。每編名稱及課文數量如下：

第一冊：論著之屬，22 篇；序錄之屬，14 篇；書牘之屬，13 篇；傳志之

屬，25 篇；雜記之屬，30 篇。

第二冊：論著之屬，15 篇；序錄之屬，6 篇；書牘之屬，7 篇；贈序之屬，11 篇；碑傳之屬，19 篇；雜記之屬，12 篇；雜文之屬，5 篇。

第三冊：論著之屬，15 篇；序錄之屬，11 篇；書牘之屬，22 篇；碑刻之屬，14 篇；雜記之屬，7 篇；雜文之屬，4 篇。

第四冊：論著之屬，9 篇；序錄之屬，8 篇；書教之屬，16 篇；碑刻之屬，4 篇；雜銘頌，5 篇；雜記之屬，5 篇；紀事，6 篇；詩賦之屬，9 篇。

全書選文涉及 13 種文體：論著、序錄、書牘、書教、傳志、贈序、碑刻、碑傳、雜銘頌、雜記、雜文、紀事、詩賦。從文體出現的頻率來看，4 冊書均涉及的文體有：論著、序錄、雜記；書牘涉及 3 冊；除碑刻、雜文涉及兩冊書之外，其餘文體均不重複出現，只在各冊某編出現一次。由此可知，選文側重在論著、序錄、雜記等三大文體，其次是書牘。從選文數量來看，論著，61 篇；雜記，54 篇；書牘，42 篇；序錄，39 篇。由此可知，選文側重論著和雜記，其次爲書牘和序錄。綜合以上兩個方面，可判定選文側重論著和雜記兩大文體。

《初級中學國語文讀本》（孫俍工、沈仲九編，上海民智書局 1923～1926 年版，共 6 冊。其中，第一冊，共有課文 57 篇；第二冊，共有課文 38 篇；這兩冊以記敘文爲主，文理較淺，篇幅較短。第三冊，共有課文 33 篇；第四冊，共有課文 38 篇；這兩冊以問題爲準選文，以議論文爲主。

《復興高級中學國文課本》（何炳松、孫俍工編，商務印書館 1935 年版），共 6 冊。全書編排線索清晰，內容嚴謹，各冊內部結構基本一致。其中，一、二冊以文體作爲劃分學程的依據。體裁有：記事、傳狀、贈序、序跋、詩、小說、曲、書牘、說明、議論、碑誌、箴銘、弔祭、樂府、詞、賦，共 16 種。選文的體裁涵蓋了當時所能遇到的幾乎所有文體。選文則爲各類文體的名家名篇。教學重點是不同文體的特徵和做法以及基本的文法知識。

在第一冊的學程目錄後，附有兩份表格，一份是「文體分配表」，明晰地列出各種文體在 6 冊書各學程中的分配情況；另一份是「做法分配表」，對應於「文體分配表」，列出每學程涉及的文體及做法，還有各種語言知識名目，讓學生能對選文的編選線索、各學程的教學要點及其相互聯繫有一個總體把握。

每冊書分爲 9 個學程，每學程包含兩部分內容：一是課文（選文、注釋）；

二是教學舉要。其中，教學舉要包括三部分內容：一曰「目的」，即申明該學程所要達到的教學目的。如介紹選文的體裁、題材，並要求學生學會該種文體的做法，或者某一學術流派的主要思想、代表人物及其主要作品。二曰「做法」，其中會介紹該類文體可能選取的題材範圍，並對具體做法列出綱目，同時提供可供參考的書目。另外還有一些語言知識，以及學習這些語言知識需要參考的書目及具體章節。三曰「教學注意」，列出教學中教師應補充講授的內容綱要，同時還會提供一些補充參考材料。這種學程劃分與現代語文課本中以體裁劃分教學單元，並在每一單元呈現相關的語文知識的做法，是基本一致的。

《實驗高中國文》（第一冊）（沈維鈞、戴增元、褚祖耿編，上海大華書局1935年6月版），這冊書是根據1932年《高級中學國文課程標準》中教材大綱要求，「文言文第一學年以體制為綱」進行編寫的。因此這冊書純粹是以文體為準，非常清晰。以「記敘、抒寫、議論為『三大綱』」，每綱分4目，每目有選文4篇，共計48篇。每目所選的4篇文章，雖然文體相當，但內容是按由淺入深的線索編排的，使學生對文體的瞭解，也有一個「淺顯」到「複雜」漸進瞭解和認識的過程。文體形式不但豐富，在表達內容方面也十分詳盡，例如，凡記人物、事件、人工、自然，表悲哀、表欣悅、表憂愁、表憤激，論政治、論事跡等14種之多的表述內容，無不齊備。

由於這冊書以文體介紹和做法為重點，因此，在選文之後的題解中都有對文體的介紹，而且對每種文體及與之相近的文體的區別和聯繫，都有詳細的描述。

《高級中學國文》（葉楚傖主編，南京中正書局1935年版），共6冊，每學期一冊，供高中三個學年使用。該套教材根據1932年公佈的《高級中學國文課程標準》編寫，其編輯大意說：「一、二冊以體制為綱，三、四冊以文學源流為綱，五、六冊以學術思想為綱。」其中，第一、第二兩冊在編寫旨意上重點突出文體的區分，在順序上大致按照記敘、說理、抒情來排列。每一種文體又分為若干分支，如記敘文又分為記人、記事、記書籍、記宮室等幾種。在說理這一體制中，又分為現實之理和抽象之理兩種，現實之理又分為自抒所得和對外發表兩個子類，而在對外發表這一個子類裏，又分為對上、對下、平行以及對大眾和對鬼神等幾個具體的對象。在第一冊中有文章體例表解及其編例，第二冊中有文體表解及其編例。

20 世紀後期出版的教材，以文體爲序者更是常見。人民教育出版社編寫出版的全國通用教材，在過去的很長時間裏，都是按照文章體裁組織單元進行編排的。初一（七年級）以記敘文爲主，初二（八年級）以記敘文和說明文爲主，初三（九年級）以記敘文和議論文爲主。高中在初中的基礎上再來一個循環，高二以比較複雜的記敘文爲主，高二以比較複雜的記敘文和比較複雜的說明文爲主，高三以比較複雜的記敘文和比較複雜的議論文爲主。這種編排方式，有利於讀寫結合，有利於瞭解記敘、說明、議論這三種最基本的表達方式，有利於學生掌握這三類文章。茲舉一例。

義務教育課程標準實驗教科書《語文》七年級上冊（目錄）

第一單元　1.在山的那邊（王家新）　2.走一步，再走一步（莫頓·亨特）3.生命，生命（杏林子）　4.紫藤蘿瀑布（宗璞）　5.童趣（沈復）

第二單元　6.理想（流沙河）　7.短文兩篇　行道樹（張曉風）　第一次眞好（周素珊）　8.人生寓言（節選）（周國平）　白兔和月亮　落難的王子　9.我的信念（瑪麗·居里）　10.《論語》十則

第三單元　11.春（朱自清）　12.濟南的冬天（老舍）　13.山中訪友（李漢榮）　14.秋天（何其芳）　15.古代詩歌五首　觀滄海（曹操）　次北固山下（王灣）　錢塘湖春行（白居易）　西江月（辛棄疾）　天淨沙·秋思（馬致遠）

第四單元　16.化石吟（張鋒）　17.看雲識天氣　18.綠色蟈蟈（法布爾）19.月亮上的足跡（朱長超）　20.山市（蒲松齡）

第五單元　21.風箏（魯迅）　22.羚羊木雕（張之路）　23.散步（莫懷戚）24.詩兩首　金色花（泰戈爾）　紙船（冰心）　25.《世說新語》兩則　詠雪陳太丘與友期

第六單元　26.皇帝的新裝（安徒生）　27.郭沫若詩兩首　天上的街市靜夜　28.女媧造人（袁珂）　29.盲孩子和他的影子（金波）　30.寓言四則　赫耳墨斯與雕像者　蚊子和獅子　智子疑鄰　塞翁失馬

義務教育課程標準實驗教科書《語文》八年級上冊（目錄）

第一單元　1.新聞兩則　人民解放軍百萬大軍橫渡長江（毛澤東）　中原我軍解放南陽（毛澤東）　2.蘆花蕩（孫犁）　3.蠟燭（西蒙諾夫）　4.就英法聯軍遠征中國給巴特勒上尉的信（雨果）　5.親愛的爸爸媽媽（聶華苓）

第二單元 6.阿長與《山海經》（魯迅） 7.背影（朱自清） 8.臺階（李森祥） 9.老王（楊絳） 10.信客（余秋雨）

第三單元 11.中國石拱橋（茅以升） 12.橋之美（吳冠中） 13.蘇州園林（葉聖陶） 14.故宮博物院（黃傳惕） 15.說「屏」（陳從周）

第四單元 16.大自然的語言（竺可楨） 17.奇妙的克隆（談家楨） 18.阿西莫夫短文兩篇 恐龍無處不在 被壓扁的沙子 19.生物入侵者（梅濤） 20.你一定會聽見的（桂文亞）

第五單元 21.桃花源記（陶淵明） 22.短文兩篇 陋室銘（劉禹錫） 愛蓮說（周敦頤） 23.核舟記（魏學洢） 24.大道之行也（《禮記》） 25.杜甫詩三首 望嶽 春望 石壕吏

第六單元 26.三峽（酈道元） 27.短文兩篇 答謝中書書（陶弘景） 記承天寺夜遊（蘇軾） 28.觀潮（周密） 29.湖心亭看雪（張岱） 30.詩四首歸園田居（陶淵明） 使至塞上（王維） 渡荊門送別（李白） 遊山西村（陸游）

義務教育課程標準實驗教科書《語文》九年級上冊（目錄）

第一單元 1.沁園春·雪（毛澤東） 2.雨說（鄭愁予） 3.星星變奏曲（江河） 4.外國詩兩首 蟈蟈與蛐蛐 夜（葉賽寧）

第二單元 5.敬業與樂業（梁啓超） 6.紀念伏爾泰逝世一百週年的演說（雨果） 7.《傅雷家書》兩則 8.致女兒的信（蘇霍姆林斯基）

第三單元 9.故鄉（魯迅） 10.孤獨之旅（曹文軒） 11.我的叔叔於勒（莫泊桑） 12.心聲（黃蓓佳）

第四單元 13.事物的正確答案不止一個（羅迦·費·因格） 14.應有格物致知精神（丁肇中） 15.短文兩篇 不求甚解（鄧拓） 談讀書（培根） 16.中國人失掉自信力了嗎（魯迅）

第五單元 17.智取生辰綱（施耐庵） 18.楊修之死（羅冠中） 19.范進中舉（吳敬梓） 20.香菱學詩（曹雪芹）

第六單元 21.陳涉世家（司馬遷） 22.唐雎不辱使命（劉向） 23.隆中對（陳壽） 24.出師表（諸葛亮） 25.詞五首 望江南（溫庭筠） 江城子·密州出獵（蘇軾） 漁家傲（范仲淹） 破陣子·爲陳同甫賦壯詞以寄之（辛棄疾） 武陵春（李清照）

第七章 《顏氏家訓》的語文學習論

　　《顏氏家訓》被奉爲家訓之祖，是顏之推爲教育子孫後代所作。雖然它的首要目的不是論述語文學習，但是顏之推作爲「當時南北兩朝最通博最有思想的學者」，[註1] 對當時的南北學風有著比較全面的認識。《顏氏家訓》中滲透的語文學習思想，對當時的語文學習有著積極意義，對現今的教學也有著不容忽視的影響。

第一節　顏之推與《顏氏家訓》

　　顏之推在晚年總結自己一生的經歷和體驗，寫成《顏氏家訓》，以教育後代繼承家業，揚名立世。

一、顏之推的生平

　　顏之推（公元 531 年～595 年），字介。琅邪臨沂（今山東臨沂）人。九世祖顏含，隨晉元帝東渡，官至侍中、右光祿、西平侯。父親顏勰，梁湘東王蕭繹鎮西府諮議參軍。家中世代精通《周官》《左傳》，顏之推很早就受到家庭文化的薰陶。十二歲那年，蕭繹自己講授《莊子》《老子》，就參加聽講。但他並不喜歡清談，回家學習《周禮》和《左傳》，同時博覽群書，無所不讀，

[註 1] 范文瀾：《中國通史簡編》（修訂本）（第二編），人民出版社，1964 年 8 月第 4 版，第 525 頁。

文章辭采典雅清麗，得到蕭繹的賞識。蕭繹任他爲國左常侍，加鎮西墨曹參軍。喜好飲酒，爲人狂誕放縱，不修邊幅，受到當時人的指責。蕭繹派世子蕭方諸駐守郢州，命顏之推爲掌書記。正好侯景攻陷郢州，屢次想殺掉他，幸虧行臺郎中王則搭救幸免於難，被囚禁押送到建業。侯景被平定後，回到江陵。這時蕭繹自己作了皇帝，任命他爲散騎侍郎，以舍人的身份奏事。後來被周軍打敗。大將軍李顯慶很看重他，推薦到弘農任職，負責他兄長陽平公李遠的文書。黃河水勢暴漲，他坐船帶領妻子兒女逃到北方，經過了險要的砥柱，人們佩服他的勇敢果決。顯祖召見後很欣賞他，授爲奉朝請，選入內館，在自己左右侍奉，很受青睞。天保末，陪同到天池，授中書舍人，顯祖命中書郎段孝信拿著詔書給顏之推看。顏之推正在營外飲酒，段孝信回來報告了情況，顯祖說：「暫且不要授官。」因此作罷。河清末，被舉薦爲趙州功曹參軍，不久又入文林館待詔，任司徒錄事參軍。

顏之推聰明機敏，博學多才，有論辯能力，擅長文書，回答問題簡明，大受祖珽看重，命他負責文林館，處理來往文書。不久升任通直散騎常侍，領中書舍人。皇上不時索取東西，經常命宦官傳旨，顏之推領旨宣佈，文林館都聽從他的安排。進奏的文章，都是他來署名，在進賢門奏入，等有了回音才退出來。而且擅長文字之學，負責校訂書寫，做事勤謹迅速，人們認爲他很稱職。皇上很恩待他，待遇豐厚，受到權貴的嫉妒，常常想陷害他。崔季舒等人想勸諫皇上，不要到晉陽去，顏之推急忙返回家中，所以沒有聯合署名。等到皇上召集參加勸諫的人，顏之推也被召來，查驗沒有他的名字，避過了一次大禍。不久任黃門侍郎。

周軍攻陷晉陽，皇上率領輕裝騎兵回到鄴，走投無路不知該怎麼辦。顏之推通過宦官侍中鄧長顒勸皇上逃奔陳，主張招募吳地勇士一千多人加以護衛，從青州、徐州到達陳國，皇上很同意，就告訴了丞相高阿那肱等人，阿那肱不願意到陳去，就說吳地人難以信賴，不應該招募。勸皇上把珍寶輜重送到青州，並且堅守三齊之地。如果守不住，就慢慢從海上向南撤走。雖然皇上沒有採納顏之推的計策，仍任命他爲平原太守，令他戍守河津。北齊滅亡後歸附北周，大象末年任御史上士。隋開皇年間，太子召他爲學士，很看重他。不久因病去世。有文集三十卷，撰有《家訓》二十篇；又著有志怪小說集《冤魂志》三卷，《集靈記》二十卷；曾與陸法言等討論音韻學，參與《切韻》的編撰。

二、《顏氏家訓》的主要內容

　　《顏氏家訓》全書共二十篇，內容豐富，分爲七卷。第一卷包括《序制》
《教子》《兄弟》《後娶》《治家》五篇；第二卷包括《風操》《慕賢》二篇；
第三卷爲《勉學》一篇；第四卷包括《文章》《名實》《涉務》三篇；第五卷
包括《省事》《止足》《誡兵》《養生》《歸心》五篇；第六卷爲《書證》一篇；
第七卷包括《音辭》《雜藝》《終制》三篇。舉凡立身、處事、治家、爲學等，
無所不涉。

　　第一篇《序致》是全書的總序，交代寫作此書的目的，即「整齊門內，
提撕子孫」，是爲了教育自家兒孫晚輩；顏之推將自己一生的經歷和經驗總結
出來，傳給子孫後代以供借鑒。

　　《教子》《兄弟》《後娶》《治家》諸篇論述家庭教育，講家庭中父子、兄弟、
母子之間的倫理關係。其中《教子》談教育子女的有關問題。強調要抓緊對子
女的早期教育，認爲不趁子女幼小時給予良好教育，到習性養成就難以糾正了。
父母應該「威嚴而有慈」，反對「無教而有愛」。爲了保持在子女心目中的威嚴
形象，父親與孩子之間不可過份親昵，不可不拘禮節；只有讓子女感到對父母
的「畏懼」，才會促使他們產生孝心。父母對子女應一視同仁，不可偏寵。《兄
弟》談兄弟關係。顏之推認爲，兄弟之情，是除父母、子女之外，最爲深厚的
感情，兄弟之間的相親相愛，對於家庭和睦是十分重要的。《後娶》主要說明對
待妻子死亡後續弦的事情，一定要慎重，要處理好家中前妻之子與後妻的關係。
《治家》主要探討和總結治家的一些做法。作者認爲，要治理好一個家庭，首
先要注意以身作則：父慈而後子孝，兄友而後弟恭，夫義而後婦順。治家如治
國，不能沒有章法，但也要注意寬嚴適度。強調治家要躬儉節用，但如果親友
有困難，則應該盡力相助，毫不吝惜，要「施而不奢，儉而不吝」。

　　《風操》《慕賢》論道德教育。其中《風操》論士大夫的「風操」，即士
大夫所應遵循的種種禮儀規範，還論及南北風俗習尚的差異，記載了較爲豐
富的南北朝時期社會風俗禮儀方面的資料。顏之推從傳統的儒家思想出發，
結合當時的實際，表達了對當時流行風尚的看法。《慕賢》指出年齡比較小的
人應該多接觸有德行的賢人，這樣就可以潛移默化地陶冶自己的性情。

　　《勉學》論學習。作者從正反兩個方面反覆強調學習的重要性，認爲一
個人要精通一門學問；無論哪個行業，學好了都可以安身立命。作者十分強
調學以致用，認爲學習的目的是爲了提高道德修養，開發心智，以利於行。

主張讀書要「博覽機要」，領會精神實質，反對空守章句、繁瑣注疏的學究式學習。要博覽群書，擴大知識面。學習時要互相切磋討論，反對「閉門讀書，師心自是」。要重視「眼學」，反對道聽途說。強調文字是「墳籍根本」，反對忽視文字的傾向。

《名實》《涉務》《省事》《止足》《誡兵》論社會。其中《名實》講的是名與實要相符的問題。從現實生活的角度，闡述二者的關係，指出好的名聲是靠自己「德藝周厚」「修身慎行」取得的。《涉務》教導兒孫要接觸實際，做於國於民有用的人，而不要做只知高談闊論，而不涉世務的人。《省事》教導子孫要少生事，保全家庭的方法之一，就是不要多說話，不要多事，要少欲知足。《止足》宣傳「少欲知足」的思想，企望過一種富足寬裕而又不過分華奢的生活。作者認爲，少欲知足是安身立命、保全門戶的重要方法。《誡兵》主張不要以習武事而取富貴，體現了全身自保的思想。

《文章》《雜藝》論文化和藝術修養。其中《文章》談論文章寫作的理論問題。顏之推比較重視文章「敷顯仁義，發明功德，牧民建國」的功效，而把「陶冶性靈」，以緣情爲特徵的文學作品放在次要地位。他主張「文章當以理致爲心腎」，把作品的思想性放在首位，同時也不忽視文章的辭采聲律，崇尚「典正」和「無鄭衛之音」，鄙視當時盛行的浮豔文風。他十分欣賞沈約的「文章當從三易」的觀點，即易見事，易識字，易讀誦，反對穿鑿補綴。《雜藝》雜論書法、繪畫、射箭、卜筮、算術、醫學、音樂、博弈、投壺等多種技藝。作者統稱之爲「雜藝」，與儒學正宗相對。顏之推對這些雜藝的總的看法是：兼通幾門，有益無害，但不可專精，以免受其累。

《養生》《歸心》論宗教與思想。其中《養生》主要強調養生的方法可以有多種，眞正的養生還必須注意避禍，必須將修身養性和爲人處世的內外工夫結合起來。《歸心》講要歸於佛心，即虔誠地信佛。作者從佛教與儒教本爲一體的觀點出發，告誡子孫要克己從善，修身養性，以圖來世。

《書證》《音辭》論學術。其中《書證》是有關文字、訓詁、校勘之學的專論。顏之推對文字書寫的態度比較通達，認爲文字本身是隨時代不同而變化發展的；對待文字書寫，正確的態度應該是把從正和隨俗二者結合起來。在訓詁方面，顏之推能引證群書，還能以方言口語或實物進行印證。在校勘方面同樣如此。通過對經、史、文章所作的考證，顏之推是想告誡子孫，讀書要廣博，學問要精深，否則就會導致謬誤，被他人恥笑。《音辭》是有關聲

韻之學的專論。顏之推對聲韻之學造詣深邃，注意到因地域不同而造成語言的差異，也注意到因時代不同而引起古今聲韻的變遷。顏之推看到當時治音韻學的人因地域不同、口音各異而「各有土風，遞相非笑」的弊端，提出以京都洛陽和金陵的語音為正音，並以此為標準評論南北語音的優劣得失，詳論歷代韻書、字書的訛誤。

全書以《終制》結束。終制即送終之制。作者深知家世衰敗，骨肉離散的悲傷，預先叮囑子女在自己死後要喪事從簡，千萬不能大操大辦。子女要以立身揚名為重，不要因為過度悲傷而耽誤前程。這是作者交代遺言，與第一篇《序致》前後呼應，再次強調作者對後代的希望。

以上只是從大體上所做的劃分，各篇之間，內容有交叉。

第二節　語文學習的目的

顏之推認為，學習語文可以促進個人道德修養的提高和實踐能力的培養。這一點可由《顏氏家訓》推崇古人的學習態度上加以證明：「古之學者為己，以補不足也；今之學者為人，但能說之也。古之學者為人，行道以利世也；今之學者為己，修身以求進也」。〔註 2〕他認為古人學習，以改善自身不足、貢獻社會為目的；今人學習，以顯耀自身才華、維護自身地位為目的。可見，顏之推對南北朝時下的學習者學習語文的目的，持批判的態度。「學之興廢，隨世輕重。漢時賢俊，皆以一經弘聖人之道，上明天時，下該人事，用此致卿相者多矣。末俗已來不復爾，空守章句，但誦師言，施之世務，殆無一可。故士大夫子弟，皆以博涉為貴，不肯專儒。」（《勉學》）顏之推認為語文學習的根本，不在於學成後顯耀自己，而是通過對語文知識的學習和吸收，提高自身綜合素質，為國效力。

一、修身利行

顏之推認為通過語文學習可以提高自身的道德修養，「夫學者猶種樹也，春玩其華，秋登其實；講論文章，春華也，修身利行，秋實也」，「有學藝者，觸地而安。自荒亂已來，諸見俘虜。雖百世小人，知讀《論語》、《孝經》者，

〔註 2〕（北齊）顏之推著，程小銘譯注：《顏氏家訓全譯》，貴州人民出版社，1993年 5 月第 1 版，第 109 頁。本章所引《顏氏家訓》均出自該版本。行文中只注篇名。

尚爲人師」。(《勉學》)顏之推十分注重子女道德修養的培養,並切實地提出了「德藝周厚」(《名實》)的標準。一個人只有具有了良好的道德修養,認真付諸實踐,才能達到「修身利行」的目的;如沒有良好的品德修養,即使「有周公之才之美,使驕且吝,其餘不足觀也已。」〔註3〕所以,通過學習來達到修身的目的,便成爲語文學習的重中之重。顏之推對子女實施道德說教,主要是通過語文學習來完成的,《勉學》列舉了語文學習改善未知養親、未知事君、素驕奢、素鄙吝、素暴悍、素怯懦六類人的巨大作用,體現了語文學習在提高德行、提高能力等方面的價值和作用。

荀子認爲學習的終極目的在於造就聖人,《荀子·勸學》說:「其義則始乎爲士,終乎爲聖人。」〔註4〕顏之推在論述語文學習的目的時,繼承並發展了這一思想,進而提出語文學習在改善整體風氣上的作用,即「百行皆然」(《勉學》)的社會效應,突出了語文學習的重大作用。

東晉以來,士族階層多可憑祖蔭,得到清要之職,這種似乎與生俱來的特權,使得多數士族子弟養尊處優,不諳世事。這種不良的社會風氣反映到教育上,便是對學習的輕視,而語文學習受到的影響最爲直接。「梁朝全盛之時,貴遊子弟,多無學術」,「明經求第,則顧人答策;三九公宴,則假手賦詩。」(《勉學》)顏之推指出,這種現象的出現,與家長過分溺愛子女有直接的關係,「吾見世間,無教而有愛,每不能然;飲食運爲,恣其所欲,宜誡翻獎,應訶反笑,至有識知,謂當法爾。」(《教子》)這種教育方法,「雖欲以厚之,更所以禍之」(《教子》),不僅不利於子女個人素質的提高,也危害到士族地位的穩定。當時一些人表面上底蘊深厚,實際不然,「吾見世中文學之士,品藻古今,若指掌,及有試用,多無所堪。居承平之世,不知有喪亂之禍;處廟堂之下,不知有戰陳之急;保俸祿之資,不知有耕稼之苦;肆吏民之上,不知有勞役之勤」(《涉務》)。這裏主要批評當時一些文人學士,他們評論古今頭頭是道,可一遇到實際問題,就無所能爲了。

《勉學》說:「夫所以讀書,本欲開心明目,利於行耳」,「博學求之,無不利於事也。」把語文學習的最終目的歸爲「利於行」,即「修身利行」,批評「但能言之,不能行之」,「軍國經論,略無施用」(《勉學》)的弊病。《顏氏家訓》針對當時「世中文學之士,品藻古今,若指諸掌,及有所用,多無

〔註3〕楊樹達:《論語疏證》,上海古籍出版社,1986年2月第1版,第196頁。
〔註4〕張覺:《荀子譯注》,上海古籍出版社,1995年12月第1版,第8頁。

所堪」的情況，提出應重視實踐能力的培養，並作為語文學習的目的之一。語文學習固然能開啟智慧，增益德行，但最終還是應歸結於「行」。

顏之推告誡子孫不可臨危失節：「夫生不可不惜，不可苟惜。涉險畏之途，干禍難之事，貪欲以傷生，讒慝而致死，此君子之所惜哉」（《養生》）。而語文學習的首要目的，就是要培養這樣的君子，培養行為舉止合乎禮教規範、才德兼備的人。很顯然，顏之推所提倡的正是儒家「修身、齊家、治國、平天下」之道，通過語文學習，自覺地養親、事君，使奢者知儉，吝者重義，從而達到「為己」「利世」的目的。

二、成為國之用材

一切學習活動的目的，都是為了培養人才，《顏氏家訓》中的語文學習自然也不例外。顏之推所謂的使中庸之人「開心明目」「多知明達」，具體來說，就是通過語文學習，把後代培養成道德高尚、適應社會並為社會所用的人才。

顏之推從維護統治階級長遠利益出發，在《涉務》中把人才分為六類，並具體闡述了對學習目的的看法：「國之用材，大較不過六事：一則朝廷之臣，取其鑒達治體，經綸博雅；二則文史之臣，取其著述憲章，不忘前古；三則軍旅之臣，取其斷決有謀，強幹習事；四則藩屏之臣，取其明練風俗，清白愛民；五則使命之臣，取其識變從宜，不辱君命；六則興造之臣，取其程功節費，開略有術，此則皆勤學守行者所能辦也。人性有長短，豈責具美於六塗哉？但當皆曉指趣，能守一職，便無愧耳。」顏之推認為，國家需要朝廷、文史、軍旅、藩屏、使命、興造等六個方面的人才，而個人的語文學習，則應當以成為這六種人才為具體目標。顏之推要求子弟根據自己所長，培養相應方面的能力，最終成為有益於社會、不被亂世所棄的人。這種培養個人能力的思想，在那個戰亂紛爭、朝代更替頻繁的時代，是十分難能可貴的。

一個人要為國家效力，成為國家的有用之才，只有通過努力學習，具備某一方面的才能，才能擔負起重任。顏之推認為，一方面要加強自身的道德修養，成為節操高尚的人；另一方面要發奮學習知識，獲得「應世經務」的本領。而無論「德」還是「才」，哪一方面都離不開語文的學習。只有成為德才兼備的人，國家才能「必有天才，拔群出類，為將則暗與孫武、吳起同術，執政則懸得管仲、子產之教」（《勉學》）。列舉羊侃、楊遵彥、解律明等幹練之臣，讚譽稱：「國之存亡，繫其生死。」（《慕賢》）

魏晉時期，玄學成風，士族子弟多陷入清言玄談之中，忽視了對實踐性知識和能力的學習與培養，片面追求空洞的學習內容。《勉學》說：「音辭鄙陋，風操蚩拙，相與專固，無所堪能，問一言輒酬數百，責其指歸，或無要會。鄴下諺云：『博士買驢，書券三紙，未有驢字。』使汝以此爲師，令人氣塞。」《涉務》也有「吾見世中文學之士，品藻古今，若指諸掌，及有試用，多無所堪」之語。顏之推認爲，語文學習的目的，並不在於學成後顯耀自己，而是通過對知識的學習和吸收，發展自己多方面的能力。在他看來，君子立身處世，應該在某個具體的職位上發揮自己的才能，盡自己的責任，而不是高談闊論，不切實際。

顏之推從國家的用才標準出發，強調士大夫語文學習的必要性。他認爲，有無知識，在一定程度上決定著一個人社會地位的高下。一個人如掌握了知識，通明《論語》《孝經》等儒家經書，雖百世小人，也可爲人師；如不讀書，即使擁有千載冠冕的榮耀，最終也可能淪落爲從事體力勞動的凡庸之人。所以，他認爲，士大夫子弟要保持原有的社會地位，成爲國家的棟樑之材，就要重視語文學習，通過學習獲得知識，並以這些知識爲基點，發揮自身的能力，服務於國家。

在語文學習的本質和目的上，顏之推認爲，語文學習是爲了開啓心扉、修身立行，而不是炫己、媚上，然而當時的士大夫的學習，只滿足於高談闊論，取官進爵。對此，顏之推指出，語文學習應注重其在道德修養上的重要作用，將語文學習的目標推向培養既能「修身」爲己，又能「行道」「利世」的「國之用才」的層面上。同時，又將語文學習作爲提高個人社會地位，獲取功名富貴的手段之一。顏之推批判了高門士族子弟的不學無術和腐化墮落，主張學習古人「爲人」的學習目的，提高自己的道德修養和實踐能力，在效力於國家的同時，維護自身的士族地位。概括地說，語文學習的目的，就是增長知識，提高德行，報效國家。

第三節　語文學習的內容

《顏氏家訓》論述的語文學習內容，與其語文教育目的是一致的。雖然顏之推的學科意識並不清晰，對語文學習內容的論述，常常與道德教育交叉，但是，他對語文學習內容的論述，卻比較詳細。

一、文字

顏之推在語言學方面頗有見地。在他看來，正確使用語言，將影響人的一生，《音辭》提到：「吾家兒女，雖在孩稚，便漸督正之；一言訛替，以爲己罪矣。」文字、訓詁、聲韻知識，作爲語言學的重點，自然是語文學習的重要內容。

在文字學方面，文字是爲文成書的基本構件，而文字本身並非一成不變，所以，顏之推指出，書寫文章時，要注意文字「隨代損益，互有異同」(《書證》)的變化，採用字體，要根據文章性質而定。他反對當時兩種極端的做法：一爲「世間小學者，不通古今，必依小篆」(《書證》)。二是「皆取會流俗，不足以形聲論之也」(《書證》)。顏之推對許愼《說文解字》有著很高的評價，認爲其「隱括有條例，剖析窮根源，鄭玄注書，往往引以爲證：若不信其說，則冥冥不知一點一畫，有何意焉」(《書證》)。並切實地指出，書寫學術性著作，可按其訂正字體；書寫普通文章，則可使用通用字體。

顏之推對一些書籍中文字記載的訛誤問題，進行了考證和探究。比如，《漢書·外戚傳》云：「成結寵妾妬媚之誅。」〔註5〕顏之推考證了《禮記》《三蒼》，認爲「媚」字有誤，應當改作「媢」字；又考證《五宗世家》與《論衡》，進一步證明「媢」也就是「媚」。顏之推教導子弟，對文字的校勘，要根據上下文來進行，可利用辭書和相關文獻進行考證，如上舉「媢」字；也可利用實物和常理推斷，如對《後漢書》中「鱔」字的考證。此外，文物的銘文也有一定的考證價值，如對《史記·始皇本紀》中丞相「隗林」的考證。顏之推主張用發展的觀點來對待文字的正俗問題，並總結出文字多因假借、形近以及亂造異體字等而出現使用上的錯誤，頗具指導意義。

二、訓詁

在訓詁方面，顏之推對一些文章和書籍中存在的問題，做了訂正，包括考證詞語、方言、用典，考校古書作者、年代等。如《書證》列舉《詩經》「誰謂荼苦」之句，《爾雅》和《毛詩傳》兩書都把「荼」字釋爲苦菜，也就是《禮記》「螻蟈鳴，蚯蚓出。王瓜生，苦菜秀」之苦菜。顏之推則提出了不同的看法。他結合記載和實物考覈，認爲《詩經》《禮記》所說的是中原的一種苦菜。

〔註5〕（漢）班固撰，顏師古注：《漢書·外戚傳》，中華書局，1962年6月第1版，第3997頁。

江南地區還有另一種苦菜，即龍葵。南方的一些學者不明白河北人把龍葵也稱作苦菜，故把它當成了《詩經》《禮記》中的苦菜。這樣的例子，在《書證》篇中甚多。這是顏之推博覽群書、見多識廣所致，更與他學術嚴謹、思想深邃的治學態度密切相關。所以，顏之推告誡眾人：「觀天下書未遍，不得妄下雌黃。或彼以為非，此以為是；或本同末異；或兩文皆欠，不可偏信一隅也。」（《勉學》）顏之推在訓詁方面有著很深的造詣，他的訓詁方法，具有一定科學性，對後世有著積極的指導意義。

三、聲韻

在聲韻方面，顏之推的聲韻學研究，歷來受到學者的重視，這也有賴於《音辭》對中國第一部規範化韻書《切韻》提供了一定的理論依據。顏之推指出，對聲韻的研究，一是要注意因地域不同而形成的語言差異。「南方水土和柔，其音清舉而切詣，失在浮淺，其辭多鄙俗。北方山川深厚，其音沉濁而鈋鈍，得其質直，其辭多古語。」（《音辭》）而士宦君子的語言，還是南方地區較為優美；一般百姓的語言，則是北方地區更顯通俗。他還指出：「南染吳、越，北雜夷虜，皆有深弊，不可具論。」（《音辭》）二是要注意因時代變遷而造成古今聲韻的差異。如書中對「焉」字的讀音與意義的考證。

南北朝時期，政治分裂，局勢動盪，文字量大大增加。顏之推在讀書過程中，對多種典籍中的訛錯做了考證，僅《書證》一篇引證經、史、子、集和各種工具書就有百餘處，具有很高學術價值，有著積極的指導和借鑒意義。顏之推在前人文字、訓詁、聲韻研究的基礎上，提出自己獨到的見解，主張應以都城語言為基準，把聲韻協調統一起來，對我國古代聲韻學的發展，產生了積極的影響。

四、讀寫

關於閱讀，顏之推認為，讀書是一種最容易學習的技藝：「伎之易習而可貴者，無過讀書也。」（《勉學》）他指出：「人生在世，會當有業」，「文士則講議經書」。「夫明《六經》之指，涉百家之書，縱不能增益德行，敦厲風俗，猶為一藝，得以自資。」（《勉學》）他提出：「士大夫子弟，數歲已上，莫不被教，多者或至《禮》《傳》，少者不失《詩》《論》。」（《勉學》）他舉出許多古人勤奮讀書的例子：「古人勤學，有握錐投斧，照雪聚螢，鋤則帶經，牧則

編簡，亦云勤篤」（《勉學》），鼓勵子孫博覽群書。

　　顏之推認爲讀書的作用是：「夫所以讀書學問，本欲開心明目，利於行耳。」（《勉學》）他認爲讀書可以開啓心智，提高認識，以利於自己的行動。廣泛讀書的好處是：「夫讀書之人，自羲、農已來，宇宙之下，凡識幾人，凡見幾事，生民之成敗好惡，固不足論，天地所不能藏，鬼神所不能隱也。」顏之推分別指出讀書對「未知養親者」「未知事君者」「素驕奢者」「素鄙吝者」「素暴悍者」「素怯懦者」的具體作用：「未知養親者，欲其觀古人之先意承顏，怡聲下氣，不憚劬勞，以致甘腝，惕然慚懼，起而行之也；未知事君者，欲其觀古人之守職無侵，見危授命，不忘誠諫，以利社稷，惻然自念，思欲傚之也；素驕奢者，欲其觀古人之恭儉節用，卑以自牧，禮爲教本，敬者身基，瞿然自失，斂容抑志也。素鄙吝者，欲其觀古人之貴義輕財，少私寡欲，忌盈惡滿，賙窮恤匱，赧然悔恥，積而能散也；素暴悍者，欲其觀古人之小心黜己，齒弊舌存，含垢藏疾，尊賢容眾，苶然沮喪，若不勝衣也；素怯懦者，欲其觀古人之達生委命，強毅正直，立言必信，求福不回，勃然奮厲，不可恐懼也；歷茲以往，百行皆然。」（《勉學》）對那些不知道如何奉養父母的人，我想讓他們看看古人如何體察父母心意，按父母的願望辦事；如何輕言細語，和顏悅色地與父母談話；如何不怕勞苦，爲父母弄到香甜軟嫩的食品；使他們看了之後感到畏懼慚愧，起而效法古人。對那些不知道如何侍奉國君的人，我想讓他們看看古人如何篤守職責，不侵淩犯上；如何在危急關頭，不惜犧牲性命；如何以國家利益爲重，不忘自己忠心進諫的職責；使他們看了之後痛心疾首地對照自己，進而想去效法古人。對那些平時驕橫奢侈的人，我想讓他們看看古人如何恭謹儉樸，節約費用；如何以謙卑自守，以禮讓爲政教之本，以恭敬爲立身之根，使他們看了之後震驚變色，自感若有所失，從而端正態度，抑制那驕奢的心意。對那些平時淺薄吝嗇的人，我想讓他們看看古人如何貴義輕財，少私寡欲，忌盈惡滿；如何周濟鰥寡孤獨，體恤貧民百姓；使他們看了之後臉紅，產生懊悔羞恥之心，從而做到既能積財又能散財。對那些平時暴虐兇悍的人，我想讓他們看看古人如何小心恭謹，自我約束，懂得齒亡舌存的道理；如何寬仁大度，尊重賢士，容納眾人；使他們看了之後氣焰頓消，顯出謙恭退讓的樣子來。對那些平時膽小懦弱的人，我想讓他們看看古人如何無牽無礙，聽天由命，如何強毅正直，說話算數，如何祈求福運，不違祖道；使他們看了之後能奮發振作，無所畏懼：由此類推，各方面的品行都可採取以上方式來培養。顏師古還指出：「夫學者

所以求益耳」(《勉學》)，認爲人們學習是爲了有所收穫、有所提高。

關於寫作，顏之推在《文章》篇中做了專門論述。他指出作文的功用：「朝廷憲章，軍旅誓誥，敷顯仁義，發明功德，牧民建國，施用多途。至於陶冶性靈，從容諷諫，入其滋味，亦樂事也。」朝廷中的典章制度，軍隊裏的誓、誥之辭，傳佈顯揚仁義，闡發彰明功德，統治人民，建設國家，這文章的用途是多種多樣的。至於以文章陶冶情操，或對旁人婉言勸諫，進入那種特別的審美感受，也是一件快樂的事。他在肯定文章的重要作用的基礎上，進步闡明了寫作的實際效能，如朝廷的憲章，軍中所用的誓、誥，彰顯仁義，頌揚功德，治理百姓，統治國家，文章有多種用途，值得重視的是，他還指出用文章來陶冶性情，或抒發自己的情感，或深入體會其含義，都是令人快樂的事情。他鼓勵子孫「行有餘力，則可習之。」(《文章》)即在奉行忠孝仁義尚有過剩精力的情況下，也可以學學寫這類「陶冶性靈，從容諷諫」的文章。

顏之推提出了作文的具體要求：第一，要抒發眞情實感。《顏氏家訓》探討了文學的抒情特徵：「每嘗思之，原其所積，文章之體，標舉興會，發引性靈」(《文章》)我常常思考這個問題，推究其中所蘊含的道理，文章的本質，就是揭示興味，抒發性情。顏之推認爲文章的特徵在於興致感受，抒發性靈，突出了文學自身抒發情感的功能，只有作者用眞情實感書寫的文章，才能得到讀者的讚賞，才能產生娛樂身心、陶冶情感的審美感受。第二，文章當從三易：「易見事，一也；易識字，二也；易讀誦，三也。」(《文章》)容易瞭解典故，這是第一點；容易認識文字，這是第二點；容易誦讀，這是第三點。主張「用事不使人覺，若胸臆語」(《文章》)，反對穿鑿補綴，「事繁而才損」(《文章》)；他十分讚賞蕭愨「芙蓉露下落，楊柳月中疏」的詩句，愛其蕭散，宛然在目。第三，「文章當以理致爲心腎，氣調爲筋骨，事義爲皮膚，華麗爲冠冕。」(《文章》)文章應該做到以義理情致爲心腎，以氣韻才調爲筋骨，以思想內容爲皮膚，以華麗辭句爲服飾。他反對「趨末棄本」，「辭勝而理伏」(《文章》)，強調把思想性放在首位。但也並不忽視辭采的作用，認爲古人文章的體度風格勝過今人，而今人文章的聲律辭采則勝過古人，「宜以古之制裁爲本，今之辭調爲末，並須兩存，不可偏廢」(《文章》)。即應該以古人文章的體制構架爲根本，以今人文章的辭句音調爲枝葉，兩者應該並存，不可偏廢。第四，文章寫完後要認眞修改。顏之推指出：「學爲

文章，先謀親友，得其評裁，知可施行，然後出手；愼勿師心自任，取笑旁人也。」(《文章》)「江南文制，欲人彈射，知有病累，隨即改之」。(《文章》)江南地區的人寫文章，希望別人加以批評指正，知道毛病所在，立刻就改正。顏之推主張文章寫完後要認眞修改，要問別人的意見，互相切磋。

第四節　語文學習的方法

顏之推是我國古代一位傑出的教育家，爲了使學習者的語文學習達到開心明目、利於行的目的，提出行之有效的學習方法，在今天仍然有著積極的影響。

一、博專結合

南北朝時期，一些學者崇尙玄學，深受清談風氣的影響，雖有不乏與顏之推同道、注重儒學之人，卻也難免陷於迂腐狹隘。針對這種偏執一隅的現象，顏之推提出了「貴能博聞」(《勉學》)的主張，語文學習不僅要積累廣博的學識，還要有開闊的視野。「博聞」方能「兼通文史，不徒講說」(《勉學》)，進而「學備古今，才兼文武」(《勉學》)。他認爲，知識淵博才能對事物做出正確判斷，「或彼以爲非，此以爲是；或本同末異；或兩文皆欠，不可偏信一隅也。」(《勉學》)顏之推批判「俗間儒士，不涉群書，經緯之外，義疏而已。」(《勉學》)結果鬧出許多笑話：有的儒生不知道有王粲這個人，有的博士不知道《漢書》可以驗證經學。博聞的目的不是高談闊論，虛相贊說，而是言談得體，行道利世。「光陰可惜，譬諸逝水。當博覽機要，以濟功業；必能兼美，吾無間焉。」(《勉學》)

博聞必須要有重點，和專精結合起來，那種「書券三紙，未有驢字」(《勉學》)的學風，只能令人氣塞。「自古宏才博學，用事誤者有矣。」(《文章》)這裏的「誤」便是誤於不專。他批評當時一些學習者「經不足以待問，史不足以討論，文章無可傳於集錄，書跡未堪以留愛玩」(《省事》)，強調重在把握知識的精髓和核心。顏之推認爲，對於「聖人之書」，「明練經文，粗通注義，常使言行有得」(《勉學》)就可以了，不必過於固執迂腐，諷刺那些把握不了問題要點的知識分子。眞正的博聞，應該是「博學求之，無不利於事也」(《勉學》)。顏之推雖然認爲學比不學好，博學比少學好，但同時也覺得，古人所說的「多爲少善，不如執一」(《省事》)的道理，也有一定正確性，這種

辯證思想，對今天的語文學習理論建設，有積極借鑒意義。

二、相互切磋

《禮記·學記》說：「獨學而無友，則孤陋而寡聞。」〔註6〕顏之推在此基礎上作了進一步闡釋：「蓋須切磋相起明也。見有閉門讀書，師心自是，稠人廣坐，謬誤差失者多矣。」（《勉學》）所謂「切磋相起」，就是通過共同探討、相互啓發來引導學習的方法。語文知識廣博浩瀚，只有在學習上與人交流，互相切磋，才能更快、更好地獲得更多知識。一個人如果閉門讀書，不與外界交流，只會使自己思路閉塞，更有可能在學習中產生許多謬誤和差錯，以致貽笑大方。

顏之推舉例說，有人把漢靈帝在宮殿柱子上形容京兆田鳳一人的題字「堂堂乎張，京兆田郎」（《勉學》），錯認爲是張京兆和田郎兩個人，這就是由於對文學知識的孤陋寡聞而造成的。文章寫作也同樣需要相互切磋指導，「學爲文章，先謀親友，得其評裁，知可施行，然後出手；愼勿師心自任，取笑旁人也」，提倡「江南文制，欲人彈射，知有病累，隨即改之」的做法。（《文章》）相互切磋的治學方法，深受古代學者的推崇，《論語·八佾》「起予者商也，始可與言詩已矣」〔註7〕與《爾雅·釋訓》「如切如磋，道學也」，〔註8〕都提到類似的觀點。顏之推繼承並發展了這些思想，認爲「切磋」在學習過程中有利於激發思考，加快知識的習得。

切磋決不意味著沒有個人主見，而應當與獨立思考相結合，充分調動學習者的主觀能動性。顏之推批評當時「江南閭里間，士大夫或不學問，羞爲鄙樸，道聽途說，強事飾辭」（《勉學》），指出他們缺乏對知識深入思考探究，認爲只有獨立思考，才能掌握知識的精髓，賦予個人意義，指導個人言行。顏之推注意到學習者之間互相探討與獨立思考的結合，在語文知識學習上的重要作用，在當時有著積極進步意義。

三、聞見結合

顏之推認爲，聞與見結合，是重要的學習方法。當時一些士大夫子弟「貴

〔註6〕（清）孫希旦：《禮記集解》，中華書局，1989年2月第1版，第965頁。
〔註7〕楊樹達：《論語疏證》，上海古籍出版社，1986年2月第1版，第69頁。
〔註8〕徐朝華：《爾雅今注》，南開大學出版社，1987年7月第1版，第149頁。

耳賤目」(《慕賢》),他們既不重視學習書本知識,又不重視感性經驗,把道聽途說的瑣事趣聞作爲學問。顏之推反對這種專靠「耳聞」忽視「眼見」而得來的知識。爲此,他提倡「眼學」:「談說制文,援引古昔,必須眼學,勿信耳受」。(《勉學》)談話寫文章,援引古代的事物,必須是用自己的眼睛學來的,而不要相信耳朵所聽來的。這裏,顏之推主要是從「制文」即寫文章的角度記述的,但「必須眼學,勿信耳受」的原則,是可以廣泛推及其它領域的。

顏之推的意見,是針對當時南朝士大夫的不正學風而發的:「江南閭里間,士大夫或不學問,羞爲鄙樸,道聽途說,強事飾辭。」(《勉學》)江南鄉里間,有些士大夫不事學問,又羞於被視爲鄙陋粗俗,就把一些道聽途說的東西拿來裝飾門面,以示高雅博學。「道聽途說,強事飾辭」主要體現在三個方面:一是生造一些誰也不懂的典故。二是詩文創作中,盲目跟風,使得作品幾乎不忍卒讀。三是不懂古書中的釋義,將其含義完全弄反。造成南朝士子這些錯誤的原因,顏之推認爲是「皆耳食之過也」(《勉學》)。聽到別人講什麼,自己便跟著學什麼,從來不去翻翻古書,查查這些典故有何來歷;對於名家的句子,也不管自己用著合適不合適;古人用語的真正含義到底是什麼,自己也不去深入探究。

顏之推十分重視親身參與、直接觀察所獲得的知識。眼學能夠確保學習主體的有效參與,接受最原始的客觀材料與實際情況,所獲得的信息量必然多而且真實。所以,顏之推尤其重視直接觀察的作用。眼學是針對耳受而言,耳受是只聽他人說,只是傳聞,很有可能導致錯誤百出。顏之推以當時江南士大夫爲例,指出他們不肯學習請教,又羞於被視爲鄙陋粗俗,就道聽途說,牽強附會,修飾言辭以示博學高雅,以此說明「耳學之過」。把道聽途說得來的材料用於寫文章、做學問,很容易出現紕漏。

但是,顏之推並非一切都主張「眼學」,而排斥「耳學」。他認爲,聽聞也可以擴大知識面,不過不能輕信。因此,他主張在學習過程中,應將聞與見結合起來,把耳受的知識與「眼見」的知識相聯繫,做到「目能視而見之,耳能聽而聞之」(《風操》)。只有聞見結合,互相彌補,才能獲得真正、有效、全面的知識。

四、曉字、博聞、勵行

顏之推根據自己的讀書經驗,總結出一條由通曉文字,到博聞,再到勵

行的誦讀經典的路子。

通曉文字包括弄通字形、字義和字音。顏之推說：「夫文字者，墳籍根本。」（《勉學》）文字是典籍的根本，讀典籍必須從識字開始。在顏之推看來，「世之學徒，多不曉字」。爲什麼會是這樣呢？他在《勉學》中解釋了其中的原因：當時「讀《五經》者，是徐邈而非許慎；習賦誦者，信褚詮而忽呂忱；明《史記》者，專徐、鄒而廢篆籀；學《漢書》者，悅應、蘇而略《蒼》《雅》。」通讀《五經》的人，肯定徐邈而非難許慎；學習賦誦的人，信奉褚詮而忽略呂忱；崇尚《史記》的人，只對徐野民、鄒誕生的《史記音義》這類書感興趣，卻廢棄了對篆文字義的鑽研；學習《漢書》的人，喜歡應邵、蘇林的注解而忽略了《三蒼》《爾雅》。顏之推爲什麼說當時初學者多不曉字？就是他們一開始就把解讀的參考書弄錯了。顏之推進一步說明：「書音是其枝葉，小學乃其宗系。」（《勉學》）語音只是文字的枝葉，而字義才是文字的根本。這是對字形、字音二者關係比較科學的解答。

在明確字形之後，便要弄清字音。顏之推說：「吾家兒女，雖在孩稚，便漸督正之；一言訛替，以爲己罪矣。云爲品物，未考書記者，不敢輒名」。（《音辭》）我家的小孩，從小讀錯了音，就會受到嚴厲的督正，就像犯了罪一樣；一樣東西，如果書上沒有記載，不敢亂加稱號。

經過嚴格的訓練，字形、字音上就能夠過關了，這時，就可以閱讀古籍了。顏之推的要求是「博聞」，即涉獵要廣博。「多知明達」是其要求，途徑是「明《六經》之指，涉百家之書」（《勉學》）。

顏之推倡導「博聞」策略，是其一貫做學問的態度方法。第一，博聞要有鑽研態度，「通一經必見他經，非止以一經畢乃事也」〔註9〕習讀經書必要一字一句，鑽研精深，才能舉一反三，融會貫通，使知識面廣博。理解鑽研，是使學習往縱深發展，實現學習質的飛躍的有效途徑。一門學科蘊含很多知識，只有留心研究，才能在此基礎上達到「博」。第二，掌握精要，進一步加深博的程度。做學問要從廣博出發，繼而務精深，最終達到簡約。「博覽機要，以濟功業；必能兼美，吾無間焉。」（《勉學》）顏之推告誡子孫應廣泛閱讀書中的精義要旨，以求成就自己的事業。第三，「博聞」要求知識、技藝、德行三方面均「博」。做到「以博涉爲貴」，且要「專儒」，博覽群書，掌握精要。廣泛參與社會實踐，學習謀生技能；「勤苦修德」，學會忠義誠孝。

〔註9〕（清）唐晏：《兩漢三國學案》，中華書局，1986年12月第1版，第239頁。

在顏之推看來，知識不僅要從書本上得來，日常生活、旅行出差，均能獲得知識。他看不上那些「俗間儒士，不涉群書，經緯之外，義疏而已」（《勉學》），只讀時下流行的、解釋經文的「義疏」。

顏之推瞧不起那種「但能言之，不能行之」的人，他說讀書是爲了「開心明目，利於行」，學習是爲了起而行之，即勵行。勵行是讀書、做學問的最終落腳點。

顏之推強調知行合一。受漢末玄學空談之風的影響，魏晉時代的讀書人大都只知空守章句，「誦師言」。晉朝南渡以來，已歷經八九代，而世人卻從未整理荒穢、戴月而歸，只是全憑藉俸祿生活罷了。在這種狀況下，顏之推強調重視閱讀和實踐相結合，期望子孫們注意觀察生活，並將所學知識聯繫實際，「學之所知，施無不達」（《勉學》），可以說是《顏氏家訓》中關於讀書的重要原則。

第八章　唐前散佚識字課本考

　　姚振宗的《隋書經籍志考證》在考證「經部」「小學類」從《三倉》到《字偶》時說：這些「皆古今字書及解詁、訓釋之屬。其中如蔡邕《勸學篇》、《女史篇》，朱育《幼學篇》，無名氏《月儀》，束皙《發蒙記》，顧愷之《啓蒙記》，不皆爲字書。楊方《少學》九卷，其體制不可靠，亦似非字書。〔註1〕這些書，除了《急就篇》《千字文》等外，大部分已經散佚，現就可考的數種，略作研究。

第一節　《史籀篇》

　　據《漢書·藝文志》記載：「《史籀》十五篇。周宣王太史作大篆十五篇，建武時亡六篇矣。」「《史籀篇》者，周時史官教學童書也，與孔氏壁中古文異體。」〔註2〕這段記述交代了書名：《史籀》或《史籀篇》；成書的大約年代：周宣王時期，即公元前 827 年到公元前 782 年這一時間段；此書所用字體：大篆；到了漢光武帝劉秀建武年間（公元 25 年～56 年），已經亡佚六篇，僅剩九篇；此書的性質：周宣王太史教習學童的教材。

　　《史籀篇》省稱《史籀》，又稱《籀書》《史篇》《史書》《大篆》《籀文》等。

〔註 1〕（清）姚振宗：《隋書經籍志考證》，清華大學出版社，2014 年 4 月第 1 版，第 450 頁。

〔註 2〕（漢）班固撰，（唐）顏師古注：《漢書·藝文志》，中華書局，1962 年 6 月第 1 版，第 1719 頁，第 1721 頁。

　　此書的標準名稱，應據《漢書·藝文志》，稱爲《史籀篇》，或省稱《史籀》。《史籀篇》有時被稱作《史篇》。如《說文解字》對「奭、匋、姚」三字的說解中，均有引自《史籀篇》的內容：「奭，盛也，從大，從皕，皕亦聲。此燕召公名，讀若郝。《史篇》名醜。」「匋，瓦器也，從缶，包省聲。古者昆吾作匋。按《史篇》讀與缶同。」「姚，虞舜居姚墟，因以爲姓。從女，兆聲。或爲姚嬈也。《史篇》以爲姚易也。」〔註3〕徐鍇注《說文解字》「史篇」曰：「太史籀所作大篆十五篇也。」《漢書·平帝紀》有「徵天下通《史篇》者」之說，《漢書·王莽傳》有「徵天下《史篇》文字」之說，《漢書·揚雄傳》有「《史篇》莫善於《倉頡》」之說，《揚子法言》也有「或欲學《倉頡》《史篇》」之說。王國維認爲：「《說文》於『奭』『匋』『姚』三部三引《史篇》，蓋存其字謂之『籀文』，舉其書謂之《史篇》，其實一也。」〔註4〕可見，《史籀篇》又稱爲《籀文》。「籀文」因《史籀篇》而得名。《史籀篇》有時被稱作《史書》。《漢書·元帝紀》：「贊曰：臣外祖兄弟爲元帝侍中，語臣曰元帝多材藝，善史書。」顏師古注「史書」引應劭曰：「周宣王太史史籀所作大篆。」〔註5〕《後漢書·孝安帝紀》載：安帝「年十歲，好學《史書》，和帝稱之，數見禁中。」李賢注：「《史書》者，周宣王太史籀所作之書也。凡五十五篇，可以教童幼。」〔註6〕顧實說：「倉頡以來，字書無徵，而《史籀》遂爲字書之鼻祖。」〔註7〕王國維也認爲：「《史籀》爲字書之祖，故《倉頡》以下亦蒙其名。」〔註8〕唐代唐玄度《論十體書》曰：「秦焚《詩》《書》，惟《易》與《史篇》得全。王莽之亂，此篇亡失。建武中，獲九篇。章帝時，王育爲之解說，所不通者十有二三。晉世，此篇廢。今略傳字體而已。」〔註9〕秦始皇下令焚書，沒有燒《周易》《史籀篇》，因爲《周易》是卜筮之書，《史籀篇》

〔註3〕（漢）許慎：《說文解字》，中華書局，1963 年 12 月第 1 版，第 74 頁，第 109 頁，第 258 頁。

〔註4〕（清）王國維：《觀堂集林》，河北教育出版社，2001 年 11 月第 1 版，第 152 頁。

〔註5〕（漢）班固撰，（唐）顏師古注：《漢書·元帝紀》，中華書局，1962 年 6 月第 1 版，第 299 頁。

〔註6〕（南朝宋）范曄撰，（唐）李賢等注：《後漢書·孝安帝紀》，中華書局，1965 年 5 月第 1 版，第 203 頁。

〔註7〕顧實：《漢書藝文志講疏》，清華大學出版社，2001 年 6 月第 1 版，第 71 頁。

〔註8〕同〔註4〕。

〔註9〕（唐）唐玄度《論十體書》，轉引自：（宋）王應麟：《漢藝文志考證》，清華大學出版社，2014 年 3 月第 1 版，第 109 頁。

是字書，不妨礙統一思想，所以不在所燒之列。隋唐志皆不著錄《史籀篇》，可見其全亡甚早。

一、作者

就目前所見史料，最早提到《史籀篇》作者的是班固。他在《漢書・藝文志》「史籀十五篇」下自注：「周宣王太史作大篆十五篇」。只說是周宣王時的太史所作，沒有記載作者的姓名。這一說法，當是依據劉向、劉歆父子的意見。到了許慎，關於該書的作者，則說得很明確了：「宣王太史籀著大篆十五篇，與古文或異。」〔註10〕據此，一般的觀點都認爲，《史籀》就是該書的作者，這是以人名爲篇名。先秦時代，以作者人名爲篇名（書名）的，並不少見，如《莊子》《墨子》等，但在字書中以人名作篇名的，除此以外並未見到，不過兩千多年以來，學者們都沿襲此說，沒有異議。到了清代，段玉裁則提出異議，認爲許慎《說文解字・敘》「諷籀書九千字」句中的「籀」當訓「讀」，「諷籀連文謂諷誦」，「籀」非爲人名。王國維也懷疑史籀爲人名的說法，他在《〈史籀篇證〉序》中說：

> 史籀爲人名之疑問也。自《班志》、《許序》以史籀爲周宣王太史，其說蓋出劉向父子，而班、許從之，二千年來無異論。余顧竊有疑者。《說文》云：「籀，讀也。」（《方言》：「抽，讀也。」）又云：「讀，籀書也。」（《毛詩・邶風傳》云：「讀，抽也」。）古籀、讀二字同音同義。又古者讀書皆史事，《周禮・春官・大史職》：「大祭祀戒及宿之日，與群執事讀禮書而協大喪遣之日讀誄。」《小史職》：「大祭祀讀禮法，史以書敘昭穆之俎簋，卿大夫之喪，賜諡讀誄。」《內史職》：「凡命諸侯及公卿大夫則冊命之（謂讀冊書）。凡四方之事書，內史讀之。」《聘禮》：「夕幣，史讀書展幣。」《士喪禮》：「主人之史讀賵，公史讀遣。」是古之書皆史讀之。《逸周書・世俘解》：「乃俾史佚繇書於天號。」《嘗麥解》：「作策許諾，乃北向繇書於兩楹之間。」（作策即《書・洛誥》之作冊，乃內史之異名也。）「繇」即「籀」字，《春秋左氏傳》之「卜繇」，《說文解字》引作「卜籀」，知《左氏》古文「繇」本「籀」，《逸周書》之「繇書」亦當即「籀書」矣。籀書爲史之專職，昔人作字書者，其首句蓋云「大史籀書」，

〔註10〕同〔註3〕，第314頁。

以目下文，後人因取首句「史籀」二字名其篇。……大史籀書，猶言大史讀書。《太史公自序》言「紬石室金匱之書」，猶用此語。劉、班諸氏不審，乃以史籀爲著此書之人，其官爲大史，其生當宣王之世，是亦不足怪。李斯作《蒼頡》，其時去漢甚近，學士大夫類能言之，然俗儒猶以爲古帝之所作，以《蒼頡》篇爲蒼頡所作，毋惑乎以《史籀》篇爲史籀所作矣。不知「大史籀書」乃周世之成語，以首句名篇又古書之通例，而猥云：「有大史名籀者作此書」，此可疑者一也。〔註11〕

王國維的說法有一定根據，但並不是定論，王國維自己也說，對《史籀》作者的質疑是「可疑者之一」，語氣上是不肯定的。班固、許慎等，距離《史籀》的成書，時間較近，而且他們又是嚴謹的學者，對其記述，雖不能迷信，但也應該採取尊重的態度，在沒有充分的史料的前提下，不應輕易懷疑他們的說法，況且，第一，段玉裁根據許慎《說文解字》「籀」爲「讀」的訓解，認爲「諷籀」即爲「諷讀」，但現存先秦兩漢典籍中，並無其它「諷籀」連用的語例。王國維「大（太）史籀書，猶言大（太）史讀書」的說法，與段玉裁的根據相同。所以，此可以聊備一說，卻不是定論。其實，「籀書」就是指《史籀篇》裏面的文字。第二，古代許多典籍中，也是以「史籀」爲人名的，雖不能以多取勝，但也說明了學界的普遍看法。例如：

宣王太史籀著大篆十五篇，與古文或異。至孔子書六經，左丘明述春秋傳，皆以古文，厥意可得而說。（許慎《說文解字敍》）

秦始皇帝初兼天下，丞相李斯乃奏同之，罷其不與秦文合者。斯作《倉頡篇》，中車府令趙高作《爰歷篇》，太史令胡毋敬作《博學篇》，皆取史籀大篆，或頗省改，所謂小篆者也。（許慎《說文解字敍》）

廷尉說律，至以字斷法，「苛人受錢」，苛之字止句也。若此者甚眾，皆不合孔氏古文，謬於史籀。（許慎《說文解字敍》）

言大篆出於周宣之時，史籀創著，平王東遷，文字乖錯，秦之李斯及胡毋敬又改籀書謂之小篆，故有大篆小篆焉然。（酈道元《水經注》）

〔註11〕同〔註4〕，第152～153頁。

及宣王太史史籀箸《大篆》十五篇，與古文或同或異，時人即謂之籀書。(《北史·列傳第二二》)

（李）斯作《倉頡篇》，車府令趙高作《爰歷篇》，太史令胡母敬作《博學篇》，皆取史籀，或頗有省改，所謂小篆者也。(《北史·列傳第二二》)

及宣王太史史籀著大篆十五篇，與古文或同或異，時人即謂之《籀書》。(《魏書·江式傳》)

昔周宣王時，史籀始著大篆十五篇，或與古同，或與古異，世謂之籀書者也。(《晉書·列傳第六》)

籀，直救切，周大史，造大篆。(《玉篇》)

急就篇者，其源出於小學家。昔在周宣粵有史籀演暢古文篆，著大篆。(顏師古《急就篇注敘》)

泊周宣王史史籀，循科斗之書，採倉頡古文，綜其遺美，別署新意，號曰籀文，或謂大篆。(虞世南《書旨述》)

二曰大篆，周宣王時史籀所作。(《隋書·經籍志》)

至周宣王時，太史史籀更著大篆十五篇，與古文或異，然不外六書之指。(《封氏聞見記·卷二》)

大篆者，周宣王太史史籀所作也。(張懷瓘《書斷》)

程邈隸書，史籀大篆。(《蒙求》)

篆則周史籀，秦李斯，漢有蔡邕，當代稱之。(竇蒙《述書賦注》)

及和帝時，申命賈逵修理舊文，於是許慎採史籀、李斯、楊雄之書，博訪通人，考之於逵，作說文解字，至安帝十五年始奏上之。(《宋史·列傳第二00》)

史籀作大篆以潤色之，李斯變小篆以簡易之，其美至矣。(《宋史·列傳第二00》)

史籀，周宣王太史名，造大篆。(《廣韻》)

維謙乃執後以繩前，是何異以行草之偏旁而釋倉頡、史籀之篆文哉？(《四庫全書總目提要》卷四四·經部四四·小學類存目二《詩

經叶音辨訛》）

　　考《漢書‧藝文志》以弟子職附《孝經》，而小學家之所列始於
史籀，終於杜林，皆訓詁文字之書。（《四庫全書總目提要》卷九二‧
子部二‧儒家類二《小學集注》）

　　繁瑣地引述上面這些材料，無非是想說明，在段玉裁和王國維懷疑《史
籀》的作者之前二千多年的時間裏，有無數智慧的頭腦都相信《史籀》的作
者就是那個名叫史籀的人；或者說，「史籀」即名「籀」的史官。

　　根據《漢書‧藝文志》記載，史籀是周宣王時的太史。《周禮‧春官‧大
史》記載：「大史：掌建邦之六典」。〔註12〕大史即太史。太史的職務是按王
命起草文書、策命諸侯、記錄史事、整理文字，兼管國家典籍、天文曆法等。
史爲官職，商周時期多是家族世代遞守，所以有以此爲氏者。據《新唐書‧
宰相世系表》：「史氏出自周太史佚之後，子孫以官爲氏」。〔註13〕史籀是太史
佚的後代，明代豐坊《書訣》云：「史逸，字孟佚，伯邑考之子，文王之嫡長
孫也。逸生頎，頎生黎，黎生籀。籀又損益潤色，別號籀文。」史逸即史佚。
史佚以文王的嫡長孫而任王室太史，歷事武王、成王，頗有功績，與周公、
召公、姜太公並稱四聖。史佚的功績之一是釐正文字，如豐坊《書訣》所云：
「周公命史佚同天下之文」。史佚本姬姓，其子孫頎、黎、籀等按宗法世襲制
相繼任太史，遂以官爲氏而爲史氏。史籀在《漢書‧古今人表》中作「史留」。
《漢書補注》史留下引「周壽昌曰，即史籀也。《藝文志》周宣王太史。籀爲
留，古字通用耳」。王先謙同意周說，唐蘭的《中國文字學》也認爲《古今人
表》中的史留就是史籀。「留」與「籀」字形相近，但「籀爲留」有何根據，
這個說法是否有根據？新的考古發現解開了疑結。上海歷史博物館收集到一
件晚周時期的鼎，鼎銘文中有「史留受王令書」等語。唐蘭認爲：「史留」即
「史籀」，爲周宣王太史。〔註14〕李學勤也認爲「太史籀實有其人，上海博物
館所藏的一件鼎，銘文有『史留』，當即史籀」。〔註15〕

〔註12〕錢玄等注譯：《周禮》，嶽麓書社，2001 年 7 月第 1 版，第 238 頁。
〔註13〕（宋）歐陽修、宋祁：《新唐書‧宰相世系表》，中華書局，1975 年 2 月第 1
　　　　版，第 3155 頁。
〔註14〕劉啓益：《伯寬父盨銘與屬王在位年數》，載《文物》1979 年第 11 期。
〔註15〕李學勤：《東周與秦代文明》，上海人民出版社，2007 年 11 月第 1 版，第 281
　　　　頁。

二、命名

在考證《史籀篇》作者的同時，王國維也考證了它的命名方式。王國維認為：

> 《詩》、《書》及周秦諸子，大抵以首句二字名篇，此古代書名之通例，字書亦然。《蒼頡》篇首句雖不可考，然《流沙墜簡》卷二第十八簡上有漢人學書字，中有「蒼頡作」三字，疑是蒼頡篇首句中語，故學書者書之。其全句當云「蒼頡作書」，句法正仿「大史籀書」。《爰歷》、《博學》、《凡將》諸篇，當亦以首二字名篇，今《急就》篇尚存，可證也。〔註16〕

由《詩》《書》及周秦諸子、《蒼頡》《爰歷》《博學》《凡將》等以首句二字名篇，進而推出《史籀》亦是以首二句名篇，前後兩者是或然性因果關係，即由因到果所得出的結論，往往不止一種，這種因果關係不具備必然性，即由某種原因不能必然地推出某種特定的結果，而可能是另外一種結果。即由《詩》《書》及周秦諸子、《蒼頡》《爰歷》《博學》《凡將》等以首句二字名篇，不能必然地推出《史籀》亦是以首二句名篇。如果使用具有或然性的因果關係進行推論，而且只就某一種可能立論而不顧及其它可能，就很可能陷入虛假因果論的泥淖。表面看來，王國維的結論頗為可信，但其邏輯推理存在誤區，所以其結論也頗為可疑。當然，在沒有任何新的史料發現之前，王國維的結論也可備一說。

三、成書時代

從漢代至清代，學者對於《史籀篇》的成書時代並無異議。晚清以來，隨著新思潮的興起和出土文獻的大量發現，有的學者便提出新說，同時，也有學者仍堅持舊說，迄今沒有定論。

最早對《史籀篇》的成書時代提出質疑的是王國維。他在《〈史籀篇證〉序》中說：「《史篇》文字，就其見於許書者觀之，固有與殷周間古文同者，然其做法大抵左右均一，稍涉繁複。象形、象事之意少而規旋矩折之意多。推其體勢，實上承石鼓文，下啓秦刻石，與篆文極近。」又說，戰國時秦文字，如大良造鞅銅量、大良造鞅戟、新郪虎符、《詛楚文》等，多同篆文，認為：「篆文固多出於籀文，則李斯以前秦之文字，謂之用篆文可也，謂之用籀

〔註16〕同〔註4〕，第152～153頁。

文亦可也。則《史籀篇》文字、秦之文字，即周秦間西土之文字也。至許書
所出古文，即孔子壁中書，其體與籀文、篆文頗不相近，六國遺器亦然。壁
中古文者，周秦間東土之文字也。然則《史籀》一書，殆出宗周文勝之後。
春秋、戰國之間，秦人作之以教學童，而不行於東方諸國，故齊、魯間文字
作法體勢與之殊異。諸儒著書口說，亦未有及之者。惟秦人作字書，乃獨取
其文字，用其體例，是《史篇》獨行於秦之一證。若謂其字頗或同於殷周古
文，當為古書，則篆文之同於殷周古文者亦多矣。且秦處宗周故地，其文字
自當多仍周舊，未可因此遽定為宗周之書。」〔註17〕概言之，王國維認為，《史
籀篇》乃春秋戰國間秦人所作之書，籀文僅流行於秦地而不行於東方諸國。

　　唐蘭在《中國文字學》中說：「《古今人表》把史留放在春秋戰國之際，
正是《史籀篇》的準確時代，我疑心《藝文志》注裏面的周宣王應該是周元
王，元跟宣音近而誤，後來凡說宣王，都受這個誤字的影響，只改正這一個
字，那麼，史留就是史籀，一切問題都可迎刃而解了。」〔註18〕這個說法頗
為新穎，但「宣」乃「元」之誤，並無確證，只是猜測而已。同時，唐蘭還
指出：「我們雖看不見《史籀篇》，在《說文》裏還保存了幾百個字，是儘量
繁複的一種文字，和西周厲、宣期文字不一樣，可是和春秋時到戰國初期的
銅器文字卻很接近，秦公簋石鼓文也都是屬於這一系的。」〔註19〕

　　孫海波在《說文籀文古文考》中說：「余嘗考《漢書人表》有史留，其時代
當於六國之際，因疑《史籀》即史留所作，乃六國時人所纂之字書，後人因以
名其書，其文字乃糅雜商周六國諸體為之。」孫海波運用統計法，將《說文》
籀文之同於甲骨、金石、陶璽文字者，一一排比出來，結果在三十八個字中「合
於商周文者十之六，合於六國者十之四」，由此得出結論：「此可證明《史籀篇》
為六國文字興起以後之字書無疑。」〔註20〕但何以因「合於六國者十之四」便
可證《史籀篇》為六國文字興起以後之字書，並沒有具體說明。

　　潘玉坤在《〈史籀篇〉年代考》中，通過字形的考查，證明籀文與戰國文
字關係更密切，但修正了王國維之說，推測「《史籀篇》是由春秋戰國之際東
周王室的史官編成的。作為『欽定』貴族子弟教科書，它在一定程度上具有

〔註17〕同〔註4〕，第153～154頁。
〔註18〕唐蘭：《中國文字學》，上海古籍出版社，2005年4月第1版，第124頁。
〔註19〕同〔註18〕。
〔註20〕孫海波：《說文籀文古文考》，載《文哲月刊》1936～37，1（8），第58～78
　　　　頁。

規範當時文字的作用。」〔註 21〕鑒於籀文裏有一部分與秦文字相合，也有一部分與東土文字相合，而東周王室居於二者之間，作者提出《史籀篇》是東周王室史官編纂的字書，是一種調和的說法。

堅持傳統舊說的學者，如高亨在《史籀篇作者考》中認為，古人作書每提及作者官職姓名，班、許通儒，當不至於盲從臆測。主張史籀為周宣幽時人。他說：「蓋班許並以籀為周宣王太史，其人名、官名、時代，章明鑿確如此。班本良史，許亦通儒，必非盲從臆撰。竊疑其言即本於《史籀篇》也。古人作書，間或纂其名與其官於其書內，此種風尚，西周宣幽之世實嘗有之。……則籀作《史籀篇》，殆曾將其名與官纂入文內，如『寺人孟子，作為此詩』之例。故後人名其書曰『史籀篇』，班許因「曰『太史籀所作』也。」〔註22〕這種猜測雖無確證，但也指出王國維懷疑漢人誤解之說不可靠。《文字學形義概論》一書中，高亨又認為，《史籀篇》作者雖為西周太史，但書成不久西周即被滅，故地為秦國所有，因此籀文字體不行於西周，反行於春秋戰國之秦國。

潘重規認為，王國維的說法不能成立。「即姑如王氏之言，以『太史籀書』為《史籀篇》之首句，亦難斷指為漢人誤認作者之確證。蓋王氏所謂漢人，即校讎著錄之劉班諸氏，王氏謂《倉頡篇》首當為『倉頡作書』，而劉班諸氏既為誤認為倉頡所作，則亦不至誤認太史籀書為太史籀所作之書，更不致毫無根據，貿然指史籀為周宣王之太史。」又據《漢書・藝文志》體例，如不知作者名氏時代，當闕或出疑似之詞，不至於只憑首句便作孟浪之談。〔註23〕

裘錫圭在《文字學概要》中，認為王（國維）、唐（蘭）二家之說缺乏充足的根據。理由是：

> 籀文的字形並非全部具有繁複的特點。有些籀文比後來的小篆更為簡單。至於那些比較繁複的字，其構造往往跟商代和西周文字相合。籀文裏有些很像是在較晚的時候有意加繁的字，其實也有相當古老的淵源。有些籀文的字形在較早的古文字資料裏尚未發現。但是我們目前掌握的古文字資料很有限，不能因為在現有的較早資料裏看不到這些字，就斷定它們在當時還不存在。所以我們認為把

〔註21〕潘玉坤：《〈史籀篇〉年代考》，載《杭州師範學院學報》2002 年第 1 期，第 82〜85 頁。

〔註22〕高亨：《史籀篇作者考》，載《文哲月刊》1935〜36，1（4），第 87〜91 頁。

〔註23〕潘重規：《史籀篇非周宣王太史所作辯》，載潘重規：《中國文字學》，（臺灣）東大圖書公司，1997 年版，第 205〜231 頁。

籀文的時代推遲是缺乏充分根據的。與其相信近人史籀不是人名、史籀就是史留等揣測之說，還不如相信去古未遠的漢代人的舊說。《史籀篇》的字形在由西周到東漢的傳寫過程中，不可避免地會受到較晚的寫法的一些影響。《說文》所收的籀文的字形，在《說文》傳寫刊刻的過程裏也會產生一些訛誤。在春秋戰國時代各國文字裏，秦國文字對西周晚期文字所作的改革最小，這一點是古文字學者所公認的。秦國文字跟從西周晚期流傳下來的《史籀篇》相合之處比較多，本來是很自然的事。王國維因此認爲《史籀篇》是秦人所作字書，理由是不充足的。唐蘭在這一點上比王國維謹慎，他並沒有說籀文是秦國文字。春秋戰國時代秦以外國家的文字裏有些寫法較特殊的字形，跟籀文正好相合，這種現象也說明《史籀篇》不會是秦人所作的專用於秦地的字書。總之，我們認爲《史籀篇》應如漢人所說，是周宣王太史籀所作的一部字書，籀文就是周宣王時代的文字，只不過在後來的傳抄過程中已經產生了一些訛誤。〔註24〕

綜上所述，主張《史籀篇》的成書時代在戰國的學者，理由主要是一些籀文的形體與篆文及春秋戰國銅器文字相近，由此推斷《史籀篇》的作者就是戰國的史留。而主張遵從舊說的學者，如裘錫圭等人，認爲漢人去古未遠，比較可信；而且從籀文的形體上看與西周文字聯繫密切；出於審慎的態度，如無確鑿的證據，不要輕易推翻舊說。兩種主張分歧的根本點，是由於籀文本身的過渡性比較強，籀文一方面繼承了西周文字的特點，一方面又接近戰國文字和小篆。至於《史籀篇》的作者和體例等問題，都是在此基礎上的推測。僅僅根據《說文》所載的二百多個籀文，似乎還不能準確地推斷籀文的產生時間和《史籀篇》的成書年代。問題的解決，期待著考古資料的進一步發掘。

四、字數

關於《史籀篇》的字數，唐代張懷瓘在《書斷》中說：「以史官制之，用以教授，謂之史書，凡九千字。」〔註25〕後代學者，亦多用其說。丁福保在《說文解字詁林》中說：《史籀》十五篇，「凡九千字。秦焚書，惟《易》與《史篇》

〔註24〕 裘錫圭：《文字學概要》（修訂本），商務印書館，2013 年 7 月修訂版，第 54
～57 頁。
〔註25〕 （唐）張懷瓘：《書斷》，轉引自：（清）沈欽韓：《漢書藝文志疏證》，清華大
學出版社，2011 年 6 月第 1 版，第 65 頁。

得全。案許愼《說文》十五卷，九千餘字，適與此合，故先民以爲愼即取此而說其文義」。〔註26〕許愼取《史籀篇》而說其文義的說法，顯然不能成立。實際上，清代學者段玉裁已注意到其中的錯誤，他在《說文解字敍注》中說：「籀文字數不可知，尉律『諷籀書九千字，乃得爲史』。此『籀』字訓『讀書』，與宣王太史籀非可牽合。或因之謂籀文有九千字，誤矣。」〔註27〕王國維進一步指出：「此蓋誤讀《說文》敍也。《說文》敍引『漢尉律諷籀書九千字，『諷籀』即『諷讀』，《漢書・藝文志》所引無『籀』字可證。且《蒼頡》三篇僅三千五百字，加以揚雄《訓纂》，亦僅五千三百四十字，不應《史籀篇》反有九千字。」〔註28〕這一推論是有說服力的。

五、輯本

《史籀篇》的輯本有：清代馬國翰的《史籀篇》輯本 1 卷，從《說文解字》和《玉篇》中共輯得籀文 232 字，有出處，無解釋。此書收入《玉函山房輯佚書・小學類》。葉德輝的《說文籀文考證》，輯籀文 214 字，對每字略作解釋。王國維的《史籀篇疏證》，輯《說文解字》所引籀文 225 字。對字形的變化考證精詳，字形摹寫較準確。

第二節　《蒼頡篇》

《漢書・藝文志》著錄：「《蒼頡》一篇。」自注云：「上七章，秦丞相李斯作；《爰歷》六章，車府令趙高作；《博學》七章，太史令胡母敬作。」〔註29〕戰國時期，七國分立，文字異體。秦始皇帝嬴政滅六國，統一天下，採納李斯的建議，罷其不與秦文合者，實行「書同文」的政策。《倉頡篇》《爰歷篇》《博學篇》就是這一時期作爲全國統一的識字課本加以頒佈的。

一、成書年代

《漢書・藝文志》云：「《蒼頡》七章者，秦丞相李斯所作也；《爰歷》六

〔註26〕丁福保：《說文解字詁林》，中華書局，1988 年 4 月第 1 版，第 15328 頁。

〔註27〕（漢）許愼撰，（清）段玉裁注：《說文解字敍注》，中州古籍出版社，2006 年 10 月第 1 版，第 757 頁。

〔註28〕同〔註4〕，第 155 頁。

〔註29〕同〔註2〕，第 1719 頁。

章者，車府令趙高所作也；《博學》七章者，太史令胡母敬所作也：文字多取《史籀篇》，而篆體復頗異，所謂秦篆者也。……漢興，閭里書師合《蒼頡》、《爰歷》、《博學》三篇，斷六十字以爲一章，凡五十五章，並爲《蒼頡篇》。」顏師古注云：「並，合也，總合以爲《蒼頡篇》也。」〔註30〕《說文解字敘》也有類似的說法：「秦始皇帝初兼天下，丞相李斯乃奏同之，罷其不與秦文合者。斯作《倉頡篇》，中車府令趙高作《爰歷篇》，太史令胡母敬作《博學篇》，皆取史籀大篆，或頗省改，所謂小篆者也。」〔註31〕據《史記・秦始皇本紀》記載，「書同文字」在秦始皇二十六年。所謂「書同文字」，即統一文字。秦始皇採用李斯的建議，統一全國文字，以小篆爲正體，淘汰通行於其它地區的異體字。綜合上述記載，可以斷定，秦本《蒼頡篇》產生於秦朝初年，是秦國丞相李斯所作。由《蒼頡》《爰歷》《博學》三篇合併而成的《蒼頡篇》產生於西漢初年，是閭里書師所作。

二、篇名的由來

關於《蒼頡篇》的得名，孫星衍認爲：「名之《倉頡》者，亦如《急就》以首句題篇。」王國維也持此種觀點：「《詩》、《書》及周秦諸子，大抵以首句二字名篇，此古代書名之通例，字書亦然。《蒼頡篇》首句雖不可考，然《流沙墜簡》卷二第十八簡上有漢人學書字，中有『蒼頡作』三字，疑是《蒼頡篇》首句中語，故學書者書之，其全句當云『蒼頡作書』，句法正仿『大史籀書』。《爰歷》、《博學》、《凡將》諸篇，當亦以首二字名篇，今《急就篇》尚存，可證也。」〔註32〕從居延、敦煌出土的殘簡綴合的情況來看，其首章前幾句是「蒼頡作書，以教後嗣。幼子承詔，謹愼敬戒。勉力諷誦，晝夜勿置。敬務成史，計會辯治。超等軼群，出尤別異。初雖勞苦，卒必有意。」這也證實了王國維的推斷。

「蒼頡」又作「倉頡」。《說文解字》云：「黃帝之史倉頡」。段玉裁注曰：「『倉』或作『蒼』。按《廣韻》云：『倉，姓，倉頡之後。』則作『蒼』非也。」〔註33〕這一判斷未免武斷。《漢書》中就有「蒼頡」「倉頡」兩種寫法並存的情況，《漢書・藝文志》作「蒼頡」，其它也有作「倉頡」的，如《漢書・武

〔註30〕同〔註2〕，第1721頁，第1722頁。

〔註31〕同〔註3〕，第315頁。

〔註32〕同〔註4〕，第153頁。

〔註33〕同〔註27〕，第753頁。

五子傳》載：「是以倉頡作書，『止』『戈』爲『武』。」〔註 34〕《漢書・揚雄傳》載：「史篇莫善於《倉頡》，作《訓纂》。」〔註 35〕《呂氏春秋・君守》中也有「蒼頡作書，后稷作稼」的寫法。

三、作者

《漢書・藝文志》載：「《蒼頡》七章者，秦丞相李斯所作也；《爰歷》六章者，車府令趙高所作也；《博學》七章者，太史令胡毋敬所作也：文字多取《史籀篇》，而篆體復頗異，所謂秦篆者也。……漢興，閭里書師合《蒼頡》、《爰歷》、《博學》三篇，斷六十字以爲一章，凡五十五章，並爲《蒼頡篇》。」〔註 36〕《說文解字敘》說：「秦始皇帝初兼天下，丞相李斯乃奏同之，罷其不與秦文合者。斯作《倉頡篇》，中車府令趙高作《爰歷篇》，太史令胡毋敬作《博學篇》，皆取史籀大篆，或頗省改，所謂小篆者也。」〔註 37〕《顏氏家訓・書證》說：「《蒼頡篇》李斯所造」。〔註 38〕姚振宗《隋書經籍志考證》云：「梁庾元威《論書》曰：『李斯破大篆爲小篆，造《倉頡》七章，趙高造《爰歷》六章，胡毋敬造《博學》七章。』」〔註 39〕清孫星衍《倉頡篇輯本》序言：「《倉頡》七章者，秦李斯所作」。

從文獻記載看，秦本的《蒼頡篇》是秦國丞相李斯所作，後來的《蒼頡篇》是漢初「閭里書師」合併《蒼頡》、《爰歷》、《博學》諸篇而成。這樣，《蒼頡篇》的作者就有李斯、趙高、胡毋敬，還有漢代無名氏的「閭里書師」。因爲「閭里書師」不是將《蒼頡》、《爰歷》、《博學》三書簡單合併，而是有他們大量的加工和再創造。漢代的《蒼頡篇》，已由原來的《蒼頡》七章、《爰歷》六章、《博學》七章的總共二十章，擴充爲五十五章，六十字爲一章，每章十五句，每句四字，總共收錄三千三百字，其規模較秦代的《蒼頡篇》已

〔註 34〕（漢）班固撰，（唐）顏師古注：《漢書・武五子傳》，中華書局，1962 年 6 月第 1 版，第 2771 頁。

〔註 35〕（漢）班固撰，（唐）顏師古注：《漢書・揚雄傳》，中華書局，1962 年 6 月第 1 版，第 3583 頁。

〔註 36〕同〔註 2〕，第 1721 頁。

〔註 37〕同〔註 3〕，第 315 頁。

〔註 38〕（北齊）顏之推著，程小銘譯注：《顏氏家訓全譯》，貴州人民出版社，1993 年 5 月第 1 版，第 296 頁。

〔註 39〕（清）姚振宗：《隋書經籍志考證》，清華大學出版社，2014 年 4 月第 1 版，第 422 頁。

擴大了將近二倍。

四、行文方式

《蒼頡篇》是以四字一句寫成的，現存的零篇斷簡就說明了這一點。《說文‧敘》引《蒼頡篇》「幼子承詔」，《爾雅‧釋親》郭璞注引其「考妣延年」。《顏氏家訓‧書證》中說：「《蒼頡篇》李斯所造，而云『漢兼天下，海內並廁，豨黥韓覆，叛討殘滅；……皆由後人所孱，非本文也。」〔註40〕這幾句雖是後人所撰，但也沒有違背四字一句的原則。居延漢簡和阜陽漢簡《蒼頡篇》均以四字為句，居延漢簡還將其分章書寫，結構更加工整。目前，出土材料相對較為完整的是《蒼頡篇》第一章和第五章，從中大體可以總結出它的兩種行文方式：陳述式和羅列式。

第一種是陳式式。例如，第一章：「蒼頡作書，以教後嗣。幼子承詔，謹慎敬戒。勉力諷誦，晝夜勿置。敬務成史，計會辯治。超等軼群，出尤別異。初雖勞苦，卒必有意。慤願忠信，微密佼言。」這一章是典型的陳述式，全章中心是「勸學」，告誡學童，只要持之以恒，不怕勞苦，就能有所收穫。又如第五章：「箋表書插，顛願重該。已起臣僕，發傳約載。趣遽觀望，行步駕服。逋逃隱匿，往來□□。漢兼天下，海內並廁。□□□類，菹醢離異。戎翟給賓，但致貢諾。」其中「漢兼天下」幾句也是陳述式，內容是歌功頌德。但是，總的說來，陳述式的章節和句式似乎不是很多，只是在眾多羅列的基礎上，作為過渡的句子使用。

第二種是羅列式。羅列式的句式和章節在《蒼頡篇》裏占多數。常常是將近義詞、反義詞、形體相近的詞、連綿詞組織在一起，以便對詞形、詞義進行對比、辨析，但意義上往往沒有邏輯聯繫，只是用詞形、詞義類聚的方式湊足四個字，求得一韻而已。如「箋表書插，顛願重該」「而乃之於，縱捨搗挈」等，都是毫不相干的內容，反映了早期字書的原始狀態。

五、字數與字體

秦代李斯《蒼頡篇》的字數，包括趙高《爰歷篇》、胡母敬《博學篇》的字數，均已無從知曉。漢代初年閭里書師合併《蒼頡篇》《爰歷篇》《博學篇》三部書為《蒼頡篇》，斷六十字以為一章，凡五十五章。漢初的《蒼頡篇》有

〔註40〕同〔註38〕。

三千三百字。

　　關於李斯《蒼頡篇》的字體，文字學家許慎在《說文解字敍》中說：「秦始皇帝初兼天下，丞相李斯乃奏同之，罷其不與秦文合者。斯作《倉頡篇》，中車府令趙高作《爰歷篇》，太史令胡母敬作《博學篇》，皆取史籀大篆，或頗省改，所謂小篆者也。」〔註41〕班固《漢書・藝文志》云：「《蒼頡》七章者，秦丞相李斯所作也；《爰歷》六章者，車府令趙高所作也；《博學》七章者，太史令胡母敬所作也：文字多取《史籀篇》，而篆體復頗異，所謂秦篆者也。」〔註42〕許慎和班固說法其實相同。

　　《說文解字敍》與《漢書・藝文志》是傳世文獻對《蒼頡篇》字體的記載。在出土的《蒼頡篇》殘簡中，所用字體的情況則略微複雜。居延漢簡《蒼頡篇》第五章是用成熟的漢隸書寫，玉門花海《蒼頡篇》殘簡，書體則是古隸。林素清的《倉頡篇研究》認為阜陽漢簡倉頡篇是介於篆、隸之間的字體。〔註43〕張存良認為：水泉子漢簡《倉頡篇》「文字時或古體，書寫頗多訛俗。」〔註44〕北大漢簡各篇竹書文字的書體特徵不盡相同，但大體說來是近於成熟的漢隸。《蒼頡篇》原本已經亡佚，但從秦國通行篆、隸兩種文字，以及西漢仍以《蒼頡篇》為識字教材來看，《蒼頡篇》至少當有篆、隸兩種不同字體的抄本。

六、版本、流傳與輯佚

　　《漢書・藝文志》云：「《蒼頡》七章者，秦丞相李斯所作也；《爰歷》六章者，車府令趙高所作也；《博學》七章者，太史令胡母敬所作也：文字多取《史籀篇》，而篆體復頗異，所謂秦篆者也。……漢興，閭里書師合《蒼頡》、《爰歷》、《博學》三篇，斷六十字以為一章，凡五十五章，並為《蒼頡篇》。」顏師古注云：「並，合也，總合以為《蒼頡篇》也。」〔註45〕姚振宗《隋書經籍志考證》云：「梁庾元威《論書》曰：『李斯破大篆為小篆，造《倉頡》七章，趙高造《爰歷》六章，胡母敬造《博學》七章，後人分五十五章，為《三

〔註41〕同〔註3〕，第315頁。

〔註42〕同〔註2〕，第1721頁。

〔註43〕林素清：《倉頡篇研究》，載《漢學研究》1987年第5期，第53～72頁。

〔註44〕張存良：《水泉子漢簡七言本〈倉頡篇〉蠡測》，載《出土文獻研究》2010年第9期，第60～75頁。

〔註45〕同〔註2〕，第1721頁。

倉》上卷。」〔註46〕在漢代初年，鄉間書師爲了有利於教習兒童識字，將秦代的《蒼頡》《爰歷》《博學》，由原來的三本書合併爲一本書，名字仍與李斯的書名相同，叫《蒼頡篇》。由《蒼頡》《爰歷》《博學》合併而成的《蒼頡篇》，被稱爲「秦三蒼」。現在對《蒼頡》《爰歷》《博學》的基本情況已知之甚少，而三書經過整理後，可知共有五十五章，每章六十字，總計三千三百字。這是對秦代識字課本的全面整理，目的就是爲了適應當時的教學。這次整理，並不是簡單的合併，而是在整理過程中有許多加工，整體水平提高了，它四字爲句，和諧押韻，更便於蒙童誦讀，因此在相當長的一個時間內，被學習者奉爲依據。

這是漢朝初年的情況，一百多年後，到了漢宣帝時，因爲《蒼頡篇》多用古字，當時的人一般都不認識，不明白其含義了，於是，漢宣帝便召集有關專家學者來朝廷教讀《蒼頡篇》。據《漢書·藝文志》記載：「《蒼頡》多古字，俗師失其讀。宣帝時徵齊人能正讀者，張敞從受之，傳至外孫之子杜林，爲作訓故，並列焉。」〔註47〕許愼《說文解字敘》對這次學術活動也有記載：「孝宣時，召通《倉頡》讀者，張敞從受之，涼州刺史杜業、沛人爰禮、講學大夫秦近亦能言之。」〔註48〕正讀，即正音釋義。一部識字課本，需要皇帝下令徵召人才來釋讀，可見其文字已經古奧。據《漢書·杜業傳》記載，杜林正字過於其父，故世言小學者皆由杜公。由這樣的專家來給《蒼頡篇》作注解，說明朝廷對此書的重視，同時也可見此書在使用過程中也出現了一些問題，比如文字古奧，已經脫離了漢朝當時的語言環境等。據《漢書·藝文志》，揚雄和杜林都有《蒼頡訓纂》，杜林另有《蒼頡故》。姚振宗云：「訓纂者，似取《倉頡》之字，別爲纂次成文而附以舊時之訓，文字同而章句不同」。「杜氏既爲《訓纂》，又別爲解，故《漢志》分別著錄，《七錄》合之，通謂之注。《唐志》亦合而爲一，曰《訓詁》。」〔註49〕著名學者爲《蒼頡篇》作注解，有利於它的使用與傳播。

漢和帝時，郎中賈魴作《滂熹篇》。用《訓纂篇》最後二字以爲篇目，故曰《滂熹篇》，言滂沱大盛，凡百二十三章。以《蒼頡篇》爲上篇，《訓纂篇》

〔註46〕同〔註39〕。

〔註47〕同〔註2〕，第1721頁。

〔註48〕同〔註3〕，第315頁。

〔註49〕同〔註39〕，第424頁。

爲中篇，《滂熹篇》爲下篇，也稱「三倉」。這就是所謂「漢三倉」。孫星衍《倉頡篇輯本序》謂「三倉」爲晉代張軌所合。姚振宗考證說：「《晉書·（張）軌傳》無其事，未詳所據。考陸機《詩疏》數引《三倉》說，遠在張軌之前。以是知《三倉》實始於賈魴。」〔註50〕姚振宗此說，實源於唐代的張懷瓘。姚振宗引張說云：「唐張懷瓘《書斷》曰：……和帝時，賈魴撰《滂熹篇》，以《倉頡》爲上篇，《訓纂》爲中篇，《滂熹》爲下篇，所爲《三倉》也。皆用隸字寫之，隸法由茲而廣。」〔註51〕

　　在流傳過程中，《蒼頡篇》並其注皆亡佚。關於其亡佚時間，王國維認爲在隋唐時期：「《訓纂》先亡，在隋而《蒼頡故》亦亡，張、郭之書至唐末而亦亡。」〔註52〕清孫星衍認爲《蒼頡篇》在宋代亡佚：「杜林故亡於隋，《倉頡》《三倉》及故亡於宋。」《隋書·經籍志》載：「《三蒼》三卷，郭璞注。秦相李斯作《蒼頡篇》，漢揚雄作《訓纂篇》，後漢郎中賈魴作《滂喜篇》，故曰《三蒼》。梁有《蒼頡》二卷，後漢司空杜林注，亡。《埤蒼》三卷，張揖撰。梁有《廣蒼》一卷，樊恭撰，亡。」〔註53〕《舊唐書·經籍志》載：「《三蒼》三卷，李斯等撰，郭璞解。《蒼頡訓詁》二卷，杜林撰。《三蒼訓詁》二卷，張揖撰。《埤蒼》三卷，張揖撰。《廣蒼》一卷，樊恭撰。」〔註54〕《新唐書·藝文志》載：「李斯等《三蒼》三卷，郭璞解。杜林《蒼頡訓詁》，二卷。張揖《廣雅》四卷。又《埤蒼》三卷。《三蒼訓詁》三卷。《雜字》一卷。《古文字訓》二卷。樊恭《廣蒼》一卷。」〔註55〕《蒼頡篇》一系的字書，直到《宋史·藝文志》才不見記載，推想《蒼頡篇》應在唐末宋初已經亡佚了。

　　《蒼頡篇》的輯佚著作有：孫星衍輯《蒼頡篇》三卷，梁章鉅撰《蒼頡篇校正》三卷、《蒼頡篇補遺》一卷，任大椿輯《蒼頡篇》二卷、《三蒼》二

〔註50〕同〔註39〕，第 423 頁。

〔註51〕同〔註39〕，第 421～422 頁。

〔註52〕（清）王國維：《重輯蒼頡篇》，載（清）王國維：《王國維遺書》（七），上海古籍書店，1983 年 9 月第 1 版。

〔註53〕（唐）魏徵、令狐德棻：《隋書·經籍志》，中華書局，1973 年 8 月第 1 版，第 942 頁。

〔註54〕（後晉）劉昫等：《舊唐書·經籍志》，中華書局，1975 年 5 月第 1 版，第 1984 頁。

〔註55〕（宋）歐陽修、宋祁：《新唐書·藝文志》，中華書局，1975 年 2 月第 1 版，第 1447 頁。

卷，馬國翰輯《蒼頡篇》一卷、《三蒼》一卷、《訓纂篇》一卷、《蒼頡訓詁》
一卷，王國維輯《重輯蒼頡篇》二卷。另外，還有敦煌漢簡、居延漢簡、阜
陽漢簡、玉門花海漢簡、尼雅漢文木簡、水泉子漢簡、北大漢簡等出土文獻
中的《蒼頡篇》殘卷。

第三節　《八體六技》

此書在《漢書‧藝文志》中只著錄「《八體六技》」四字，未及撰人和時代，
顯得較爲特別。關於「八體」，顏師古注曰：「韋昭曰：『八體，一曰大篆，二曰
小篆，三曰刻符，四曰蟲書，五曰摹印，六曰署書，七曰殳書，八曰隸書。』」
〔註56〕顏師古未注「六技」，說明他對此也不甚了了，留下研究的空白。

一、何謂「八體」

在出土文獻和傳世文獻中，均能看到關於「八體」記載。

《張家山漢墓竹簡‧二年律令‧史律》：「〔試〕史學童以十五篇，能風（諷）
書五千字者，乃得爲史。有（又）以八體試之，郡移其八體課大史，大史誦
課，取最一人以爲其縣令史……」雖然沒有交代八體的具體名稱和產生年代，
但是，從這個記載中可知「八體」在呂后二年（公元前 186 年）的使用情況
和它在學童考覈中的作用。

《漢書‧藝文志》除了著錄《八體六技》的書名外，不見和「八體」有關
的字眼。不過，《漢書‧藝文志》「六藝略」「小學」類小序裏提到「六體」，有
關文字也與上引《張家山漢墓竹簡‧二年律令‧史律》極爲相似：「漢興……
太史試學童，能諷書九千字以上，乃得爲史。又以六體試之，課最者以爲尙書
御史史書令史。」〔註57〕在這裏，「八」作「六」。「八」與「六」孰是孰非？
王先謙《漢書補注》指出：「此『六』乃『八』之誤。」此乃沿襲李賡芸之說。
李賡芸認爲：《漢書‧藝文志》所言「又以六體試之」的「六」字，乃是「八」
字之誤。他說：「《說文敘》云：『學童十七以上，始試諷《籀書》九千字，乃
得爲史；又以八體試之。』此『六』乃『八』之誤。據《說文敘》言王莽、甄
豐改定古文有六體，蕭何時止有八體，無六體也。」〔註58〕王先謙云：「『六』

〔註56〕同〔註2〕，第 1720 頁。
〔註57〕同〔註2〕，第 1720～1721 頁。
〔註58〕（清）王先謙：《漢書補注》，中華書局，1983 年 9 月第 1 版，第 876 頁。

當爲『八』，李說是也。上文明言八體，是班氏非不知有八體者。且此數語與《說文序》吻合，不應事實歧異。淺人見下六體字而妄改耳。」〔註59〕王先謙所謂「上文明言八體」，即指《漢書・藝文志》著錄的《八體六技》。李學勤也對此作了考證，也認爲「六」乃「八」之誤，並點明誤的緣由是下文緊接著有「六體」字樣以致出現筆誤。〔註60〕李賡芸、王先謙、李學勤等的觀點有一定道理，但缺乏版本依據，所以還是應當謹慎採用。若依這種看法，《漢書・藝文志》在此處的敘述出現了紕漏，或是作者班固的疏忽，或是《漢書》在流傳過程中傳抄、刻印時出現的訛誤。

還是許慎《說文解字敘》對「八體」的解說較爲全面：「秦始皇帝初兼天下，丞相李斯乃奏同之。罷其不與秦文合者。斯作《倉頡篇》，中車府令趙高作《爰歷篇》、太史令胡母敬作《博學篇》。皆取史籀大篆，或頗省改，所謂小篆者也。……自爾秦書有八體，一曰大篆，二曰小篆，三曰刻符，四曰蟲書，五曰摹印，六曰署書，七曰殳書，八曰隸書。漢興有草書。尉律，學僮十七以上，始試。諷籀書九千字，乃得爲史。又以八體試之，郡移大史並課。最者以爲尚書史。書或不正，輒舉劾之。今雖有尉律不課。」〔註61〕許慎總結的八體的具體名稱，指出了其產生的年代以及它的應用。

可能是成書時間相去不遠的緣故，《漢書・藝文志》和《說文解字敘》對王莽時的「六體（六書）」的記述幾乎完全一致。《漢書・藝文志》「六體」爲：「古文、奇字、篆書、隸書、繆篆、蟲書。」《說文解字敘》所言「六書」爲：「古文、奇字、篆書、左書、繆篆、鳥蟲書。」兩者的記載，次序相同，名稱也大同小異，只是一稱「六體」，一稱「六書」；一稱隸書，一稱左書；一稱蟲書，一稱鳥蟲書。可見，班固的「六體」與許慎的「六書」並無實質上的差別，且六體與八體之間必然存在某種聯繫。

二、關於「六技」的質疑

關於「八體」的記述較爲一致，就是指秦朝使用的各種字體，而對於「六技」的看法則分歧較大。

宋代王應麟認爲：「所謂『六技』者，疑即亡新六書。」〔註62〕許慎《說

〔註59〕同〔註58〕。

〔註60〕李學勤：《試說張家山漢簡〈史律〉》，載《文物》2002年第4期。

〔註61〕同〔註3〕，第315頁。

〔註62〕（宋）王應麟：《漢藝文志考證》，清華大學出版社，2014年3月第1版，第

文解字敘》曰：「及亡新居攝，使大司空甄空等，校文書之部，頗改定古文。時有六書：古文、奇字、篆書、左書、繆書、鳥蟲書。」〔註63〕

　　清代謝啓昆《小學考》云：「八體六技當是漢興所試之八體，合以亡新改定之六書。『技』字似誤，蓋以古文、奇字易大篆、刻符、署書、殳書。其篆書即小篆，左書即隸書，繆篆即摹印，鳥蟲書即蟲書。漢興，所試用秦八體，不止六體，許氏《說文‧敘》甚明，故江式《論書表》、孔穎達《書正義》俱從之。班氏《藝文志》既用《七略》載八體六技之目，而敘論以八體爲六體，深所未論，《隋志》亦沿其失。」〔註64〕

　　清代錢大昕《三史拾遺》曰：「李賡芸云：『六技當是八篇之訛。小學四十五篇，並此八篇正合四十五篇之數。』又曰：『六體亦八體之誤。據《說文‧敘》言王莽時甄豐改定古文時有六體，蕭何時止有八體，無六體。』」〔註65〕

　　清代姚振宗不同意上述王應麟、謝啓昆、李賡芸的觀點。他認爲：「許氏稱六書者，蓋偶然異文，未可偏執以證班書。此六技爲六書之說不足據。《漢志》每類所條篇卷總數，自唐以來舛訛不一。且書籍相傳亦有無卷數者，安見八體之書必有篇數乎？此六技爲八篇之說亦不足據。班氏敘此一節，大抵皆據《別錄》、《七略》，先言六體課試，次言六體篇目，文相承接，一氣貫注，斷不致誤。此六體爲八體之說更不足據。」姚振宗還認爲，「六技」在劉歆《七略》中已有，非王莽時才出現：「諸家以《說文‧敘》謂新莽時始有六體。竊謂莽之前已有六體，故劉光祿父子得以著於《錄》、《略》，若在新莽之時，則《錄》、《略》不及著錄，是尤顯而易見者。」〔註66〕在《漢書藝文志拾補》中，姚振宗又將這一觀點加以發揮：「《漢志》有八體六技，不著撰人篇數，或以爲《六技》即亡新所定六體書。今考本志注云：『入楊雄、杜林二家三篇』，則《七略》之外班氏所新入者，唯此二家，《六技》爲《七略》中所有，可知非亡新居攝時所定。」又說：「《藝文志》曰：『漢興蕭何草律，亦著其法曰：『太史試學童，又以六體試之。』許氏《說文》序云：『以八體試之』，當是

　　　　110頁。
〔註63〕　同〔註3〕，第315頁。
〔註64〕　（清）謝啓昆：《小學考》，轉引自：（清）姚振宗：《漢書藝文志條理》，清華大學出版社，2012年4月第1版，第136～137頁。
〔註65〕　（清）錢大昕：《三史拾遺》，轉引自：（清）姚振宗：《漢書藝文志條理》，清華大學出版社，2012年4月第1版，第137頁。
〔註66〕　（清）姚振宗：《漢書藝文志條理》，清華大學出版社，2012年4月第1版，第137頁。

漢初試以八體。其後重定尉律，乃以六體。許言其始，班要其終，各存其是，不必牽合。或謂六體書亡新時所立，竊謂莽之前已有六體書，故《七略》有《六技》之目，班氏有『六體試之』之言。甄豐等所校定者，特因六體中舊文而有所改易耳。許氏言時有六書者，不必定在居攝之時也。」〔註67〕

　　李賡芸的說法比較接近實際，只是「體」當爲「篇」之訛，即「六體」當作「六篇」。理由如下：

　　首先，從篇數上看，《漢書‧藝文志》「六藝略」「小學」類著錄四十五篇，即《史籀》十五篇、《蒼頡》一篇、《凡將》一篇、《急就》一篇、《元尙》一篇、《訓纂》一篇、《別字》十三篇、《蒼頡傳》一篇、揚雄《蒼頡訓纂》一篇、杜林《蒼頡訓纂》一篇、杜林《蒼頡故》一篇。這十一部著作加起來一共三十七篇，只有認爲「技」是「篇」之訛，即《六體八技》爲《六體》八篇，才能合成四十五篇之數，這樣也就解決了篇數不合的問題。

　　其次，從體例上看，《漢書‧藝文志》「六藝略」「小學」類著錄的十二部著作，均是先注出書名，再注明篇數，只有《八體六技》例外，這是難以解釋得通的。只有認爲《八體六技》爲《八體》六篇，才符合全書的通例。

　　再次，從次序上看，先是周宣王時的《史籀》，繼之秦之《八體》，然後是秦朝《蒼頡》，漢代的《凡將》、《急就》、《元尙》、《訓纂》、《別字》、《蒼頡傳》、《蒼頡訓纂》、《蒼頡故》之屬，先後次序才不錯亂。若是將《八體六技》看成是王莽時的六書，則時間序列就錯亂了。

三、關於《八體六技》名稱的初步看法

　　根據以上分析，《八體六技》的名稱，應作「《八體》六篇」。此說雖然沒有版本依據，但於情理比較吻合，姑且採用這樣的觀點。

四、成書年代與亡佚時間

　　《漢書‧藝文志》在體例上有一個十分明顯的特點，就是同種的書，以類相從，每種之中，又分子目，各依時代先後爲次，即以成書先後排序。例如「小學」類中，首列周宣王時的《史籀》，第三是秦朝李斯的《蒼頡》，之後是司馬相如（約公元前179年～前118年）的《凡將》、漢元帝（公元前48

〔註67〕　（清）姚振宗：《漢書藝文志拾補》，清華大學出版社，2012年4月第1版，第253頁。

年～前 33 年）時的《急就》、漢成帝（公元前 32 年～前 7 年）時的《元尙》、揚雄（公元前 53 年～18 年）的《訓纂》《別字》《蒼頡傳》《蒼頡訓纂》、杜林（？～47 年）的《蒼頡訓纂》《蒼頡故》。《八體六技》（應作「《八體》六篇」）介於《史籀》與《蒼頡》之間，位居第二，說明《八體》六篇的成書時間在《史籀》之後《蒼頡》之前。

《史籀》是我國現存最早的字書，它的成書時間，學術界有不同的看法。但在沒有有力的證據的前提下，一般還是遵從班固和許愼的意見，認爲《史籀》成書於周宣王時期。《倉頡》的成書情況較爲明朗，即《蒼頡》最早成書於秦朝初年，「閭里書師」合編本出現在西漢初年。詳見本章「第二節《蒼頡篇》」。

顯然，《八體六技》（應作「《八體》六篇」）成書應在西周晚期到秦朝之前這個時間段內

《八體六技》（應作「《八體》六篇」）在《漢書》以後未見著錄，說明它亡佚較早；班固對它的作者與時代沒有做出說明，估計班固可能只是沿襲劉向父子的說法，而他自己根本沒有見過這本書。所以，再進一步推斷，此書在班固編撰《漢書》的東漢時已經亡佚。

第四節 《凡將篇》

據《漢書・藝文志》載：「《凡將》一篇。司馬相如作。」其小序云：「武帝時司馬相如作《凡將篇》，無復字。元帝時黃門令史游作《急就篇》，成帝時將作大將李長作《元尙篇》，皆《蒼頡》中正字也。《凡將》則頗有出矣。」〔註68〕「《凡將》則頗有出矣」，是說《凡將篇》中的字有出於五十五章三千三百字之外者。《隋書・經籍志》載：「（梁）有司馬相如《凡將篇》。」〔註69〕《舊唐書・經籍志》載：「《凡將篇》一卷，司馬相如撰。」〔註70〕《新唐書・藝文志》：「司馬相如《凡將篇》一卷。」〔註71〕宋程大昌《演繁露》云：「漢小學家司馬相如作《凡將篇》，其後史游又作《急就篇》，《凡將》今不可見。」

〔註68〕同〔註2〕。
〔註69〕同〔註53〕。
〔註70〕同〔註54〕，第 1985 頁。
〔註71〕同〔註55〕，第 1447 頁。

〔註 72〕此書至宋大抵已亡佚。

一、命名與性質

與其它的識字課本類似，《凡將篇》的得名，可能也是因爲首句有「凡將」二字，所以名曰《凡將篇》，如同《急就篇》以首句「急就奇觚與眾異」前二字「急就」爲書名一樣。「凡將」的意思，可以釋爲「常用」。

關於此書的性質，宋代程大昌《演繁露》云：「《藝文類聚》載《凡將》一語曰『鍾磬竽笙築坎侯』，與《急就》記樂之言，所謂『竽瑟箜篌琴築箏』者，其語度、規制全同，率皆立語總事，以便小學。」〔註 73〕

二、編寫形式

從《說文解字・口部》所引「淮南宋蔡舞嗙喻」，《文選・蜀都賦》注所引「黃潤纖美宜製禪」，《藝文類聚・樂部》所引「鍾磬竽笙築坎侯」來看，全書有七言的句子，但不是通篇爲七言。陸羽《茶經》所引的《凡將篇》就與上兩例不同：「烏啄桔梗芫華款多貝母木蘗蔞芩草芍藥桂漏蘆蜚廉雚菌荈詫白斂白芷菖蒲芒硝莞椒茱萸。」〔註 74〕此段文字均爲藥名，說明物類相近者，多聯屬成文。從此段文字多爲雙音詞考察，個別單音詞可能存在缺字，行文之間還恐有缺文。試將這段文字做這樣的標點（缺字用「○」代替）：「烏啄桔梗芫華，○○款多貝母，木蘗蔞芩○草，芍藥○桂漏蘆，蜚廉雚菌荈詫，白斂白芷菖蒲，芒硝莞椒茱萸。」我們之所以將這段文字，點斷爲六子句，是因爲除了第三句以外，其它六句的結尾都是韻腳，押的是上古的魚韻：華（fu）、母（mu）、蘆（lu）、詫（du）、蒲（pu）、萸（yu）。這些字，在今天只是部分同韻，但在古音中完全是同韻的。這說明，《凡將篇》也和其它識字課本一樣，都是用韻語寫成的；而且還可以看出，《凡將篇》中有一些句子是六言的。

三、輯本

《凡將篇》亡佚已久，清代任大椿的《小學鈎沉》、馬國翰的《玉函山房輯佚書》、黃奭的《黃氏逸書考》、顧震福的《小學鈎沉續編》、龍璋的《小學

〔註 72〕（宋）程大昌：《演繁露》，轉引自：（清）姚振宗：《隋書經籍志考證》，清華大學出版社，2014 年 4 月第 1 版，第 433 頁。

〔註 73〕同〔註 72〕。

〔註 74〕（唐）陸羽：《茶經》，華夏出版社，2006 年 6 月第 1 版，第 40 頁。

搜佚》，均有輯錄。馬國翰輯本序曰：「《凡將篇》,《文選注》、《藝文類聚》、陸羽《茶經》、段公路《北戶錄》皆引之，許氏《說文》亦引其說，並據輯錄。」〔註75〕

第五節 《訓纂篇》

《漢書・藝文志》著錄：「《訓纂》一篇。揚雄作。」〔註76〕書名、作者及成書的大致年代交代清楚。《漢書・揚雄傳》稱：「（揚雄）以爲經莫大於《易》，故作《太玄》；傳莫大於《論語》，作《法言》；史篇莫善於《倉頡》，作《訓纂》。」〔註77〕揚雄喜好模仿，於此可見一斑。《太玄》的體裁與《易經》相同，《法言》的體裁與《論語》相同，則《訓纂》的體裁與《急就篇》亦相同。姚振宗《漢書藝文志條理》云：「《訓纂》成於元始、居攝之間，爲《七略》所不及載。此條蓋班氏所入，而必列之於此，不與後三條《倉頡訓纂》相類從者，則以其前《凡將》、《急就》、《元尚》三篇皆取於《倉頡》篇中之字，而此則順續《倉頡》，故連綴與後，明一類之學，猶禮家入《軍禮司馬法》於《周官經》、《傳》之後也。」〔註78〕

一、編纂經過

《漢書・藝文志》載：「元始中，徵天下通小學者以百數，各令記字於庭中。揚雄取其有用者以作《訓纂篇》，順續《蒼頡》，又易《蒼頡》中重復之字，凡八十九章。」〔註79〕記載了《訓纂篇》的編纂經過以及與《倉頡篇》的關係。據《漢書・平帝紀》，此事在元始五年：「徵天下通知逸經、古記、天文、曆算、鍾律、小學、《史篇》、方術、《本草》及以《五經》、《論語》、《孝經》、《爾雅》教授者，在所爲駕一封軺傳，遣詣京師。至者數千人。」〔註80〕可見，這是一次由朝廷組織的大型學術活動。《說文解字敍》的記載與《漢書・藝文志》有所不同：「孝宣時，召通《倉頡》讀者，張敞從受之，涼州刺史杜

〔註75〕 同〔註39〕，第434頁。
〔註76〕 同〔註2〕，第1720頁。
〔註77〕 同〔註35〕。
〔註78〕 同〔註66〕，第143～144頁。
〔註79〕 同〔註2〕，第1721頁。
〔註80〕 （漢）班固撰，（唐）顏師古注：《漢書・平帝紀》，中華書局，1962年6月第1版。第359頁。

業、沛人爰禮、講學大夫秦近亦能言之。孝平時，徵（爰）禮等百餘人，令說文字未央廷中，以（爰）禮爲小學元士。黃門侍郎揚雄採以作《訓纂篇》，凡《倉頡》已下十四篇，凡五千三百四十字，群書所載，略存之矣。」〔註81〕

段玉裁綜合《漢書·藝文志》和《說文解字敘》，認爲：「此謂雄所作《訓纂》，凡三十四章，二千四十字，合五十五章，三千三百字，凡八十九章，五千三百四十字也。班但言章數，許但言字數，而數適相合。不數《急就》《元尚》者，皆《倉頡》中字，既取《倉頡》，可不之數也。不數《凡將》者，《凡將》字雖或出《倉頡》外，而必賅於《訓纂》中，故亦不之數也。《訓纂》續《倉頡》，而無複《倉頡》之字，且易《倉頡》中自複者，故五千三百四十字一無重複也。」〔註82〕可見，《訓纂篇》的成書有一個匯總、整理、編輯的過程，它是揚雄從當時一百餘位文字學家記錄的文字中挑選出有用的字，並將其編纂成書的。

二、結構與體例

從以上諸家的記載與解說中，可以大致窺知《訓纂篇》的結構與體例。第一，《訓纂篇》每章六十字，共有三十四章，總計二千零四十字。第二，既然是《蒼頡篇》的續作，其押韻方式也應與之相同，即四字一句，兩句一韻。第三，《訓纂篇》中的字與《蒼頡篇》中的字不重複，就連《蒼頡篇》中原有的重複字也改換掉了。這樣收字量大了，正如《說文解字敘》所言「群書所載，略存之矣」。第四，關於《訓纂篇》的用字，《文心雕龍·練字》云：「及宣平二帝，徵集小學，張敞以正讀傳業，揚雄以奇字纂訓，並貫練《雅》《頡》，總閱音義。」〔註83〕姚振宗《漢書藝文志拾補》云：「正讀者，正《倉頡篇》中古字之讀；纂訓者，纂《倉頡篇》中奇字之訓；奇字者，六體之一。」〔註84〕訓纂，纂次成文，又爲之訓釋。《漢書·揚雄傳》云：「劉棻嘗從（揚）雄學作奇字」。顏師古注：「古文之異者。」〔註85〕奇字即異字。劉棻所學奇字即指此《訓纂篇》。《隋書·經籍志》云：「漢時以六體教學童，有古文、奇字、篆書、

〔註81〕同〔註3〕，第315頁。
〔註82〕同〔註27〕，第760字。
〔註83〕周振甫：《文心雕龍今譯》，中華書局，1986年12月第1版，第348頁。
〔註84〕同〔註67〕，第255頁。
〔註85〕同〔註35〕，第3584頁。

隸書、繆篆、蟲鳥」。〔註86〕奇字，即爲當是通行的一種字體。

三、輯佚

《訓纂篇》已亡佚，馬國翰《玉函山房輯佚書》、黃奭《黃氏逸書考》有輯本。

第六節　《勸學》

《隋書・經籍志》載：「《勸學》一卷，蔡邕撰。」〔註87〕《舊唐書・經籍志》載：「《勸學篇》一卷，蔡邕撰。」〔註88〕《新唐書・藝文志》載：「蔡邕《勸學篇》一卷。」〔註89〕《後漢書・蔡邕傳》載：「（蔡邕）所著詩、賦、碑、誄、銘、讚、連珠、箴、弔、論、議、《獨斷》、《勸學》，……傳於世。」〔註90〕

一、篇名與內容

關於《勸學》的篇名，《隋書・經籍志》和《後漢書・蔡邕傳》均稱爲《勸學》，《舊唐書・經籍志》和《新唐書・藝文志》稱爲《勸學篇》，而《世說新語》劉義慶注稱爲《勸學章》（見下）。

關於《勸學》的取義和內容，《世說新語・紕漏篇》「蟹有八足，加以二螯」劉義慶注：「《大戴禮・勸學篇》曰：『蟹二螯八足，非蛇蟺之穴，無所寄託者，用心躁也。』故蔡邕爲《勸學章》，取義焉。」〔註91〕馬國翰《勸學篇》輯本序說：「《勸學篇》皆勗學之言，編爲韻語，取便諷誦。『人無貴賤，道在則尊』，實篇中之名言也。」〔註92〕《勸學》是取義於荀子《勸學篇》敷衍而成，以「勸學」爲宗旨和主要內容。

〔註86〕同〔註53〕，第 946 頁。

〔註87〕同〔註53〕。

〔註88〕同〔註54〕，第 1986 頁。

〔註89〕同〔註55〕，第 1447 頁。

〔註90〕（南朝宋）范曄撰，（唐）李賢等注：《後漢書・蔡邕傳》，中華書局，1965年 5 月第 1 版，第 2007 頁。

〔註91〕張萬起、劉尚慈：《世說新語譯注》，中華書局，1998 年 8 月第 1 版，第 928頁。

〔註92〕（清）馬國翰：《勸學篇序》，轉引自：（清）姚振宗：《隋書經籍志考證》，清華大學出版社，2014 年 4 月第 1 版，第 432 頁。

二、體例

　　《勸學》只在《文選注》《易・晉卦》正義、《藝文類聚》《太平御覽》《世說新語・紕漏篇》《北史・劉芳傳》《書斷》《法書要錄》《墨池編》諸書中引錄數句，《勸學》已是殘篇，要想全面考察其體例，已經沒有可能。現只就其殘篇，略作歸納。其一，《勸學》四字爲句，且押韻。如《藝文類聚》卷六所引：「蚓無爪牙，軟弱不便，穿穴洞地，食塵飲泉。」便、泉押韻，屬上古「元」韻。《太平御覽》卷四百九十所引：「瞻彼頑薄，執性不固。心遊目蕩，意與手互。」固、互押韻，屬上古「魚」韻。《太平御覽》卷七百六十七所引：「木以繩直，金以淬剛，必須砥礪，就其鋒鋩。」剛、鋩押韻，屬上古「陽」韻。《太平御覽》卷八百三所引：「明珠不瑩，不發其光；寶珠不琢，不成圭璋。」光、璋押韻，屬上古「陽」韻。其二，《勸學》原文附有作者蔡邕的自注。如《易・晉卦》正義引「鼫鼠五能，不成一技」下，又引蔡邕自注：「鼫鼠五技者，能飛不能上屋，能緣不能窮木，能泅不能渡瀆，能走不能絕人，能藏不能覆身是也。」解說文義，詳細透徹，不避其煩。《一切經音義》二引蔡邕《勸學》自注：「儲，副君也。」《一切經音義》六引蔡邕自注：「傭，賣力也。」均訓說字義，簡明扼要。蔡邕的自注，便於蒙童更好地理解文句，加深理解。

三、輯本

　　《勸學》的輯本有：任大椿輯本，見《小學鉤沉》；馬國翰輯本，見《玉函山房輯佚書》；黃奭輯本，見《黃氏佚書考》；顧震福輯本，見《小學鉤沉續編》；王仁俊輯本，見《玉函山房輯佚書續編》；龍璋輯本，見《小學搜佚》；嚴可均輯本，見《全後漢文》。

主要參考文獻

一、著作類

B

（漢）班固撰，（唐）顏師古注：《漢書》，中華書局，1962 年 6 月第 1 版。

C

曹道衡、沈玉成：《南北朝文學史》，人民文學出版社，1991 年 12 月第 1 版。

（晉）陳壽撰，（南朝宋）裴松之注：《三國志》，中華書局，1982 年 7 月第 2 版。

（宋）陳振孫：《直齋書錄解題》，載《四庫全書薈要》（第 50 冊），吉林人民出版社，1997 年 5 月第 1 版。

D

杜黎均：《文心雕龍文學理論研究和譯釋》，北京出版社，1981 年 10 月第 1 版。

F

（南朝宋）范曄撰，（唐）李賢等注：《後漢書》，中華書局，1965 年 5 月第 1 版。

范志宇、趙蘭亭注解：《千字文》，中州古籍出版社，2004 年 10 月第 1 版。

傅剛：《〈昭明文選〉研究》，中國社會科學出版社，2000 年 1 月第 1 版。

馮克誠主編：《原始儒家教育學說與論著選讀》，人民武警出版社，2010 年 12 月第 1 版。

馮祖貽：《家訓之祖：顏氏家訓》，中州古籍出版社，2014 年 5 月第 1 版。

G

（清）顧炎武著，（清）黃汝成集釋：《日知錄集釋》，上海古籍出版社，1985 年 6 月第 1 版。

顧黃初、顧振彪：《語文課程與語文教材》，社會科學文獻出版社，2001 年 9 月第 1 版。

顧黃初、李杏保主編：《二十世紀前期中國語文教育論集》，四川教育出版社，1991 年 9 月第 1 版。

顧易生、蔣凡：《先秦兩漢文學批評史》，上海古籍出版社，1990 年 4 月第 1 版。

郭紹虞主編：《中國歷代文論選》（第一冊），上海古籍出版社，1979 年 8 月第 1 版。

郭錫良：《漢字古音手冊》（增訂本），商務印書館，2010 年 8 月第 1 版。

高時良：《學記研究》，人民教育出版社，2006 年 1 月第 1 版。

管振邦：《顏注急就篇譯釋》，南京大學出版社，2009 年 8 月第 1 版。

H

洪宗禮、柳士鎮、倪文錦主編：《母語教材研究》卷三《中國百年語文教材評介》，江蘇教育出版社，2007 年 9 月第 1 版。

胡大雷：《〈文選〉編纂研究》，廣西師範大學出版社，2009 年 4 月第 1 版。

J

翦伯贊主編：《中國史綱要》（上、下），人民出版社，1983 年 3 月第 1 版。

L

（唐）李綽：《尚書故實》，中華書局，1985 年版。

李建中：《文心雕龍講演錄》，廣西師範大學出版社，2008 年 12 月第 1 版。

李杏保、顧黃初：《中國現代語文教育史》，四川教育出版社，2000 年 10 月第 2 版。

李樹：《中學語文教學百年史話》，山東人民出版社，2007 年 4 月第 1 版。

李逸安譯注：《三字經・百家姓・千字文・弟子規》，中華書局，2009 年 3 月第 1 版。

李強：《蒙學經典研讀》，西南交通大學出版社，2015 年 1 月第 1 版。

李學勤主編：《十三經注疏・禮記正義》，北京大學出版社，1999 年 12 月第 1 版。

陸侃如、牟世金：《劉勰論創作》（修訂本），安徽人民出版社，1982 年 4 月第 2 版。

（南朝梁）劉勰撰，范文瀾注：《文心雕龍注》，人民文學出版社，1958年9月第1版。

劉淼：《當代語文教育學》，高等教育出版社，2005年2月第1版。

羅常培、周祖謨：《漢魏晉南北朝韻部演變研究》（第一分冊），中華書局，2007年6月第1版。

羅積勇：《用典研究》，武漢大學出版社，2005年11月第1版。

駱鴻凱：《文選學》，中華書局，1989年11月第1版。

林治金主編：《中國小學語文教學史》，山東教育出版社，1995年6月第1版。

（明）郎瑛著，安越點校：《七修類稿》，文化藝術出版社，1998年8月第1版。

（清）梁章鉅：《歸田瑣記》，中華書局，1981年8月第1版。

M

穆克宏：《昭明文選研究》，人民文學出版社，1998年12月第1版。

牟世金：《文心雕龍研究》，人民文學出版社，1995年8月第1版。

繆俊傑：《文心雕龍美學》，文化藝術出版社，1987年6月第1版。

毛禮銳、沈灌群主編：《中國教育通史》（第一卷），山東教育出版社，2005年6月第2版。

毛禮銳、沈灌群主編：《中國教育通史》（第二卷），山東教育出版社，1986年12月第1版。

馬鏞：《中國家庭教育史》，湖南教育出版社，1997年5月第1版。

P

浦衛忠：《中國古代蒙學教育——歷代少兒啓蒙教育方法》，中國城市出版社，1996年4月第1版。

Q

啓功：《啓功叢稿》（論文卷），中華書局，1999年7月第1版。

裘錫圭：《文字學概要》（修訂本），商務印書館，2013年7月修訂版。

S

（漢）史游撰，（唐）顏師古注：《急就篇》，載《景印文淵閣四庫全書》，（臺灣）商務印書館，1983年版。

（漢）司馬遷：《史記》，中華書局，1982年11月第2版。

（清）孫希旦：《禮記集解》，中華書局，1989年2月第1版。

孫培青、李國均主編：《中國教育思想史》，華東師範大學出版社，1995
年 11 月第 1 版。

T

唐蘭：《中國文字學》，上海古籍出版社，2005 年 4 月第 1 版。

唐作藩：《上古音手冊》（增訂本），中華書局，2013 年 7 月第 1 版。

天秀：《千字文綜述》，紫禁城出版社，1990 年 8 月第 1 版。

W

（宋）王應麟：《漢藝文志考證》，清華大學出版社，2014 年 3 月第 1 版。

（清）王聘珍：《大戴禮記解詁》，中華書局，1983 年 3 月第 1 版。

（清）王國維：《觀堂集林》（外二種），河北教育出版社，2001 年 11 月
第 1 版。

（清）王國維：《王國維遺書》，上海古籍書店，1983 年 9 月第 1 版。

王元化：《文心雕龍講疏》，上海三聯書店，2012 年 1 月第 1 版。

王相文、韓雪屏、王松泉主編：《語文教材研究》，高等教育出版社，1999
年 6 月第 1 版。

王運熙、楊明：《魏晉南北朝文學批評史》，上海古籍出版社，1989 年 6
月第 1 版。

王立群：《現代〈文選〉學史》，中國社會科學出版社，2003 年 10 月第 1
版。

王立群：《〈文選〉成書研究》，商務印書館，2005 年 2 月第 1 版。

王長金：《傳統家訓思想通論》，吉林人民出版社，2006 年 1 月第 1 版。

王炳照、閻國華主編：《中國教育思想史》，湖南教育出版社，1994 年 6
月第 1 版。

汪泛舟：《敦煌古代兒童課本》，甘肅人民出版社，2000 年 6 月第 1 版。

（唐）魏徵、令狐德棻：《隋書》，中華書局，1973 年 8 月第 1 版。

吳洪成主編：《中國小學教育史》，山西教育出版社，2006 年 7 月第 1 版。

X

（梁）蕭統編，（唐）李善注：《文選》，上海古籍出版社，1986 年 8 月第
1 版。

徐梓：《中華蒙學讀物通論》，中華書局，2014 年 10 月第 1 版。

徐少錦、陳延斌：《中國家訓史》，陝西人民出版社，2003 年 4 月第 1 版。

（漢）許慎：《說文解字》，中華書局，1963 年 12 月第 1 版。

Y

（唐）姚思廉：《梁書》，中華書局，1973 年 5 月第 1 版。

（清）姚振宗：《隋書經籍志考證》，清華大學出版社，2014 年 4 月第 1 版。

（北齊）顏之推撰，王利器集解：《顏氏家訓集解》，上海古籍出版社，1980 年 7 月第 1 版。

（北齊）顏之推著，程小銘譯注：《顏氏家訓全譯》，貴州人民出版社，1993 年 5 月第 1 版。

（清）嚴可均輯：《全漢文》，商務印書館，1999 年 10 月第 1 版。

（清）嚴可均輯：《全後漢文》，商務印書館，1999 年 10 月第 1 版。

（清）嚴可均輯：《全梁文》，商務印書館，1999 年 10 月第 1 版。

閆蘋、段建宏主編：《中國現代中學語文教材研究》，文心出版社，2007 年 1 月第 1 版。

楊伯峻：《論語譯注》，中華書局，1980 年 12 月第 2 版。

楊月英：《急就篇》，中華書局，2014 年 8 月第 1 版。

楊天宇：《禮記譯注》，上海古籍出版社，1997 年 4 月第 1 版。

Z

周振甫：《文心雕龍今譯》，中華書局，1986 年 12 月第 1 版。

周桂鈿、李詳俊：《中國學術通史》（秦漢卷），人民出版社，2004 年 12 月第 1 版。

張文勳、杜東枝：《文心雕龍簡論》，人民文學出版社，1980 年 9 月第 1 版。

張少康：《劉勰及其〈文心雕龍〉研究》，北京大學出版社，2010 年 9 月第 1 版。

張利群：《〈文心雕龍〉體制論》，廣西師範大學出版社，2010 年 11 月第 1 版。

張志公：《傳統語文教育教材論：暨蒙學書目和書影》，中華書局，2013 年 10 月第 1 版。

張隆華：《中國語文教育史綱》，湖南師範大學出版社，1991 年 8 月第 1 版。

張隆華、曾仲珊：《中國古代語文教育史》，四川教育出版社，2000 年 10 月第 2 版。

張麗生：《急就篇研究》，（臺灣）商務印書館，1983 年 6 月初版。

張新朋：《敦煌寫本〈開蒙要訓〉研究》，中國社會科學出版社，2013 年 11

月第 1 版。

鄭阿財、朱鳳玉：《敦煌蒙書研究》，甘肅教育出版社，2002 年 12 月第 1 版。

鄭國民、張毅、李雪娟、黃顯涵：《當代語文教育論爭》，廣東教育出版社，2006 年 6 月第 1 版。

朱自清：《朱自清古典文學論文集》，上海古籍出版社，1981 年 7 月第 1 版。

朱明勳：《中國家訓史論稿》，巴蜀書社，2008 年 4 月第 1 版。

（清）翟灝著，陳志明編校：《通俗編》，東方出版社，2013 年 1 月第 1 版。

（清）趙翼：《陔餘叢考》，河北人民出版社，1990 年 1 月第 1 版。

二、論文類

F

馮金城：《〈千字文〉縱論》，載《江淮文史》2010 年第 1 期。

范美霞：《「六觀」與劉勰的文學批評思想——讀解〈文心雕龍·知音〉》，載《廊坊師範學院學報》（社會科學版）2009 年第 1 期。

范樹成：《淺析〈學記〉中關於啓發式教學的思想》，載《河北師範大學學報》1990 年第 2 期。

H

何清谷：《〈史籀篇〉初探》，載《陝西師範大學學報》（哲學社會科學版）1994 年第 1 期。

何樸：《〈學記〉中關於教學方法的論述》，載《河北師範大學學報》1985 年第 3 期。

胡平生、韓自強：《〈倉頡篇〉的初步研究》，載《文物》1983 年第 2 期。

黃維梁：《〈文心雕龍〉「六觀」說和文學作品的評析》，載《北京大學學報》（哲學社會科學版）1996 年第 3 期。

K

孔令剛：《〈昭明文選〉編輯思想探介》，載《河南科技學院學報》2013 年第 5 期。

L

陸一梅：《〈八體六技〉考——以〈漢書·藝文志〉爲中心》，載《碑林集刊》第 11 集。

（南朝梁）劉勰撰，范文瀾注：《文心雕龍注》，人民文學出版社，1958年9月第1版。

劉淼：《當代語文教育學》，高等教育出版社，2005年2月第1版。

羅常培、周祖謨：《漢魏晉南北朝韻部演變研究》（第一分冊），中華書局，2007年6月第1版。

羅積勇：《用典研究》，武漢大學出版社，2005年11月第1版。

駱鴻凱：《文選學》，中華書局，1989年11月第1版。

林治金主編：《中國小學語文教學史》，山東教育出版社，1995年6月第1版。

（明）郎瑛著，安越點校：《七修類稿》，文化藝術出版社，1998年8月第1版。

（清）梁章鉅：《歸田瑣記》，中華書局，1981年8月第1版。

M

穆克宏：《昭明文選研究》，人民文學出版社，1998年12月第1版。

牟世金：《文心雕龍研究》，人民文學出版社，1995年8月第1版。

繆俊傑：《文心雕龍美學》，文化藝術出版社，1987年6月第1版。

毛禮銳、沈灌群主編：《中國教育通史》（第一卷），山東教育出版社，2005年6月第2版。

毛禮銳、沈灌群主編：《中國教育通史》（第二卷），山東教育出版社，1986年12月第1版。

馬鏞：《中國家庭教育史》，湖南教育出版社，1997年5月第1版。

P

浦衛忠：《中國古代蒙學教育——歷代少兒啓蒙教育方法》，中國城市出版社，1996年4月第1版。

Q

啓功：《啓功叢稿》（論文卷），中華書局，1999年7月第1版。

裘錫圭：《文字學概要》（修訂本），商務印書館，2013年7月修訂版。

S

（漢）史游撰，（唐）顏師古注：《急就篇》，載《景印文淵閣四庫全書》，（臺灣）商務印書館，1983年版。

（漢）司馬遷：《史記》，中華書局，1982年11月第2版。

（清）孫希旦：《禮記集解》，中華書局，1989年2月第1版。

孫培青、李國均主編：《中國教育思想史》，華東師範大學出版社，1995年11月第1版。

T

唐蘭：《中國文字學》，上海古籍出版社，2005年4月第1版。

唐作藩：《上古音手冊》（增訂本），中華書局，2013年7月第1版。

天秀：《千字文綜述》，紫禁城出版社，1990年8月第1版。

W

（宋）王應麟：《漢藝文志考證》，清華大學出版社，2014年3月第1版。

（清）王聘珍：《大戴禮記解詁》，中華書局，1983年3月第1版。

（清）王國維：《觀堂集林》（外二種），河北教育出版社，2001年11月第1版。

（清）王國維：《王國維遺書》，上海古籍書店，1983年9月第1版。

王元化：《文心雕龍講疏》，上海三聯書店，2012年1月第1版。

王相文、韓雪屏、王松泉主編：《語文教材研究》，高等教育出版社，1999年6月第1版。

王運熙、楊明：《魏晉南北朝文學批評史》，上海古籍出版社，1989年6月第1版。

王立群：《現代〈文選〉學史》，中國社會科學出版社，2003年10月第1版。

王立群：《〈文選〉成書研究》，商務印書館，2005年2月第1版。

王長金：《傳統家訓思想通論》，吉林人民出版社，2006年1月第1版。

王炳照、閻國華主編：《中國教育思想史》，湖南教育出版社，1994年6月第1版。

汪泛舟：《敦煌古代兒童課本》，甘肅人民出版社，2000年6月第1版。

（唐）魏徵、令狐德棻：《隋書》，中華書局，1973年8月第1版。

吳洪成主編：《中國小學教育史》，山西教育出版社，2006年7月第1版。

X

（梁）蕭統編，（唐）李善注：《文選》，上海古籍出版社，1986年8月第1版。

徐梓：《中華蒙學讀物通論》，中華書局，2014年10月第1版。

徐少錦、陳延斌：《中國家訓史》，陝西人民出版社，2003年4月第1版。

（漢）許慎：《說文解字》，中華書局，1963年12月第1版。

雷興鶴：《〈千字文〉儒學思想探微》，載《湖南科技學院學報》2011年第10期。

李保強、薄存旭：《「教學相長」本義復歸及其教師專業發展價值》，載《教育研究》2012年第6期。

N

倪紅：《〈開蒙要訓〉用字初探》，載《語文學刊》2013年第1期。

P

潘玉坤：《〈史籀篇〉年代考》，載《杭州師範學院學報》2002年第2期。

S

施維：《淺談〈千字文〉的押韻》，載《現代語文》（語言研究版）2013年第9期。

W

王美盛：《古「籀」今考》，載《中國書法》2004年第2期。

王禕、張玉春：《〈漢書·藝文志〉著錄小學類文獻瑣議》，載《蘭州大學學報》（社會科學版）2008年第1期。

魏敏、張偉平：《「長善救失」的現代教學論思考》，載《教育科學論壇》2015年第9期。

X

謝光輝、徐學標：《「史籀」辨——兼與王美盛先生商榷》，載《中國書法》2005年第7期。

辛志鳳：《蒙學教材〈千字文〉的用韻與用典》，載《齊齊哈爾大學學報》（哲學社會科學版）2006年第4期。

Y

尹海紅：《〈漢書·藝文志〉「八體六技」芻議》，載《懷化學院學報》2008年第7期。

殷孟倫：《如何理解〈文選〉編選的標準》，載《文史哲》1963年第1期。

楊瑩瑩、傅承洲：《論劉勰「六義」說》，載《青海師範大學學報》（哲學社會科學版）2013年第2期。